分析化学实验

FENXI HUAXUE SHIYAN

（第四版）

华中师范大学　东北师范大学
陕西师范大学　北京师范大学　编
西南大学

高等教育出版社·北京

内容提要

本书是“高等师范教育面向21世纪教学内容和课程体系改革计划”项目的研究成果，是教育部面向21世纪课程教材。本实验教材包括定性分析、定量化学分析和仪器分析三部分内容，兼顾了无机分析与有机分析、成分分析与结构分析、定性分析与定量分析，并增加了分析化学在生命科学中应用的实验内容。主要阐述了分析化学实验的基本知识、基本仪器、基本操作技术和基础实验等。全书共6章，介绍了16种常用分析仪器，精选了62个实验，每类实验和仪器可供灵活选择使用。全书内容精练，信息量大，均采用法定计量单位。

本书可作为高等师范院校分析化学和仪器分析的实验课教材，也可供高等理工院校相关专业选用与参考。

图书在版编目（CIP）数据

分析化学实验 / 华中师范大学等编 . --4版 . -- 北京：高等教育出版社，2015.1（2022.11重印）

ISBN 978-7-04-041474-5

Ⅰ. ①分…　Ⅱ. ①华…　Ⅲ. ①分析化学-化学实验-高等学校-教材　Ⅳ. ① O652.1

中国版本图书馆CIP数据核字（2014）第261593号

策划编辑　殷　英　　责任编辑　殷　英　　封面设计　王　鹏　　版式设计　范晓红
插图绘制　杜晓丹　　责任校对　刘　莉　　责任印制　赵　振

出版发行　高等教育出版社
社　　址　北京市西城区德外大街4号
邮政编码　100120
印　　刷　高教社（天津）印务有限公司
开　　本　787mm×960mm　1/16
印　　张　15.5
字　　数　270千字
购书热线　010-58581118
咨询电话　400-810-0598

网　　址　http://www.hep.edu.cn
　　　　　http://www.hep.com.cn
网上订购　http://www.landraco.com
　　　　　http://www.landraco.com.cn
版　　次　1981年2月第1版
　　　　　2015年1月第4版
印　　次　2022年11月第10次印刷
定　　价　30.00元

本书如有缺页、倒页、脱页等质量问题，请到所购图书销售部门联系调换

物 料 号　41474-00

第四版前言

本书是教育部“面向21世纪分析化学教学内容和课程体系的改革与实践”项目的研究成果。全套教材分为三册:分析化学(上、下册)和分析化学实验,由华中师范大学万家亮和梁沛任主编,宋丹丹、曾胜年和龚静鸣任副主编。《分析化学实验》(第四版)由华中师范大学、北京师范大学、东北师范大学、陕西师范大学和西南大学参与编写和修订。

近年来分析化学学科飞速发展并与其他新兴学科相互交融,为了适应国家经济发展和基础教育改革的需要,我们根据多年来分析化学实验课教学的经验,在认真分析国内外同类教材及兄弟院校提出的修改意见的基础上,对第三版进行了修订和更新。在第四版的编写中,我们传承了与时俱进和“精、全、新”的编写原则,力求科学性、先进性、系统性、启发性和教育性的统一,反映分析化学的时代特点。全书共六章,内容包括分析化学实验基础知识、基本仪器、基本操作技术及基础实验,共62个实验,其中定性分析实验9个,定量化学分析实验24个,仪器分析实验29个,信息量大,方便各校根据实际情况选择使用。

本书可与《分析化学》(第四版,上下册)教材配套使用,也可独立开课使用。本书注重对学生实验基本技能的训练,使其掌握基础和现代分析化学技术;巩固和加深对所学理论知识的理解和应用;着力培养学生主动学习获得新知识的能力、高层次思考问题的能力和勇于探索创新的意识;强调严谨细致的工作作风和实事求是的科学态度。本书还特别增加了分析化学在生命科学中应用的实验内容,有利于学生掌握分析化学更完整、更先进的方法和技术,为高等师范院校分析化学实验课程提供一本内容新颖、便于教学的实验教材。

参加本书编写工作的有东北师范大学郭黎平、朱连德,北京师范大学胡乃非、欧阳津,陕西师范大学张志琪,西南大学付志锋,华中师范大学曾胜年、宋丹丹、徐晖、龚静鸣、杜丹、钟鸿英、熊博、梁沛。由华中师范大学梁沛通读、整理并定稿。高等教育出版社殷英编辑对该书进行了细致加工,为本书的出版付出了辛勤的劳动,在此一并表示衷心的感谢。

虽然经过再三斟酌和修改,限于编者的水平,修订后的教材恐仍有疏漏和欠妥之处,诚挚希望有关专家、同仁和同学们不吝赐教,以便本书能更好地为广大读者服务。

编　者

2014 年 10 月于武昌

第三版前言

本书是教育部普通高等教育“九五”重点教材和“高等师范教育面向21世纪教学内容和课程体系改革计划”项目的研究成果。全套教材共三册，包括《分析化学》(上册)(化学分析)、《分析化学》(下册)(仪器分析)和《分析化学实验》。这套教材由万家亮主编，曾胜年为副主编，李俊义教授担任顾问。

为了适应高等师范院校化学专业教学改革的需要，本书参照教育部1992年颁布的《高等学校化学专业培养规格和教学基本要求》，参编人员认真总结了十多年来分析化学实验课教学的经验，充分吸收兄弟院校实验教材的长处，编写了这本包括定性分析、定量化学分析和仪器分析的实验教材。全书共6章，内容有分析化学实验基本知识、基本仪器、基本操作技术及基础实验，共计61个实验，其中定性分析实验6个，定量化学分析实验28个，仪器分析实验27个。

本书可与《分析化学》(上、下册)教材配套使用，也可独立设课使用。本书旨在加强学生实验基本技能的训练，掌握基础和现代分析化学技术，巩固和加深对所学理论知识的理解和应用，培养学生严谨的工作作风和实事求是的科学态度，提高分析问题、解决问题和创新能力，为高等师范院校分析化学实验课程提供一本内容新颖、便于教学的实验教材。

本书具有以下几个特点：

(1) 本书密切配合《分析化学》(上、下册)的课堂教学，既注意了与课堂教学内容的衔接，又具有实验教材的完整性和独立性。

(2) 保留并修订了定性分析内容，其内容更精练，反映了高等师范教育的特点。

(3) 充实了仪器分析实验内容，介绍了24种常用分析仪器的结构、工作原理及使用方法，有利于对学生进行分析化学实验技能的严格训练和有利于学生独立完成实验课的教学任务。

(4) 将经典的化学分析与现代仪器分析相结合，有利于掌握分析化学更完整、更先进的方法和技术，增加了有机物分析、结构分析、分离技术、联用技术和综合性实验内容。

(5) 加强了实验数据处理及结果表达的训练，始终注意使学生牢固建立和应用“量”的有关知识。

(6) 精选了61个实验，信息量大，方便各校根据实际情况选择使用。适当安排了自拟方案实验和综合性的实验内容。

参加编写本书的有东北师范大学郭黎平，北京师范大学胡乃非，华中师范大学刘东、宋丹丹、陆光汉、万家亮。由刘东、万家亮通读定稿。本书由武汉大学杨代菱教授、廖振环教授悉心审阅，并提出了宝贵的修改意见。教育部师范司和华中师范大学对该书的编写给予了大力支持。高等教育出版社责任编辑耿承延同志对该书进行了细致加工，为本书的出版付出了辛勤劳动，在此一并致以衷心的感谢。

由于编者水平的所限，错误和不妥之处在所难免，诚恳希望广大教师和读者批评指正。

编　者

2000年10月11日于武昌

第一版前言

本书系受教育部委托，根据一九七九年六月制订的高师院校《分析化学实验》教材编写大纲编写的，定稿时又参照教育部新审定的高等师范院校《分析化学实验》教学大纲(1980)，对内容作了适当的调整。本书可以作为高等师范院校和师范专科学校化学专业分析化学课程的教材。

分析化学是一门实践性很强的学科，分析化学实验的课时占整个课时的三分之二，比重是比较大的。通过分析化学实验教学，应使学生加深对分析化学基本理论的理解，并熟练地掌握分析化学的实验方法和基本操作技能，为学习后续课程和将来从事化学教学和科研工作打下良好的基础。

本书的实验内容包括：定性分析、定量分析和光度分析等三大部分。根据当前高等师范院校教学经验和设备的实际情况，我们对实验的具体内容认真地进行了考虑，特别是对定性分析实验内容作了较大的改进，重点是使学生掌握常见离子的个性、共性和反应进行的条件等基本知识和有关实验技能。对定量分析实验的基本操作，必须严格要求，并熟练掌握。在内容上，除安排一些纯样品的实验外，还安排了一定分量的实物分析，以培养学生解决实际问题的能力。

本书选编的实验内容较多，其中标有星号(*)者为选作实验。这些实验如何选用，各校可根据具体情况自行确定。

本书由华中师范学院担任主编。参加编写的有东北师范大学徐书绅(定性分析)、华中师范学院杜运清、万家亮(分析天平、滴定分析等)、陕西师范大学张渔夫(重量分析、沉淀滴定、分离方法)，耿征(比色分析及光度法)等同志，华中师范学院、陕西师范大学、东北师范大学分析化学教研室的部分同志参加了工作。另外，万家亮同志协助整理了第五章。最后，由华中师范学院李俊义整理定稿。

本书初稿写成后，于一九七九年九月在武昌召开了审稿会议，参加审稿的除主审单位北京师大、华东师大的同志外，还有山东师院、西南师院、北京师院、新乡师院、湖南师院、武汉师院、华南师院、甘肃师大、贵阳师院、玉林师专、安徽师大、南京师院、上海师院、晋东南师专、辽宁师院、哈尔滨师院等35所师范院校的同志。最后由北京师大林树昌、华东师大宗巍和山东师院王明德等三位同志校阅。

本书在编写过程中,各兄弟院校的同志对初稿提出了许多宝贵的意见。华中师院、东北师大、陕西师大等三校的领导同志给予了关心与支持,东北师大吴立民教授热情指导,北京师院分院冯颖铎同志多方协助,在此一并表示感谢。

由于编者业务水平、教学经验有限,加之编写时间仓促,书中错误在所难免,敬希读者批评指正。

编　者

一九八〇年九月

目　录

第一篇　化学分析

第二篇　仪器分析

第一篇

化 学 分 析

第一章　分析化学实验基本知识

第一节　分析化学实验基本要求

分析化学是一门实践性很强的学科。分析化学实验是分析化学课程的重要组成部分，是学习分析化学的一个重要环节，与分析化学理论课教学紧密相连，是高等院校化学专业和相关专业学生必修的重要的基础课程。

一、分析化学实验教学目的

学生通过本课程的学习，可以巩固并加深对分析化学基本概念和基本原理的理解；较为系统地学习和掌握分析化学实验的基本知识和典型的分析方法，正确熟练地掌握分析化学的基本操作和技能；牢固树立"量"的概念，正确运用误差理论分析实验过程中影响分析结果的关键因素和环节，在实验中做到心中有数，学会正确合理地选择实验条件和仪器，正确处理实验数据、表达实验结果；培养良好的实验习惯，实事求是的科学态度，严谨细致的工作作风和坚韧不拔的科学品质；培养学生独立提出问题、分析问题和解决问题的能力，科学的思维方法和创新能力，为更好地学习相关课程和将来参加实际工作和开展科学研究打下良好的基础。

二、分析化学实验学习方法

学习并掌握好分析化学实验技能，不但要明确学习目的、端正学习态度，还要掌握好的学习方法：

（一）实验预习

仔细阅读、认真钻研实验教材和教科书中的相关内容，积极参考网上实验学习辅导课件，必要时主动查阅相关资料，明确实验目的，了解实验原理；熟悉实验内容、方法、步骤及注意事项，明晰有关实验思考题和注释，合理安排实验时间，写出实验预习报告。

（二）实验过程

严格遵守实验室规则，保持实验室整洁安静，实验台面上各类实验仪器和试剂摆放整齐有序并小心使用，注意节约使用试剂、水、电等，爱护仪器，注意安全。

认真听取老师的教学指导要求，认真观看有关实验录像，严格按照实验操作规程进行实验，勤于思考，善于分析，学会运用所学的理论知识解释实验现象、研究实验中的问题。

（三）实验数据记录与处理

实验中要仔细观察，对于实验过程中的各种测量数据及有关现象，应及时、准确而清楚地记录下来，对实验中出现的异常现象，更应即时、如实记录。学生应有专门的实验记录本，不得将数据随意记在单页纸或小纸片上，文字记录应整齐清洁，数据记录尽量采用表格形式按顺序有规律地表达。

记录测量数据时，应注意有效数字的保留。用分析天平称量时，应记录至0.000 1 g，滴定管和吸量管的读数应记录至0.01 mL。总之，要根据所用仪器的精度记录到最小刻度的下一位。

在实验过程中如发现数据记录或计算有误时，不得涂改，应将其用笔画线以示删去，在旁边重新写上正确的数字，切忌带有主观因素，不能随意拼凑和伪造数据。

在定量分析中，一般平行测定3～5次，通常3次。为了衡量分析结果的精密度，通常用相对平均偏差表示。三次结果的算术平均值为

$$\bar{x}=\frac{x_1+x_2+x_3}{3}$$

平均偏差为 $$\bar{d}=\frac{|x_1-\bar{x}|+|x_2-\bar{x}|+|x_3-\bar{x}|}{3}$$

相对平均偏差为 $$d_r=\frac{\bar{d}}{\bar{x}}\times100\%$$

（四）实验报告

实验报告必须在科学实验的基础上进行，实验报告是对每次实验的真实记录、概括和总结，有利于不断积累研究资料，总结研究成果，提高实验者的观察能力，分析问题和解决问题的能力，培养理论联系实际的学风和实事求是的科学态度，也是对学生综合素质及能力的一种考核。实验结束后，应根据实验记录认真进行整理、分析、归纳、计算，并及时、独立、认真完成实验报告，交指导老师批阅。

实验报告要求做到内容真实、文字工整、图表清晰、形式规范。

1. 定性分析实验报告

关于离子鉴定方法的实验报告格式示例见表1－1－1。

表 1-1-1　银组离子的分别鉴定

离子	试剂及反应条件	鉴定方法	干扰及消除	鉴定步骤	现象和结果
Ag^+	6 $mol\cdot L^{-1}$ HCl 溶液	Ag^++Cl^- ══ $AgCl\downarrow$（白）	$PbCl_2$、Hg_2Cl_2 干扰，但两者都不溶于 NH_3，可与 AgCl 分离	Ag^+ 试液 1 滴 + HCl 溶液 1 滴，AgCl 沉淀加 $NH_3\cdot H_2O$ 5 滴，搅拌，$[Ag(NH_3)_2]^+$ 中加 HNO_3 酸化	$AgCl\downarrow$（白色），AgCl 沉淀溶于 $NH_3\cdot H_2O$ 生成 $[Ag(NH_3)_2]^+$，酸化后又生成 AgCl 沉淀，证实有 Ag^+

关于混合物系统分析的实验可采用分析系统图表的格式，见第三章定性分析实验，但实验现象可在有关位置上注得详细些，反应方程式则注明编号写在表外备查。

关于未知物的实验，不要求写详细报告，只需报告所检出的离子。必要时，写出离子的大约检出量，如大量（$>5\ g\cdot L^{-1}$）、中量（$0.5\sim5\ g\cdot L^{-1}$）、小量（$<0.5\ g\cdot L^{-1}$）。估计的方法是取已知浓度（如 $5\ g\cdot L^{-1}$、$0.5\ g\cdot L^{-1}$）的该离子的试液，用对照试验与未知液进行比较。

在实验记录和报告中，有些常用术语可用简略符号表示，例如 5 d（5 滴）、白↓（白色沉淀）、棕↑（棕色气体）、△（加热）、↓（搅拌）、↑（蒸发）、↙↘（离心沉降包括离心液的转移）。

2. 定量分析实验报告

定量分析实验报告一般包括以下内容：

（1）实验名称、实验日期。

（2）实验目的和要求。

（3）实验基本原理。简要地用文字或化学反应方程式说明。

（4）实验所用的仪器和试剂。介绍所用仪器名称、型号、数量和规格，以及试剂的名称、用量和规格。

（5）实验内容和步骤。实验内容应简明扼要，实验步骤尽量用流程图、符号表示，不要全盘抄书，应根据实验类型和具体实验内容确定繁简。

（6）实验记录与数据处理。应根据所用仪器的精度，如实记录，保留正确的有效数字，实验数据尽量采用表格形式。分析数据的处理要以相应的计算公式为依据，计算要正确，结果要真实可信。

（7）问题和讨论。包括教材中实验后面的思考题，要认真分析实验过程中产生的误差原因，对实验中遇到的疑难问题提出自己的见解，对有关实验方法、实验内容、教学活动等提出意见或建议。

第二节 实验室规则和安全知识

一、实验室规则

1. 实验前认真预习，明确实验目的和要求，理解实验原理；了解实验内容、方法、步骤及注意事项，认真阅读有关仪器说明书，写出实验预习报告。

2. 实验课开始和学期结束时，要按照仪器清单认真清点仪器和试剂，如有缺损的仪器应及时领取补齐，实验中如损坏仪器要按有关规定进行赔偿或更换，不得擅自拿取他人的仪器。

3. 严格遵守实验室的各项规章制度。

4. 实验时应身着工作服，不得穿拖鞋，应配备必要的防护眼镜，严禁在实验室内饮食、吸烟。

5. 实验应在规定的位置上进行，实验台面上的仪器和试剂摆放应整齐有序，爱护仪器，遵守仪器操作规程，做规定以外的实验应事先经过老师同意，严禁将实验仪器和化学试剂擅自带出实验室。

6. 树立安全、环保、节约意识，药品按规定量取用，杜绝浪费，尽量减少药品对环境的污染，固体废物应放入废物桶，不要丢在水池内，以免堵塞水池，规定回收的废液应倒入废液瓶中，统一处理。爱护公物，节约水、电、气。

7. 实验结束，应将仪器、物品放回原处；将玻璃仪器刷洗干净，实验台面收拾整洁，实验教师允许后方可离开实验室。

8. 由学生轮流值勤，负责打扫和整理实验室，并检查门、窗是否关紧，水、电是否关闭，确保实验室的整洁和安全。

二、实验室安全知识

在化学实验中，经常接触到各种化学试剂、大型精密仪器、玻璃仪器及水、电、气等，若使用不当，或违反操作规程，都有可能造成意外事故。因此必须严格遵守实验室安全规则。

1. 实验室内严禁吸烟，不要用湿的手、物品接触电源。实验过程中药品和仪器摆放应整齐有序，避免发生意外倾倒事故。水、电、气使用完毕应立即关闭开关。

2. 使用浓酸、浓碱及其他具有腐蚀性试剂时，切勿溅失在皮肤和衣服上。

使用浓 HNO_3、HCl、H_2SO_4、$HClO_4$ 和氨水时必须在通风橱内进行。夏天开启浓氨水、HCl 时应先用自来水将其冷却，再打开瓶盖。

3. 使用易燃的有机溶剂（如乙醚、乙醇、三氯甲烷、丙酮、苯等）时，应远离火源和热源，用完后立即盖紧瓶塞，放在阴凉通风处保存。

4. 使用高压气体钢瓶（如乙炔、氢气）时，要严格按照操作规程操作，钢瓶应存放在远离明火，通风良好的地方。钢瓶在更换前仍应保持一部分压力。

5. 使用各种仪器时，应在教师讲解或阅读操作规程后，再行操作。

6. 实验室所有药品不得带出室外，用剩的有毒药品必须交还给教师，实验过程中的废弃物如碎玻璃器皿、废纸等固体物质均应放入废物桶内，不得丢入水池内，以防堵塞。

7. 实验时应穿实验服，不得穿拖鞋，应配备必要的防护眼镜。倾注试液或加热液体时，不要俯视容器，以防溅入眼内。加热操作时不要将试管口朝向着自己或别人。

8. 每次实验完毕，应将玻璃仪器清洗干净，按原位摆放整齐，试剂放回原处摆好，实验室打扫干净，检查水、电、气、门、窗是否关好，洗净双手，经教师同意方可离开实验室。

三、实验室意外事故处理

1. 割伤

化学实验中经常使用玻璃仪器，若不小心被碎玻璃割伤或划伤，应首先取出伤口处玻璃屑，然后用生理盐水或硼酸溶液洗净伤口，并用 3% 的医用双氧水消毒，再涂以碘酒或洒上消炎粉，用纱布包扎好，避免伤口接触化学药品。碎玻璃进入眼内，千万不可用手揉擦，不要转动眼球，速送往医院处理。

2. 烧、烫伤

不小心被烧、烫伤应将烧、烫伤的部位放置在冷水中浸泡 0.5 h 时或更长时间，或以冰块冷却伤处，然后涂上烫伤膏（如氧化锌药膏或清凉油等）。发生大面积的烧、烫伤，应立即送医院抢救治疗。

3. 酸灼伤

先用大量水长时间冲洗，再以饱和碳酸氢钠或稀氨水、肥皂水洗，最后再用水冲洗。酸溅入眼内，应立即用大量水冲洗，再用 1% 碳酸氢钠溶液洗，最后以洗瓶用蒸馏水或去离子水洗并及时送往医院。

4. 碱灼伤

先用大量水长时间冲洗，再用 2% 乙酸溶液或饱和硼酸溶液洗，最后以洗瓶用蒸馏水或去离子水洗并及时送往医院。

5. 有毒药品致伤

使用有毒药品(如苯、甲苯等)或有腐蚀性药品时,要戴橡胶手套和防护眼镜。使用挥发性有毒药品时,一定要在通风橱内操作。任何药物不能用口尝,不慎使毒物进入口内,可将手指伸入咽喉部,促使呕吐排出毒物,然后立即送往医院。吸入少量刺激性或有毒气体感到不适时,应立即到室外呼吸新鲜空气。

6. 触电

触电急救的要点是抢救迅速与救护得法。一旦遇到有人触电,应立即切断电源,尽快用绝缘物(如竹竿、干木棍或戴上橡胶手套)将触电者与电源分隔开,切不可用手去拉触电者,然后根据触电者的具体情况,迅速对症救护。现场常用的主要救护方法是心肺复苏法,它包括口对口人工呼吸法和胸外心脏按压法。同时应根据伤情需要,迅速联系医疗部门救治。

7. 火灾

实验室万一发生火灾,要保持镇静,立即切断电源或燃气源,防止火势蔓延,并根据起火原因立即灭火。一般的小火可用湿布、石棉布覆盖燃烧物灭火;电器设备所引起的火灾,应使用二氧化碳或四氯化碳灭火器灭火,不可使用泡沫灭火器,以免触电,紧急情况应及时拨打 119 报警。

为了对实验室意外事故进行紧急处理,实验室应配备急救药箱。若发生大的伤害事故,除做紧急处理外,应立即送往医院。

四、实验室环保(三废处理)规则

化学实验中产生的某些有毒气体、液体和固体,若不经过处理直接排放,则有可能造成周围的空气和水源等环境污染。因此废液、废气和废渣一定要经过处理后才能排放。

1. 会产生少量有毒气体的实验应在通风橱内进行,通过排风设备将少量毒气排到室外,以免污染室内空气。

2. 实验中产生的废液不可随便倒入下水道,必须倒入指定的废液装置。一般的酸碱废液可中和后排放。含重金属离子或汞盐的废液可加碱调 pH 至 8～10 后再加入硫化钠处理,使其毒害成分转变成硫化物而沉淀分离,上层清液达到环保排放标准后方可排放。

3. 实验产生的废渣、废药品应存放于指定地点,由专业环保机构做回收处理。

第三节　分析化学实验室基本常识

一、玻璃器皿的洗涤

分析化学实验中使用的玻璃仪器应洁净透明，其内外壁能被水均匀地润湿且不挂水珠，玻璃仪器是否洁净，将影响分析结果的准确度和精密度，所以必须遵循规范的方法及时洗涤玻璃仪器，以免残留物附着在仪器内壁或与玻璃仪器发生反应而难以洗净。

（一）洗涤方法

1. 普通玻璃仪器的洗涤

对烧杯、锥形瓶、量筒和离心管等实验室常用普通玻璃仪器，可先用少量水润湿，然后用大小合适的毛刷蘸去污粉、肥皂粉或合成洗涤剂在润湿的仪器内外壁刷洗，再用自来水冲洗干净，最后用蒸馏水或去离子水润洗 2～3 次。

2. 精密玻璃量器的洗涤

对滴定管、移液管、吸量管和容量瓶等具有精密刻度的玻璃量器，不宜用毛刷刷洗，可用合成洗涤剂涮洗，或用热的洗涤剂浸泡一段时间后，再用自来水冲洗干净。必要时，可用氧化能力很强的铬酸洗液洗涤。洗涤时应戴橡胶手套和防护眼镜，将仪器内壁的水沥干，再小心倒入适量铬酸洗液，转动仪器，使洗液润满仪器内壁，待与污物充分作用后，将洗液倒回原来瓶中。（洗液为深棕色，若被还原为绿色则不能再倒回使用，但要回收。）然后，再将用洗液洗过的玻璃量器用自来水冲洗干净，最后用蒸馏水或去离子水润洗 2～3 次。

3. 特殊玻璃仪器的洗涤

特殊玻璃仪器，如分光光度法中使用的比色皿（吸收池）是由光学玻璃制成，易被有色物污染，可用热的合成洗涤剂或盐酸－乙醇混合液浸泡内外壁数分钟，然后依次用自来水及蒸馏水或去离子水洗净。

洗涤过程中，无论使用自来水还是蒸馏水，都要注意节约用水，应遵循少量多次的原则，并根据污物的性质选择合适的洗涤剂。

（二）常用洗涤剂

1. 去污粉

去污粉是实验室最常见的洗涤剂，由 Na_2CO_3、白土、细沙等混合而成。具有较强的去污能力，对普通玻璃仪器的清洗效果比较好。

2. 合成洗涤剂

此类洗涤剂主要是洗衣粉、肥皂粉和洗洁精等，适用于洗涤油污和某些有机物。

3. 铬酸洗液

铬酸洗液是含有饱和 $K_2Cr_2O_7$ 的浓硫酸溶液，具有强酸性和强氧化性。配制时，将 25 g $K_2Cr_2O_7$ 置于烧杯中，加 50 mL 水溶解，然后在搅拌条件下，慢慢加入 450 mL 浓 H_2SO_4 而成。适于洗涤无机物、油污和部分有机物。由于其中的六价铬对人体有害，目前已较少使用，使用时应注意安全和环保。

4. 酸性高锰酸钾

酸性高锰酸钾可用于洗涤油污和某些有机物，配制方法是将 4 g $KMnO_4$ 溶于少量水中，加入 10 g NaOH，用水稀释至 100 mL。注意，洗涤后仪器玷污处可能会有褐色二氧化锰析出，再用浓盐酸或草酸洗涤去除。

5. 酸性草酸洗涤液

该洗涤液适用于洗涤氧化性物质，如沾有 $KMnO_4$、MnO_2 和 Fe^{3+} 等的器皿。配制方法是，取 5 ~ 10 g 草酸溶于 100 mL 1∶1 的 HCl 溶液中即可。

6. 盐酸 - 乙醇溶液

盐酸 - 乙醇溶液适用于洗涤被有色物污染的比色皿、容量瓶和吸量管等。配制时，将化学纯盐酸和乙醇按 1∶2 的体积比混合即可。

二、实验用纯水规格与制备

（一）纯水规格

纯水是分析化学实验中最常用的溶剂和洗涤剂，其纯度和规格影响分析实验的空白值、分析方法的检出限，是影响分析实验结果的重要因素。所以应根据分析任务的要求，正确选用符合一定规格、级别的纯水，并对特殊要求的纯水进行特殊处理。一般的分析工作使用蒸馏水或去离子水即可满足要求，而对于超纯物质的分析，则要求使用高纯水或超纯水。

我国将分析实验室用水分为三级。电导率是纯水质量的综合指标，一、二、三级水的电导率分别小于或等于 $0.01\ mS \cdot m^{-1}$、$0.10\ mS \cdot m^{-1}$、$0.50\ mS \cdot m^{-1}$。一级水基本不含有溶解的胶态离子杂质和有机物，必须临用前制备，不宜存放，常用于液相色谱等有严格要求的实验。二级水可含有微量的无机、有机或胶态杂质，主要用于原子吸收光谱、痕量元素分析等。三级水用于一般分析化学实验。

（二）纯水制备

制备纯水常用以下三种方法。

1. 蒸馏法

自来水在蒸馏器中经加热汽化、水蒸气冷凝，重复 1 ~ 2 次或多次后即得纯净蒸馏水。蒸馏法制纯水最常使用的是硬质玻璃或石英蒸馏器。蒸馏水可以满足一般分析实验室的用水要求。若需除去溶解在蒸馏水里的气体，可用超声脱气处理。

2. 离子交换法

离子交换法是采用离子交换树脂分离水中杂质的方法，可得到纯度很高的去离子水，成本低，水量大，但是不能去除水中非离子型杂质，操作较复杂。

3. 电渗析法

电渗析法是在外电场作用下，利用阴、阳离子交换膜对溶液中的离子选择性透过，使杂质离子自水中分离出来的方法。可作为离子交换法的前处理步骤。

4. 反渗透法

水渗透时，水分子是通过具有选择性的半透膜从低浓度流向高浓度，反渗透则是利用高压泵使水分子透过半透膜由高浓度流向低浓度，这一步骤称为反渗透。反渗透膜能去除无机盐、有机物（相对分子质量 >500）、细菌、热源、病毒、悬浊物（粒径 >0.1 μm）等。脱盐率高，产水量大，化学试剂消耗少，劳动强度低，水质稳定，产出水的电阻率较原水的电阻率升高近 10 倍，纯化效率较高。目前它是一种高效水纯化技术和应用最广的脱盐技术。反渗透作为离子交换法的前处理步骤，可显著提高去离子柱的使用寿命。反渗透处理水适合大多数实验室使用。

（三）超纯水的制备

超纯水所使用的纯化技术和简要过程如下，第一步和第二步，就是渗析和去离子的一个过程，然后是活性炭过滤（用化学吸附去除氯，有机吸附除去可溶性有机物）、微孔过滤（或称亚微米过滤，用一个 0.2 μm 孔径的膜或者中空纤维滤膜，滤除大于 0.2 μm 的污染物。微孔过滤掉来自碳柱的碳微粒、离子树脂碎片和任何可能进入纯化水系统的细菌）、超滤（用来除去纯化水中所有直径大于 0.01 μm 的微粒、热源和微生物）。还有一些特别手段，如紫外氧化或光氧化（采用 254 nm 的紫外光除去系统中的细菌）等。

三、常用化学试剂

（一）化学试剂分类和规格

化学试剂种类繁多，按其纯度、种类和用途可分为一般试剂、基准试剂、高纯试剂、专用试剂、指示剂和试纸、生化试剂、临床试剂等。下面简单介绍其中几种：

1. 一般试剂

一般试剂是实验室最普遍使用的试剂，按其杂质含量的多少主要分为三个等级。一般试剂的级别、规格、标志以及适用范围见表1-1-2。

表1-1-2 一般试剂的种类及适用范围

级别	一	二	三	生化试剂
名称	优级纯	分析纯	化学纯	生物试剂
英文名称	guarantee reagent	analytical reagent	chemical pure	biological reagent
英文缩写	GR	AR	CP	BR
标签颜色	深绿色	红色	蓝色	咖啡色等
适用范围	精密分析和科学研究	一般分析和科学研究	一般定性和化学制备	生物化学实验

2. 基准试剂(JZ,绿标签)

基准试剂是指主含量高、杂质少、稳定性好、化学组成恒定的物质。基准试剂是用来衡量其他物质化学量的标准物质,可标定标准溶液。

3. 高纯试剂

纯度远高于优级纯的试剂称为高纯试剂。是在通用试剂基础之上发展起来的,是为专门的使用目的而用特殊方法生产的纯度最高的试剂。高纯试剂要求严格控制杂质含量,规定检测的杂质项目比同种优级纯或基准试剂多1~2倍。一般以9来表示试剂纯度,如杂质总含量不高于$1.0\times10^{-2}\%$,其纯度为4个9(99.99%),简写为4N。高纯试剂不能用于标准溶液的配制(单质氧化物除外),主要用于微量或痕量分析中试样的分解及试液的制备。

4. 专用试剂

即具有专门用途的试剂。如各类仪器分析中所用试剂如色谱分析标准试剂、气相色谱载体及固定液、液相色谱填料、薄层分析试剂、紫外及红外光谱纯试剂、核磁共振波谱分析用试剂等均是专用试剂。与高纯试剂相似,专用试剂主体含量较高,杂质含量很低。如光谱纯试剂的杂质含量用光谱分析方法已测定不出或者杂质的含量低于某一限度,它主要用作光谱分析中的标准物质,但不能作为化学分析的基准试剂。

(二)化学试剂存放和使用

1. 化学试剂的选择

分析工作中应结合具体的实验要求,根据分析对象的组成、含量、对分析结果准确度的要求和分析方法的灵敏度,合理地选用相应级别和规格的试剂。化学分析实验通常使用分析纯试剂;仪器分析实验一般使用有优级纯、分析纯或专用试剂。如果实验对主体含量要求高,宜选用分析纯试剂;若对杂质含量要求高,则要选用优级纯或专用试剂。

2. 化学试剂的存放

使用和存放化学试剂时一定要按照安全操作规程和安全管理规程使用和存放。要依据物质自身的物理和化学性质,采取措施降低或杜绝化学试剂变性、自然损耗及方便试剂取用。一般氧化剂和还原剂应密闭、避光保存并隔开存放。易挥发试剂应低温存放;易燃易爆试剂要存储于避光、阴凉通风的地方。剧毒危险品要有专人专柜妥善保管。所有试剂瓶上应标签完好。

3. 化学试剂的取用

在取用和使用任何化学试剂时,首先要做到“三不”,即不能用手接触药品,不可直接闻气味,不得品尝任何药品的味道。注意节约药品,严格按照实验规定用量取用。此外还应注意试剂瓶塞或瓶盖打开后要倒放在实验台面上,取用后立即塞紧盖好。防止试剂污染变质而不能使用,甚至可能引起意外事故。

(1) 固体试剂的取用

固体试剂一般用洁净干燥的药匙取用,并尽量送入容器底部。特别是固体粉末容易散落或沾在容器口和壁上,可将其倒在折成槽形的纸条上,并使容器倾斜,将纸槽小心伸入容器底部,竖起容器让试剂全部落入容器底部。

块状固体用镊子夹取,送入容器时,务必先使容器倾斜,使之沿器壁慢慢滑入器底。

取用试剂后的镊子或药匙务必擦拭干净、不留残物,绝不能一匙多用。

(2) 试液的取用

用少量试液时可使用胶头滴管吸取。取量较多时则采用直接倾泻法。从试剂瓶中将液体倾入容器时,把试剂瓶上贴有标签的一面握在手心,另一手将容器斜持、并使瓶口与容器口相接触,逐渐倾斜试剂瓶,倒出液体,使其沿着容器壁流入容器,或沿着洁净的玻璃棒将液体试剂引流入大口容器或容量瓶内。取出所需量后,逐渐竖起试剂瓶,把瓶口剩余的液滴转入容器中去,以免液滴沿着试剂瓶外壁流下。

若实验中无规定剂量时,一般取用 1.0 ~ 2.0 mL。定量使用时,则可根据要求选用量器、滴定管或移液管。取多的试剂不能倒回原瓶,更不能随意废弃。应倒入指定容器内供他人使用。

若取用有毒试剂时,必须在教师指导下,严格遵照规则取用。

四、基准物质和标准溶液

在国民经济的许多部门及科学研究中,都离不开分析测试工作。为保证测定结果准确可靠,具有公认的可比性,必须使用基准物质溶液或用基准物质标定某一溶液准确浓度、校准仪器和评价分析方法。在分析化学中常用的基准物质有纯金属和纯化合物等。表1-1-3列出了滴定分析中最常用的基准物质及其应用范围。

表1-1-3 滴定分析中常用的基准物质

基准物质	用其标定的标准溶液	国家标准号
氯化钠	硝酸银标准溶液	GB1253—1989
草酸钠	高锰酸钾标准溶液	GB1254—1990
无水碳酸钠	盐酸、硫酸标准溶液	GB1255—1990
三氧化二砷	碘标准溶液	GB1256—1990
邻苯二甲酸氢钾	氢氧化钠、高氯酸标准溶液	GB1257—1989
碘酸钾	直接配制标准溶液	GB1258—1990
重铬酸钾	硫代硫酸钠标准溶液	GB1259—1989
氧化锌	EDTA-二钠标准溶液	GB1260—1990
无水对氨基苯磺酸	亚硝酸钠标准溶液	GB1261—1977
氯化钾	硝酸银标准溶液	GB10736—1989
乙二胺四乙酸二钠	氯化锌标准溶液	GB12593—1990
溴酸钾	硫代硫酸钠标准溶液	GB12594—1990
硝酸银	氯化钠标准溶液	GB12595—1990
碳酸钙	EDTA-二钠标准溶液	GB12596—1990
苯甲酸	氢氧化钠标准溶液	GB12597—1990

(一)滴定分析标准溶液的配制方法

标准溶液是指已知其准确浓度的溶液(常用四位有效数字表示),是滴定分析中进行定量计算的依据之一。标准溶液的配制方法一般有以下两种:

1. 直接配制法

滴定分析中常用的基准物质(工作基准试剂和某些纯金属)见表1-1-3,具有确定的化学组成,其组成与化学式相符,纯度高(主体含量大于99.9%),在空气中稳定,可以直接配成标准溶液。

配制一定体积、一定物质的量浓度的标准溶液,过程分为五步:称量、溶解、转移、定容、摇匀。即在分析天平上准确称取一定质量的某物质,溶解于适量蒸馏水后定量转入容量瓶中,然后稀释、定容并摇匀。根据溶质的质量和容量瓶的体积,即可计算出该溶液的准确浓度。

称量时,应该严格按照分析天平使用规则和称量的规范操作进行,应掌握溶解、转移和定容的操作要领,溶解时小心搅拌、防止溅失,转移时沿玻璃棒小心倾倒,洗涤配溶液的烧杯内壁数次,准确定容至一定体积,摇匀则是为了使所得溶液各个部分的浓度均匀,可避免加水稀释时上下浓度不同造成实际取出的溶液浓度不符合要求。这种配制方法简单，但成本高，不宜大批量使用，而很多标准溶液无合适的基准物质配制（如 NaOH、HCl、$KMnO_4$等）。

2. 间接配制法（标定法）

间接配制法是最普遍使用的方法，即先用分析纯试剂配成近似浓度的溶液，然后用一定质量的另一基准物质与其定量反应，或者与另一种已知准确浓度的标准溶液反应来确定其准确浓度。

标定时，要注意保持标定和测定条件相同或相近，以减少系统误差。

基准物质要按照规定的方法预先进行干燥，配制标准溶液应选用符合实验要求的纯水，络合滴定和沉淀滴定一般要求三级水以上，其他标准溶液通常使用三级水。

标准溶液应密闭保存，避免阳光直射，见光易分解的标准溶液用棕色试剂瓶储存。使用前应将溶液摇匀。标准溶液的标定周期一般为 1～2 个月。

（二）仪器分析标准溶液的配制方法

仪器分析种类繁多，不同的仪器分析方法对试剂的要求也不相同，即使同种仪器分析方法，当分析对象不同时所用试剂的级别也可能不同。配制仪器分析中的标准溶液可能用到专门试剂、高纯试剂、纯金属，以及其他基准物质、优级纯及分析纯试剂等。配制用水应为二级水。

仪器分析标准溶液常用质量浓度（$\mu g \cdot mL^{-1}$、$g \cdot L^{-1}$）或物质的量浓度（$mol \cdot L^{-1}$）表示。由于仪器分析标准溶液的浓度比较低，保质期较短，通常先配制成比操作溶液高 1～3 个数量级的浓溶液作为储备液，临用前稀释或逐次稀释至所需浓度。某些金属离子的标准储备液宜储存在聚乙烯瓶中，以防止在存放过程中容器对标准溶液的污染和吸附。

（三）标准缓冲溶液的配制方法

用酸度计测量溶液 pH 时，必须先用 pH 基准试剂配制的标准缓冲溶液对仪器进行校准（定位），标准缓冲溶液的浓度用质量摩尔浓度单位 $mol \cdot kg^{-1}$表示，并接近待测溶液的 pH。标准缓冲溶液的 pH 是在一定温度下，经过实验精确测定的，表 1－1－4 是几种常用标准缓冲溶液的 pH。

表 1－1－4　几种常用的标准缓冲溶液

标准缓冲溶液	pH（实验值，25℃）
饱和酒石酸氢钾（0.034 $mol \cdot kg^{-1}$）	3.56
邻苯二甲酸氢钾（0.050 $mol \cdot kg^{-1}$）	4.01
KH_2PO_4（0.025 $mol \cdot kg^{-1}$）－Na_2HPO_4（0.025 $mol \cdot kg^{-1}$）	6.86
硼砂（0.010 $mol \cdot kg^{-1}$）	9.18

第二章　分析化学实验基本操作

第一节　半微量定性分析的试剂、仪器和基本操作

一、试剂和试液

1. 试剂

半微量定性分析所需要的试剂量很少，对溶液来说每次不过几滴，对固体来说不过几毫克，因此试剂大都装在一些体积较小的试剂瓶中（图1-2-1），试剂瓶再按一定的顺序排列在试剂架上。试剂可按其性质分为以下几种类型：酸、碱、盐、特殊试剂、固体试剂、有机溶剂、试纸等。其中酸碱溶液又各有不同的浓度，以满足使用中的不同需要。盐溶液和特殊试剂的配制方法，见本书附录三。试剂在使用中要防止污染。除试剂瓶所附带的滴管外，不得使用其他滴管吸取试剂，而且试剂瓶上的滴管除非用以取药，不能随便拿下，更不准放在别处。取药时要注意不使尖端接触到其他药品。试剂瓶用后要放在试剂架的固定位置上，以保证实验者可以很快找到所需的试剂。

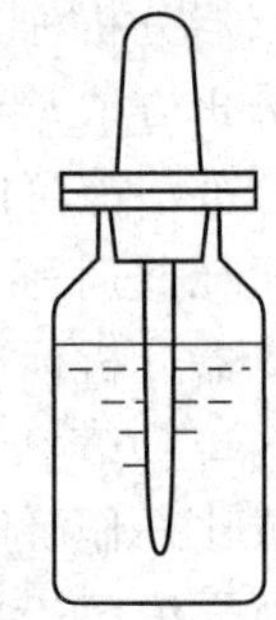

图1-2-1　试剂瓶

2. 试液

试液是研究各离子性质、配制混合分析试液和未知试液时用的，分为储备试液和练习试液两种。储备试液的浓度，一般为100 g·L^{-1}，存放在教师实验室备用；发给学生用的叫练习试液，简称试液，质量浓度为10 g·L^{-1}。试液的配制方法见本书的附录四。

二、主要仪器及操作技术

（一）主要仪器

1. 离心管及离心管架

离心管的容量为5~10 mL，尖端呈锥形（图1-2-2）。在离心沉降时，沉

淀集中在尖端较细部分，便于对沉淀进行观察和将离心液分出。为了估计溶液或沉淀的体积，可备有 1 ~ 2 支刻度离心管，离心管放在离心管架上。

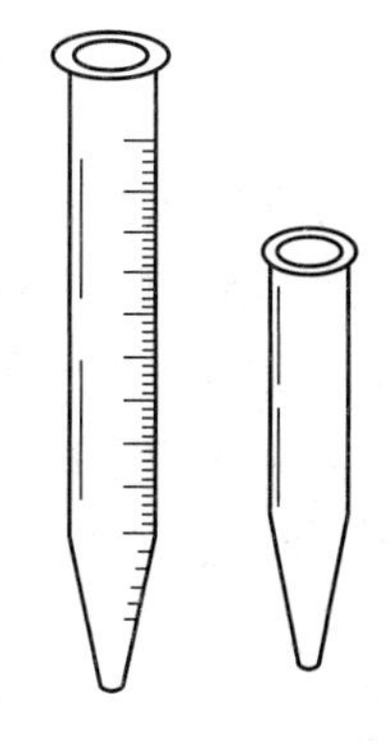

图 1 – 2 – 2　离心管

2. 点滴板

点滴板是带有凹槽的瓷板或厚玻璃板(图 1 – 2 – 3)，点滴反应在凹槽中进行。为了适应不同的情况，点滴板有白的、黑的和透明的三种。在白瓷点滴板上适于作有色反应；在黑瓷点滴板上适于作生成白色沉淀的反应；如果沉淀颜色和母液颜色相同，则使用厚玻璃制的透明点滴板效果最好，没有透明点滴板时可以用表面皿代替。

3. 表面皿

表面皿以直径 5 ~ 7 cm 的最为适用。在半微量定性分析中，表面皿既可作鉴定反应的容器，又可把两块合成起来作为气室(图 1 – 2 – 4)。

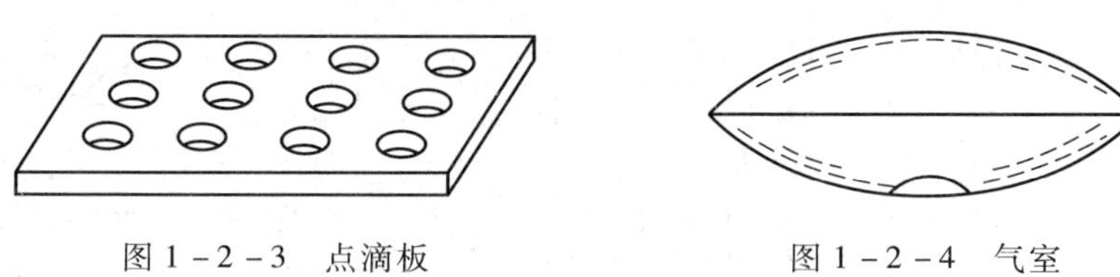

图 1 – 2 – 3　点滴板　　图 1 – 2 – 4　气室

4. 杓皿(或坩埚)

杓皿是一种有柄蒸发皿[图 1 – 2 – 5(a)]，在半微量定性分析中用于蒸发溶液，灼烧分解铵盐。可以用微坩埚[图 1 – 2 – 5(b)]代替。

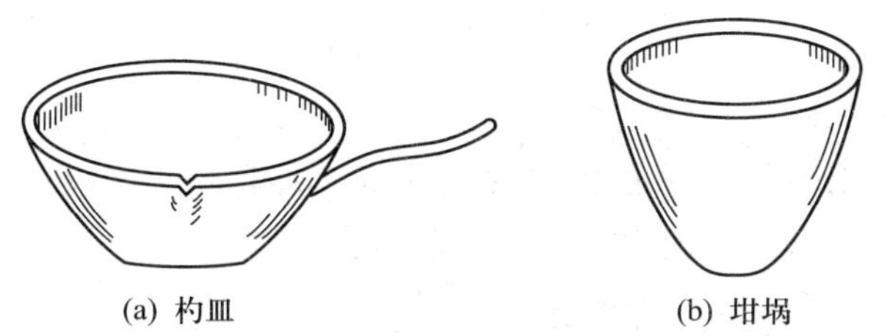

(a) 杓皿　　(b) 坩埚

图 1 – 2 – 5　杓皿和坩埚

5. 洗瓶

用 500 mL 平底烧瓶或软质塑料瓶制作，用于以蒸馏水洗涤离心管或滴管等。

6. 滴管、搅拌棒和药匙

滴管[图 1-2-6(a)]用于滴加一定体积的水或溶液,其每滴为 0.05 mL,制作时安乳胶头的一端应稍加扩大以免透气。毛细滴管[图 1-2-6(b)]的主要用途是从离心管中吸出沉淀上的离心液,所以也叫毛细吸管,其尖端较滴管细而长。有时也用于滴加少量试剂,其 1 滴为 0.02 mL,制作方法与滴管相似。

搅拌棒[图 1-2-6(c)]是细长的玻璃棒,用于搅拌离心管的内容物,洗涤沉淀,加速反应等。

药匙[图 1-2-6(d)]是将玻璃棒的一端烧红用镊子压扁制成的,用于取少量固体试剂。

7. 离心机

这是利用离心沉降原理将沉淀同溶液分开的设备,电动离心机如图1-2-7所示。

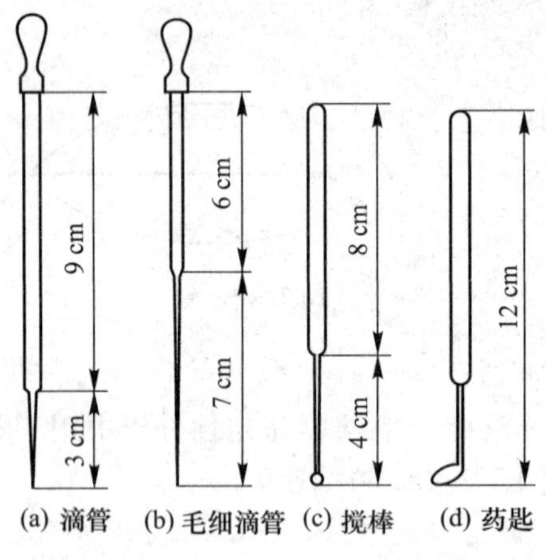

图 1-2-6 滴管、搅拌棒和药匙

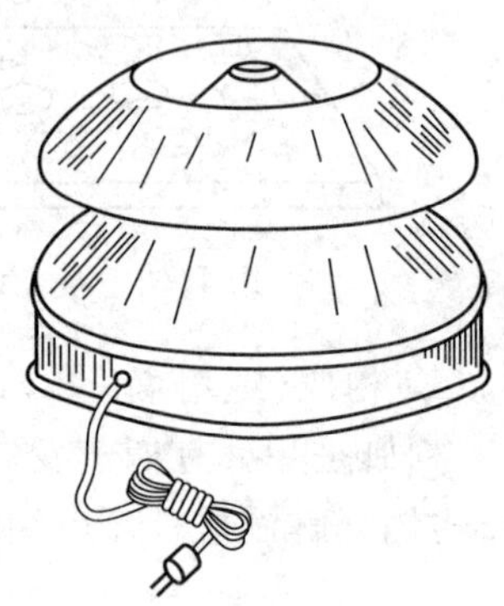

图 1-2-7 电动离心机

(二) 操作技术

半微量定性分析是一种很精致的实验工作,因此在操作技术上就有比较严格的要求。现就其要点分述如下。

1. 仪器的洗涤

半微量定性分析的鉴定方法都很灵敏,虽少量杂质也会造成很大影响,因此经常保证仪器的清洁是实验中的一项重要的要求。

洗涤方法见第一章第三节中玻璃仪器的洗涤。

2. 滴加试剂

滴加试剂时,① 只能使用试剂瓶所附滴管,不准用其他滴管伸到试剂瓶中去吸取试剂；② 滴管必须保持垂直，避免倾斜或倒立，以免试剂流入乳胶头；③ 滴管尖端要略高于容器口，不要碰到其他任何东西，用后放回原处，不许放在桌子上或其他地方。

3. 离心沉降

离心沉降是半微量定性分析中分离沉淀与溶液的基本方法，用离心机完成。离心机在使用中应注意以下几点：

（1）为了防止旋转中碰破离心管，离心机的套管底部应垫以棉花。

（2）尽量使对称位置上有质量相近的离心管。如果只准备处理一支离心管，则在对称位置上应放一盛有等体积水的离心管，以保持平衡。

（3）开动时应由慢速开始，运转平稳后再逐渐过渡到快速。

（4）转速和旋转时间视沉淀性状而定，晶形沉淀以每分钟 1 000 转的转速，离心 1 ~ 2 min 即可，无定形沉淀以每分钟 2 000 转的转速分离，需经 3 ~ 4 min。

（5）如果离心管打碎在套管中，应取出碎玻璃，立即清洗套管，以免被腐蚀。平时取放，切忌污染离心机。

4. 离心液的转移

经过离心沉降以后，在转移离心液之前，应先检查沉淀是否已经完全。方法是沿离心管壁再加一滴试剂，观察上部清液是否变浑。如不变浑，表示沉淀已完全；否则继续加足量试剂，重新离心沉降。

在证实沉淀确已完全后，可用毛细滴管将沉淀上部的离心液吸出，转移至另一容器。吸出离心液时要切记先在外部将乳胶头捏瘪，排出管内空气，然后小心地伸入管中，并接近沉淀表面，然后慢慢放松。将离心液吸入毛细滴管；此时离心管要保持倾斜位置，以便将全部离心液吸出（见图 1 - 2 - 8）。

在沉淀比较紧密的情况下，离心液也可以用比较简单的倾泻法转移，其操作方法见图 1 - 2 - 9。

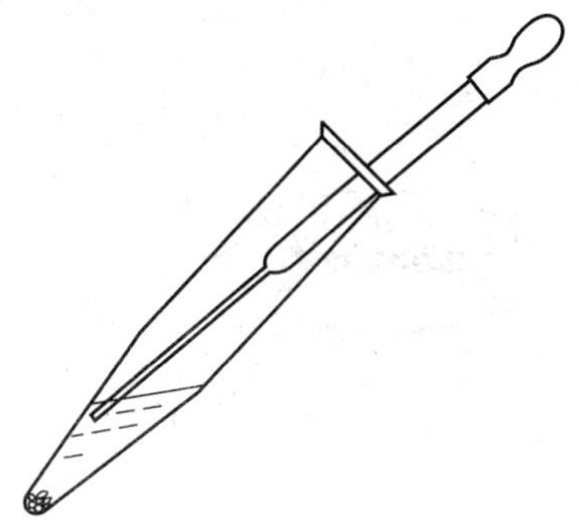

图 1 - 2 - 8　用吸出法转移离心液

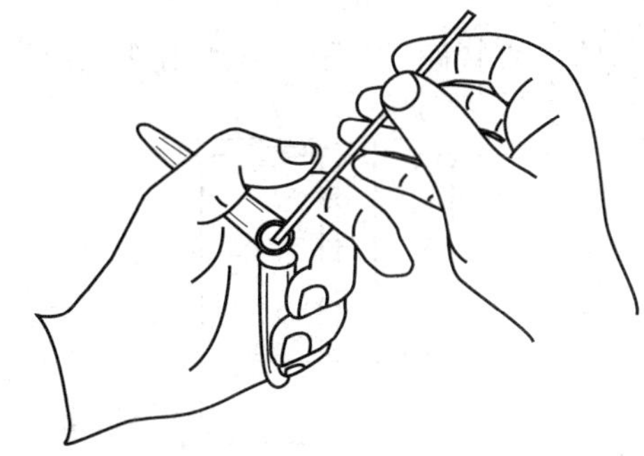

图 1 - 2 - 9　用倾泻法转移离心液

5. 沉淀的洗涤

沉淀与离心液分离后,沉淀中仍包藏着少量离心液,这部分离心液必须洗去。洗涤的方法是向沉淀上加 2 ~ 3 倍于沉淀体积的洗涤液搅拌,离心沉降,转移洗涤液。

洗涤液视沉淀不同而异。对溶解度小的晶形沉淀可以用冷水洗;对胶性沉淀宜用稀电解质溶液洗,必要时还要加热洗涤液,以免发生胶溶现象;对溶解度较大的沉淀,应考虑在洗涤液中加入同离子盐,以免在洗涤过程中发生溶解损失。

洗涤的次数一般 2 ~ 3 次即可,但每次洗后要尽量把洗涤液全部吸出。必要时还要检查最后一次吸出液中是否含有要洗去的离子以确定洗涤完全与否。

6. 沉淀的分取

洗净后的沉淀如需分成几份分别加以研究时,可在含有沉淀的离心管中加几滴水,以滴管向其中吹气搅拌,使成悬浊液,然后以滴管分别吸出,置于适当容器中研究。

7. 沉淀的溶解

沉淀的进一步处理如需将它溶解时,应在沉淀洗涤后立即进行,否则放置时间过长,沉淀会发生老化现象,有的沉淀可能变得不易溶解。

溶解时应一边滴加试剂,一边搅拌,同时观察溶解的情况。必要时还要在水浴上加热,以促进沉淀的溶解。

如果沉淀只是部分地溶解于试剂,则应特别注意务必使应该溶解的部分溶解完全。一般加两次试剂处理较为稳妥。

8. 加热

离心管不得在火上直接加热,应放在水浴(图 1 - 2 - 10)上加热,水浴中的水应保持微沸。水浴可由一 300 mL 烧杯和一个铝制离心管座组成。如果没有特制的离心管座,也可简单地用铁丝或铜丝扭成(图 1 - 2 - 11)。

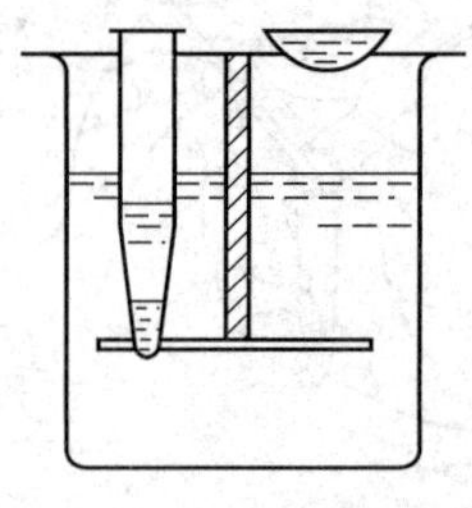

图 1 - 2 - 10 水浴

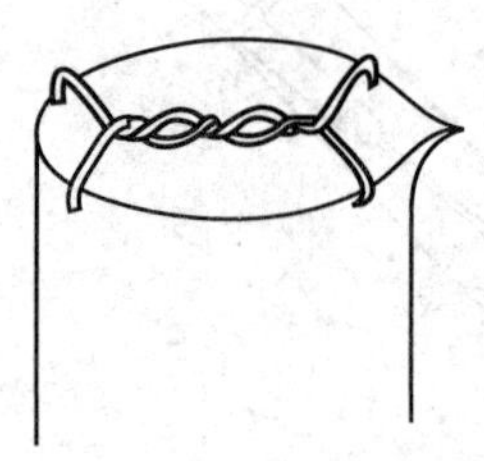

图 1 - 2 - 11 铁丝架

9. 蒸发

蒸发可在构皿或微坩埚(或微烧杯)中进行。直接放在石棉网上小火加热。蒸发至将干时,须及时停止加热,利用石棉网上的余热蒸发,以免在强热下使某些盐分解为难溶性的氧化物,变得不好处理。

10. 气体的鉴定

在定性分析中,鉴定气体可在气室(见图1-2-4)中进行,也可在图1-2-12的验气装置中进行。(a)为在离心管的软木塞上插一尖端为球形的玻璃棒,试剂就悬在球形处。(b)为插一玻璃管,试剂保持在管的尖端。当离心管中的试液产生气体时,便与试剂发生作用。如作用的结果是产生白色沉淀[例如 CO_2 与 $Ca(OH)_2$ 的反应],则(a)的玻璃棒使用蓝色的更为合适。但更为简单适用的是(c)。选择两个合适的离心管,一支插在另一支上,使之恰好堵住下管管口。为了更好地气密,可使两支离心管的接合处保留一薄层蒸馏水。插入的离心管尖端,悬一滴试液。

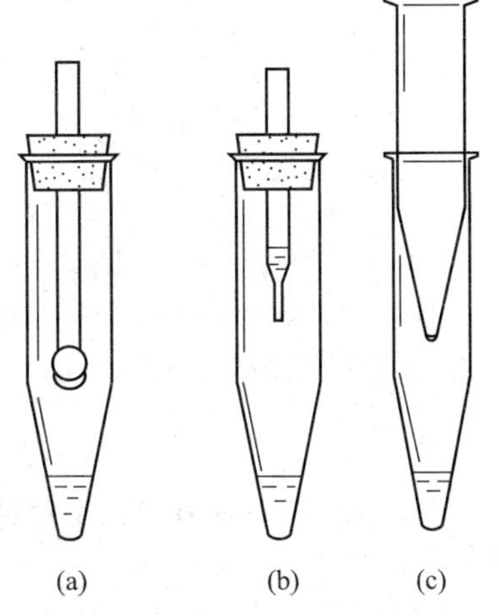

图1-2-12　验气装置

11. 纸上点滴反应

取定性滤纸(反应纸)一小块(约2 cm×2 cm),以手悬空拿持或放在坩埚口上(不要放在实验台或其他物品上面)。将吸有试液的毛细滴管尖端与滤纸垂直接触,不必挤压乳胶头,让试液慢慢被滤纸吸收,成一湿斑,然后移开毛细滴管,用同法将试剂滴在湿斑上,观察反应的结果。注意,不可用毛细滴管直接从试剂瓶吸取试剂,而应先把试剂滴在点滴板上待取。

第二节　电子天平

一、电子天平的结构原理

电子天平是近年发展起来的最新一代天平,目前应用最多的是顶部承载式(上皿式)天平,见图1-2-13。它是根据电磁力平衡原理,直接称量,全量程不需砝码。通过设定的程序,实现自动调零、自动校准、自动去皮、自动显示称量结果等,还可与计算机、打印机及记录仪等联用。

电子天平的优点是在加入载荷后能迅速达到平衡,并自动显示所称物体的质量,其独具的“去皮”功能使称量更为简便、快速,使单次试样的称量时间大大缩短。

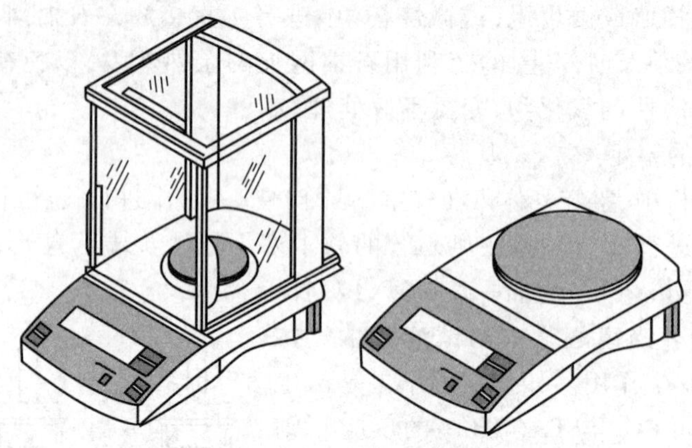

图 1-2-13 电子天平

现在,新型电子天平还有自动保温系统、加热装置、四级防震装置,可进行含水量测定、小型活体动物体重称量、现场称量,以及开门、去皮等的红外感应式操作。

二、电子天平的称量方法

根据不同的称量对象及称量要求,须采用相应的称量方法,常用的称量方法有以下三种。

1. 直接称量法

调定天平零点后,将称量物置于电子天平秤盘上,待天平达到平衡后,所得读数即为称量物的质量。该法适用于称量不易吸水,在空气中性质稳定的物质,如金属、矿样、小烧杯等。

2. 固定质量称量法

此方法适用于在空气中没有吸湿性的试样,如金属、合金的粉末或小颗粒。先按直接称量法称取盛试样器皿的质量,然后去皮,再用小匙将试样逐步加到盛放试样的器皿中,直到天平达到平衡,显示数据与称量物质量吻合。这种方法在工业生产的例行分析中得到广泛应用。

3. 减量法

这种方法称出试样的质量不要求固定的数值,只需在要求的称量范围内即可。常用于称取易吸湿,易氧化或易与 CO_2 起反应的物质。称取固体试样时,将适量的试样装入干燥洁净的称量瓶中,用洁净的小纸条套在称量瓶上[图 1-2-14(a)]。

在天平上称得质量，然后按去皮键。取出称量瓶，放在盛试样容器的上方，打开瓶盖，将称量瓶倾斜，用瓶盖轻轻敲击瓶的上部，使试样慢慢落入容器中，如图 1－2－14(b)。当倾出的试样接近所需的质量时，慢慢地将瓶竖起，再用瓶盖敲击瓶口上部，使黏在瓶口的试样落回瓶中，盖好瓶塞，再将称量瓶放回到秤盘上称量，显示数值为负值，其绝对值即为所称试样质量。

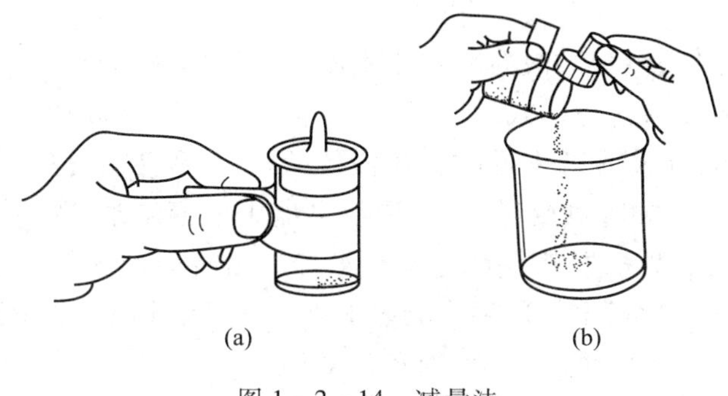

图 1－2－14　减量法

三、电子天平的使用规则

1. 称量前先将电子天平罩取下叠好，放在天平箱上面，检查电子天平是否处于水平状态，用软毛刷轻刷天平，检查和调整天平的零点。

2. 电子天平的前门不得随意打开，它主要供安装、调试和维修电子天平时使用。称量时应关好侧门。化学试剂和试样都不得直接放在秤盘上，应放在干净的表面皿、称量瓶或坩埚内；具有腐蚀性的气体或吸湿性物质，必须放在称量瓶或其他适当的密闭容器中称量。

3. 称量的数据应及时记录在实验记录本上，不得记在纸片或其他地方。

4. 电子天平的载重不能超过它的最大负载。在同一次实验中，应使用同一台电子天平，以减小称量误差。

5. 称量的物体必须与天平箱内的温度一致，不得把热的或冷的物体放进电子天平称量。为了防潮，在天平箱内应放有吸湿用的干燥剂，如变色硅胶等。

6. 称量完毕，关闭电子天平，取出称量物，检查电子天平内外的清洁，关好侧门。然后检查零点，将使用情况登记在电子天平使用登记簿上，再切断电源，最后罩上天平罩，将坐凳放回原处。

第三节　滴定分析仪器和基本操作

滴定分析中，滴定管、容量瓶、移液管、吸量管和移液器是准确测量溶液体积的量器。体积测量的相对误差是影响分析结果准确度的主要因素,体积测量不够准确(如相对误差>0.2%),其他操作步骤即使做得很正确,也会给分析结果带来很大的误差,因为在一般情况下分析结果的准确度是由误差最大的那项因素所决定。因此,必须准确测量溶液的体积以得到正确的分析结果。溶液体积测量的准确度不仅取决于所用量器是否准确,更重要的是取决于准备和使用量器是否正确。

在分析化学中,测量溶液的准确体积需用已知容量的量器。量器分为量出式量器和量入式量器。量出式量器(量器上标有 Ex)如滴定管、移液管、吸量管和移液器,用于测量从量器中排(放)出液体的体积(称为标称容量)。量入式量器(量器上标有 In)如容量瓶等,用于测量量器中所容纳液体的体积,其体积称为标称体积。量器又根据其容量允差和水的流出时间分为 A 级、A_2 级和 B 级(量器上标有"A"、"A_2"和"B"字),见表 1-2-1。另外快流式量器(如吸量管)标有"快"字,吹式量器(如吸量管)标有"吹"字。

表 1-2-1 量器的规格和允差

量器名称	标称容量/mL	容量允差*/mL			水的流出时间/s	
		A 级	A_2 级	B 级	A、A_2 级	B 级
滴定管	25	±0.040	±0.060	±0.080	45~70	35~70
移液管	20	±0.030		±0.060	25~35	20~35
吸量管	10	±0.050		±0.10	7~17	
容量瓶	500	±0.25		±0.50		

* 标准温度 20℃,滴定管和吸量管为全容量和零到任意刻度,移液管和容量瓶为全容量。

一、滴定管

滴定管是滴定时用来准确测量流出标准溶液体积的量器。它的主要部分管身是用细长而且内径均匀的玻璃管制成,上面刻有均匀的分度线(线宽不超过 0.3 mm),下端的流液口为一尖嘴,中间通过玻璃旋塞或乳胶管连接以控制滴定速度。常量分析用的滴定管标称容量为 50 mL 和 25 mL,还有标称容量为 10 mL、5 mL、2 mL、1 mL 的半微量或微量滴定管。本书滴定分析实验中所用滴定管,其标称容量为 25 mL,最小刻度为 0.1 mL,读数可准确到 0.01 mL。

滴定管一般分为两种:一种是酸式滴定管,另一种是碱式滴定管,如图 1-2-15 所示。

酸式滴定管下端有玻璃旋塞开关,用来装酸性溶液和氧化性溶液,不宜盛碱性溶液(避免腐蚀磨口和旋塞)。碱式滴定管的下端连接一段乳胶管,管内有玻璃珠以控制溶液的流出,乳胶管下端再连一尖嘴玻璃管,凡是能与乳胶管反应的氧化性溶液,如 $KMnO_4$、I_2 等,不得装在碱式滴定管中。

(一) 滴定管使用前的准备

酸式滴定管使用前应检查旋塞转动是否灵活,然后检查是否漏水。试漏的方法是先将旋塞关闭,在滴定管内充满水,将滴定管固定在滴定管夹上,放置 2 min,观察管口及旋塞两端是否有水渗出;将旋塞转动 180°,再放置 2 min,看是否有水渗出。若前后两次均无水渗出,旋塞转动也灵活,即可使用,否则将旋塞取出,重新涂上凡士林(起密封和润滑作用)后再使用。

涂凡士林的做法是:将滴定管中的水倒掉,平放在实验台上,抽出旋塞,用滤纸将旋塞及旋塞槽内的水擦干,用手指蘸少许凡士林在旋塞的两头均匀地涂上薄薄一层,如图 1-2-16(a)所示,在旋塞孔的两旁少涂一些,以免凡士林堵住塞孔。涂凡士林后,将旋塞直插入旋塞槽中[图 1-2-16(b)],按紧,插时旋塞孔应与滴定管平行,此时旋塞不要转动。这样可以避免将凡士林挤到旋塞孔中。然后向同一方向转动旋塞,直至旋塞中油膜均匀透明。

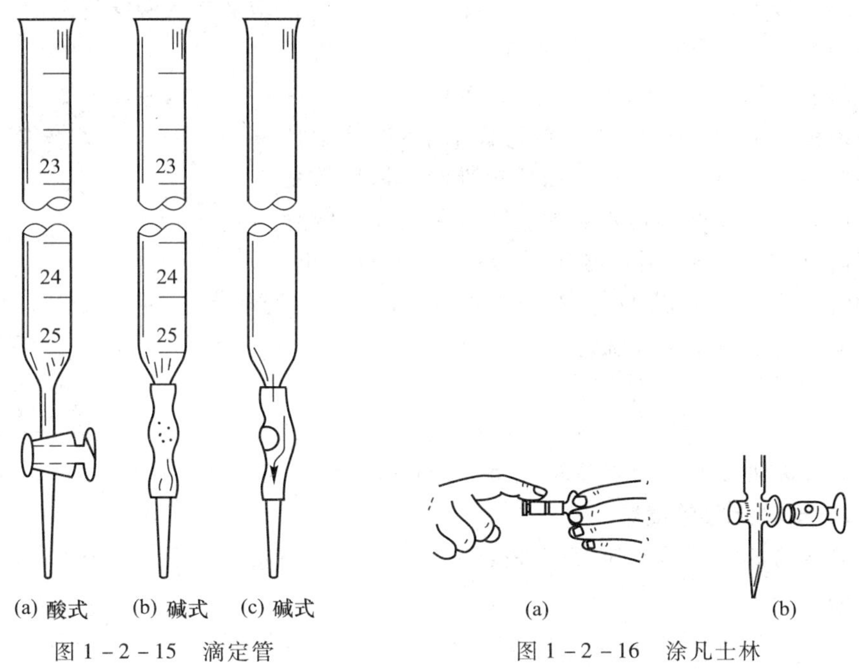

图 1-2-15　滴定管

图 1-2-16　涂凡士林

如发现转动不灵活,或出现纹路,表示凡士林涂得不够;若有凡士林从旋塞缝内挤出,或旋塞孔被堵,表示凡士林涂得太多。遇到这些情况,都必须把旋塞槽和旋塞擦干净后,重新涂凡士林。涂好凡士林后,应在旋塞末端套上一个乳胶圈(由乳胶管剪下一小段),以防脱落打碎。套乳胶圈时,要用手指抵住旋塞柄,防止其松动。

碱式滴定管应选择大小合适的玻璃珠和乳胶管。玻璃珠过小会漏水或使用时上下滑动,过大则在放出液体时手指过于吃力,且操作不方便。如不合要求,应及时更换。

最后是洗涤滴定管,如铬酸洗液洗涤时,可将滴定管内的水沥干,倒入 10 mL 洗液(碱式滴定管应卸下乳胶管,套上旧乳胶头,再倒入洗液),将滴定管逐渐向管口倾斜,用两手转动滴定管,使洗液布满全管,然后打开旋塞将洗液放回原瓶中。如果内壁沾污严重时,则需用洗液充满滴定管(包括旋塞下部尖嘴出口),浸泡 10 min 至数小时或用温热洗液浸泡 20 ~ 30 min。先用自来水冲洗干净,再用纯水洗三次,每次用水约 10 mL。

(二)标准溶液的装入

为了避免装入后的标准溶液被稀释,应用此种标准溶液 5 ~ 10 mL 润洗滴定管 2 ~ 3 次。操作时,两手平端滴定管,慢慢转动,使标准溶液流遍全管,并使溶液从滴定管下端流尽,以除去管内残留水分。将标准溶液装入滴定管之前,应将其摇匀,使凝结在瓶内壁上的水珠混入溶液,在天气比较热或室温变化较大时,此项操作更为重要。混匀后的标准溶液应直接倒入滴定管中,不得借用任何别的器皿(如烧杯、漏斗),以免标准溶液浓度改变或造成污染。装好标准溶液后,应注意检查滴定管尖嘴内有无气泡,否则在滴定过程中,气泡将逸出,影响溶液体积的准确测量。对于酸式滴定管可迅速转动旋塞,使溶液快速冲出,将气泡带走。对于碱式滴定管,右手拿住滴定管上端,并使管身倾斜,左手捏挤乳胶管玻璃珠周围,并使尖端上翘,使溶液从尖嘴处喷出,即可排出气泡(图 1 - 2 - 17)。排除气泡后,装入标准溶液,使之在“0”刻度以上,再调节液面在 0.00 mL 处或稍下一点位置,0.5 ~ 1 min 后,记取初读数。

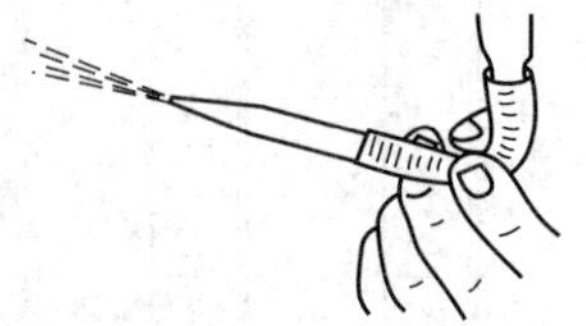

图 1 - 2 - 17 排出气泡

(三)滴定管的读数

滴定管的读数不准确,通常是滴定分析误差的主要来源之一。因此,读数时应遵循下列规则。

1. 装满溶液或放出溶液后,须等 1 ~ 2 min 后,使附着在内壁的溶液流下来,再进行读数。如果放出溶液的速度较慢(如临近终点时),可只等 0.5 ~ 1 min 后,即可读数。每次读数前要检查一下管壁是否挂水珠,管尖是否有气泡,管出口尖嘴处是否悬有液滴。

2. 读数时应将滴定管从滴定管架上取下,用拇指和食指捏住管上端无刻度处，使滴定管保持垂直状态。在滴定管架上直接读数方法不宜采用，因该方法难以确保滴定管处于垂直状态。

3. 液体由于表面张力，滴定管内液面呈弯月形。对于无色或浅色溶液，弯月面清晰，读数时，应读取视线与弯月面下缘实线最低点相切处的刻度；对于有色溶液（如 $KMnO_4$、I_2 等）弯月面清晰度较差，读数时，应读取视线与液面两侧的最高点呈水平处的刻度。

4. 使用“蓝带”滴定管时，读数方法与上述不同，在这种滴定管中，液面呈现三角交叉点，此时应读取交叉点处的刻度，如图 1－2－18（a）所示。

5. 每次滴定前应将液面调节在 0.00 mL 处或稍下一点的位置，这样可固定在某一段体积范围内滴定，以减少体积测量的误差。

6. 读数必须读到小数点后第二位，而且要求准确到 0.01 mL。

7. 为了读数准确，可采用读数卡，这种方法有助于初学者练习读数。读数卡可用贴有黑纸或涂有墨的长方形（约 3 cm × 1.5 cm）的白纸制成。读数时，将读数卡放在滴定管背后，使黑色部分在弯月面下的 1 mm 处，此时即可看到弯月面的反射层呈黑色，然后读与此黑色弯月面下缘相切的刻度［图 1－2－18（b）］。读数时应注意条件保持一致，或都使用读数卡，或都不使用读数卡。

8. 读取初读数时，应将管尖嘴处悬挂的液滴除去，滴至终点时，应立即关闭旋塞，注意不要使滴定管中溶液流至管尖嘴处悬挂，否则终读数便包括悬挂的半滴液滴。

（四）滴定操作

滴定时，应将滴定管垂直地夹在滴定管架上，滴定台应呈白色，否则应放一块白瓷板作背景，以便观察滴定过程溶液颜色的变化。滴定最好在锥形瓶中进行，必要时也可以在烧杯中进行。滴定操作如图 1－2－19 所示。

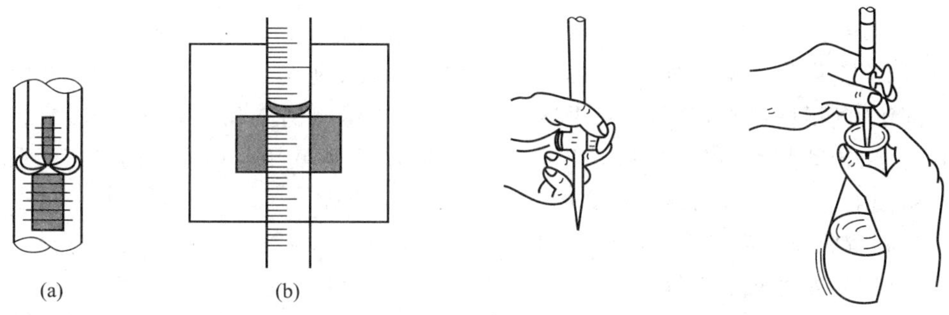

图 1－2－18　滴定管读数　　图 1－2－19　滴定操作示意图

使用酸式滴定管时，用左手控制滴定管的旋塞，拇指在前，食指和中指在后，手指略微弯曲，轻轻向内扣住旋塞，转动旋塞时要注意勿使手心顶着旋塞，以防旋塞松动，造成溶液渗漏。右手握持锥形瓶，使滴定管尖稍伸进瓶口为宜，边滴定边摇动，使瓶内溶液混合均匀，反应及时完全。摇动时应作同一方向的圆周运动。开始滴定时，溶液滴加的速度可以稍快些，但也不能成流水状放出。滴定时，左手不要离开旋塞，并要注意观察滴定剂落点处周围颜色的变化，以判断终点是否临近。临近终点时，滴定速度要减慢，应一滴或半滴地滴加，滴一滴，摇几下，并以洗瓶吹入少量纯水洗锥形瓶内壁，使附着的溶液全部流下；然后再半滴半滴地滴加，直到溶液颜色发生明显的变化，迅速关闭旋塞，停止滴定。即为滴定终点。半滴的滴法是将旋塞稍稍转动，使有半滴溶液悬于管口，将锥形瓶与管口接触，使液滴流出，并用洗瓶以纯水冲下。

使用碱式滴定管时，左手拇指在前，食指在后，其余三指夹住出口管。用拇指与食指的指尖捏挤玻璃珠周围右侧的乳胶管，使乳胶管与玻璃珠之间形成一小缝隙[图 1-2-15(c)]，溶液即可流出。应当注意，不要用力捏玻璃珠，也不要使玻璃珠上下移动；不要捏挤玻璃珠下部乳胶管，以免空气进入而形成气泡；停止加液时，应先松开拇指和食指，然后才松开其余三指。

二、容量瓶

容量瓶是常用的测量容纳液体体积的量入式量器。它是一种细颈梨形的平底玻璃瓶，带有磨口玻璃塞或塑料塞。在其颈上有一标线，在指定温度下，当溶液充满至弯月液面下缘与标线相切时，所容纳的溶液体积等于瓶上标示的体积。常用的容量瓶有 10 mL、25 mL、50 mL、100 mL、250 mL、500 mL、1 000 mL 等各种规格。

容量瓶的主要用途是配制准确浓度的标准溶液或定量地稀释溶液。它常和移液管配合，可把配成溶液的物质分成若干等份。

（一）容量瓶的准备

使用容量瓶前应先检查是否漏水，标线位置离瓶口是否太近，漏水或标线太近，则不宜使用。检漏时，加自来水至标线附近，盖好瓶塞，一只手拿瓶颈标线以上部位，食指按住瓶塞，另一只手指尖托住瓶底边缘。倒立 2 min，如不漏水，将瓶直立，转动瓶塞 180°，再倒立 2 min，如不漏水，即可使用。用橡皮筋将瓶塞系在瓶颈上，因磨口塞与瓶是配套的，搞错后会引起漏水。

容量瓶应洗涤干净，洗涤方法和洗滴定管相同。

（二）容量瓶的使用

如果用固体物质（基准试剂或被测试样）配制溶液时，先将准确称取的固体物质于小烧杯中溶解后，再将溶液定量转移到预先洗净的容量瓶中，转移溶液的方法如图 1-2-20 所示，一手拿着玻璃棒，并将它伸入瓶中；一手拿烧杯，让烧杯嘴贴紧玻璃棒,慢慢倾斜烧杯,使溶液沿着玻璃棒流下,倾完溶液后,将烧杯沿玻璃棒轻轻上提,同时将烧杯直立,使附在玻璃棒和烧杯嘴之间的液滴回到烧杯中,再用洗瓶以少量纯水洗烧杯 3 ~4 次,洗出液全部转入容量瓶中(称为溶液的定量转移)。然后用纯水稀释至容积 2/3 处时,旋摇容量瓶使溶液混合,但此时切勿倒转容量瓶。继续加水至标线以下约 1 cm,等待 1 ~2 min,使附在瓶颈内壁溶液流下后,最后用滴管或洗瓶从标线以上 1 cm 以内的一点沿壁缓缓加水直至弯月面下缘与标线相切。盖上干的瓶塞,左手捏住瓶颈标线以上部分,食指按住瓶塞,右手指尖托住瓶底边缘,将瓶倒转并摇动,再倒转过来,使气泡上升到顶;如此反复多次,使溶液充分混合均匀,如图 1 -2 -21 所示。

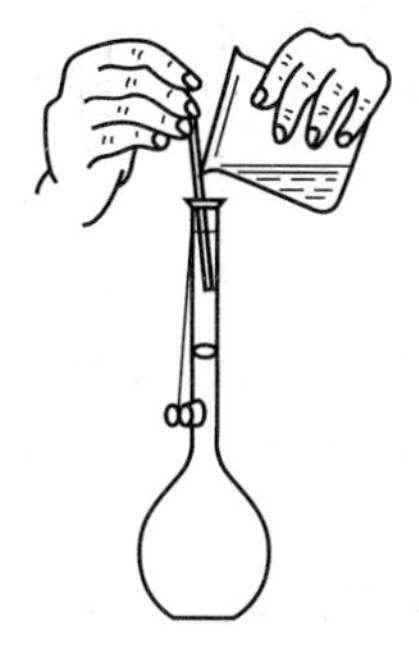

图 1 -2 -20　溶液定量转移

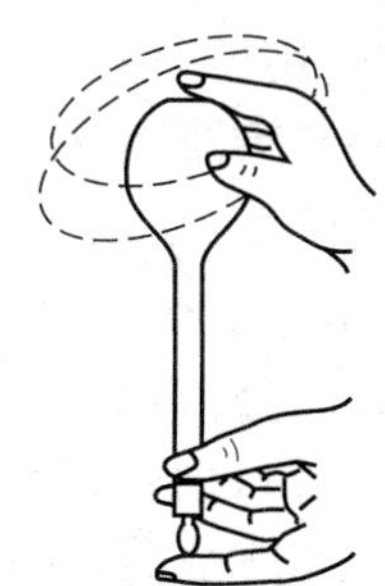

图 1 -2 -21　溶液混匀

如果用容量瓶稀释溶液,则用移液管吸取一定体积的溶液移于容量瓶中,按上述方法加水稀释至标线,摇匀。

热溶液应冷至室温后,才能稀释至标线,否则会造成体积误差。需避光的溶液应以棕色容量瓶配制。不要用容量瓶长期存放溶液,应转移到试剂瓶中保存,试剂瓶要先用配好的溶液荡洗 2 ~3 次。容量瓶使用完毕应立即用水冲洗干净。如长期不用,磨口处应洗净擦干,并用纸片将磨口隔开。

三、移液管和吸量管

移液管是用于准确移取一定量体积溶液的量出式量器,正规名称是"单标线吸量管",又简称为吸管。它是一根细长而中间膨大的玻璃管,管颈上部有一环形标线,膨大部分标有它的容积和标定时的温度。在标明的温度下,吸取溶液至弯月面与管颈的标线相切,再让溶液按一定的方式自由流出,则流出溶液的体积就等于管上所标示的容积。常用的移液管有 5 mL、10 mL、20 mL、25 mL、50 mL 等各种规格,如图 1 -2 -22 所示。

吸量管是用于移取所需不同体积的量器,全称是"分度吸量管",是带有分度线的玻璃管。分度线有的刻到管尖,有的只刻到离管尖 1 ~ 2 cm 处,有的零刻度在上,有的零刻度在下,使用时要注意分清。常用的吸量管有 1 mL、2 mL、5 mL、10 mL 等各种规格。

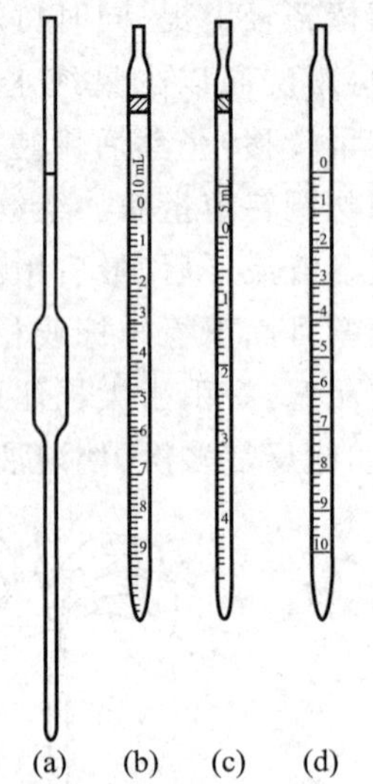

图 1 - 2 - 22 移液管和吸量管

(一) 移液管和吸量管的洗涤

移液管和吸量管一般采用洗耳球吸取铬酸洗液洗涤,也可放在高形玻璃筒和量筒内用洗液浸泡,取出沥尽洗液后,用自来水冲洗,再用纯水润洗干净,润洗的水应从管尖放出。

(二) 移液管和吸量管的使用

移取溶液前,用滤纸将尖端内外的水吸尽,否则因水滴引入改变溶液的浓度。然后用要移取的溶液将移液管润洗 2 ~ 3 次。润洗的方法是:用洗耳球吸取溶液刚入移液管的膨大部分(注意切勿让吸入的溶液有部分流回盛溶液的容器内),立即用右手食指按住管口,将管横过来,用两手的拇指和食指分别拿住移液管的两端,转动移液管并使溶液布满全管内壁,当溶液流至距上口 2 ~ 3 cm 时,将管直立,使溶液由管尖放出,弃去。

移取溶液时,一般用右手的拇指和中指拿住移液管颈标线的上方,其余二指辅助拿住移液管,将管子插入液面以下 1 ~ 2 cm 处,若插入太深会使管外黏附过多的溶液,影响量取溶液的准确性,若插入太浅会产生吸空。左手拿洗耳球,先把球内空气压出,然后将球的尖端接在移液管口,慢慢松开左手指使溶液吸入管内,如图 1 - 2 - 23(a)所示。移液管应随容器内液面的下降而下降。当管中液面上升到标线以上时,迅速移去洗耳球,立即用右手食指按住管口,将移液管提离液面,并将管的下部原伸入溶液的部分,贴容器内壁转两圈,尽量除去管尖外壁黏附的溶液。然后将容器倾斜成 45°左右,竖直移液管,管尖紧贴容器内壁,略为放松食指并用拇指和中指轻轻转动移液管,让溶液慢慢顺壁流出,使液面平稳下降,直到溶液的弯月面下缘与标线相切时,立刻用食指压紧管口,使溶液不再流出。将移液管移至承接溶液的容器中,使管尖紧贴容

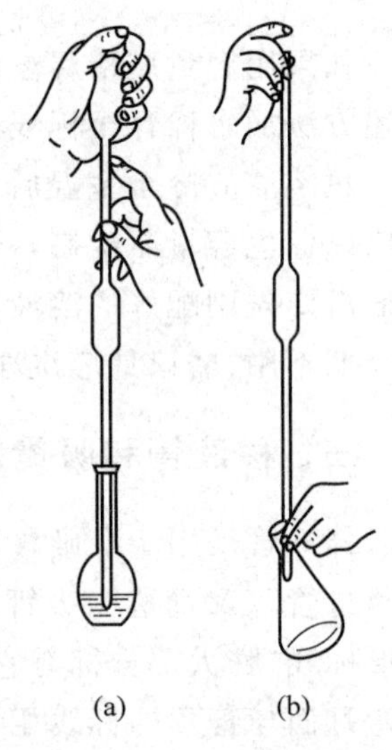

图 1 - 2 - 23 移液管的使用

器的内壁，移液管应呈竖直状态，承接容器（如锥形瓶）约成45°倾斜。松开食指使溶液自由地沿壁流下，如图1－2－23（b）所示，待溶液全部放完后，再等15 s，取出移液管。管上未标有“吹”字的，切勿把残留在管尖内的溶液吹入承接的容器中，因为校正移液管时，已经考虑了末端所保留溶液的体积。

用吸量管吸取溶液时，基本与上述操作相同，但其移取溶液的准确度不如移液管。管上标有“吹”、“快”等字样，在使用它的全量程时，应将管尖残留的液滴立即吹入承接容器中并移开管子，这类吸量管的精度低些，但流速快，适用于仪器分析实验中加试剂，最好不要用于移取标准溶液。几次平行试验中，应尽量使用同一支吸量管的同一段，并尽量避免使用管尖收缩部分，以免带来误差。

移液管、吸量管和容量瓶都是有刻度的精确玻璃量器，不得放在烘箱中烘烤。

四、移液器

（一）移液器的构造原理

微量移液器是一种取液量连续可调的精密计量器具，是实验室做生化分析、仪器分析及微量化学分析时进行定量取样和加液的必不可少的工具，具有使用稳定、操作简便、快速、精确度高、重复性好等特点。

移液器一般有1 000～5 000 μL，100～1 000 μL，10～200 μL，1～20 μL，0.1～2 μL等多种规格。其外形如图1－2－24所示：

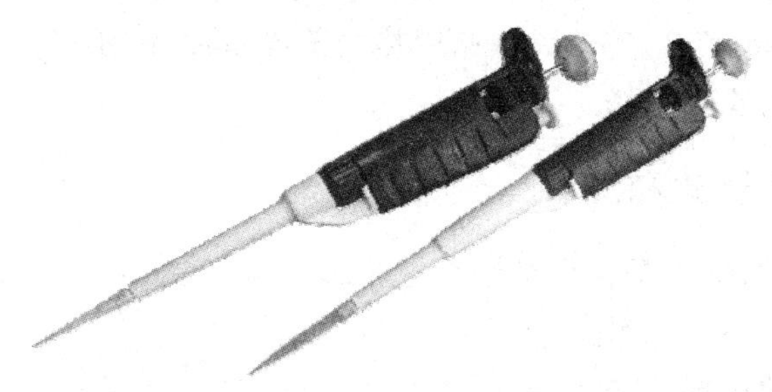

图1－2－24　可调微量移液器

（二）移液器的使用方法

普通移液器的使用方法：将吸液嘴套在移液器上，以右手拇指轻按其按钮使达第一阻力位，将吸嘴插入液面下2～3 mm，放松拇指，被吸液体即进入吸嘴，取出将液体放于另一容器中，轻按按钮使达第二阻力位，停留数秒后即可。使用完毕后退掉吸嘴放于存放杯内。

第四节 重量分析的基本操作

重量分析的基本操作包括:沉淀的进行,沉淀的过滤和洗涤、烘干或灼烧、称量等。为使沉淀完全纯净,应根据沉淀的类型选择适宜的操作条件,对于每步操作都要细心地进行,以得到准确的分析结果。

一、沉淀的进行

准备好内壁和底部光洁的烧杯,配以合适的玻璃棒及表面皿,称取一定量的试样置于烧杯中,根据试样的性质选择适宜的溶剂将其完全溶解后,加入沉淀剂进行沉淀。同时应根据沉淀的不同类型,选择不同的沉淀条件。对于晶形沉淀,用滴管将沉淀剂沿着烧杯壁或玻璃棒缓缓地加入至烧杯中,滴管口应接近液面,以免溶液溅出,边滴加边搅拌,搅拌时尽量不要碰击烧杯内壁和底部,以免划损烧杯使沉淀黏附在划痕中。

在热溶液中进行沉淀时,应在水浴或低温电热板上进行,以免溶液沸腾而溅失。沉淀剂加完后应检查沉淀是否完全。检查的方法是:将溶液静置,待沉淀沉降后,于上层清液中加入一滴沉淀剂,观察液滴落处是否还有混浊出现。待沉淀完全后,盖上表面皿放置过夜或加热搅拌一定时间进行陈化。(注意:在整个实验过程中,玻璃棒、表面皿与烧杯要一一对应,不能互换或共用一根玻璃棒。)

对于无定形沉淀,应当在热的较浓的溶液中进行沉淀,较快地加入沉淀剂,搅拌方法同上。待沉淀完全后,迅速用热的蒸馏水冲稀,不必陈化。待沉淀沉降后,应立即趁热过滤和洗涤。

二、沉淀的过滤和洗涤

根据沉淀在灼烧中是否会被纸灰还原及称量形式的性质,选择滤纸或玻璃滤器过滤。

(一) 滤纸的选择

定量滤纸一般为圆形,按其孔隙大小,分为快速、中速和慢速三种。定量滤纸灼烧后其每张灰分的质量小于 0.1 mg,在重量分析中可以忽略不计,故称为无灰滤纸。在过滤时应根据沉淀的性质合理地选用。例如对于 $BaSO_4$ 等晶形沉淀,应选用孔隙小的慢速滤纸,而对 $Fe(OH)_3$ 等无定形沉淀则应选用孔隙大的快速滤纸。滤纸的大小应根据沉淀量的多少而定。沉淀的体积应低于滤纸容积的 1/3。此外还应和漏斗相适应,一般滤纸放入漏斗后,其边缘应低于漏斗口 0.5 ~ 1.0 cm。

（二）滤纸的折叠与安放

用干燥洁净的手将滤纸对折，再对折成直角，展开后成圆锥体，半边一层，另半边三层，放入洁净的漏斗中，标准的漏斗应具有60°的圆锥角，若滤纸与漏斗不完全密合，可适当调整滤纸的折叠角度直到完全密合为止。为使滤纸与漏斗内壁贴合而无气泡，可将滤纸三层厚的外层折角撕掉一点并保存在洁净干燥的表面皿上，待以后擦烧杯用。滤纸的折叠与安放见图1－2－25。

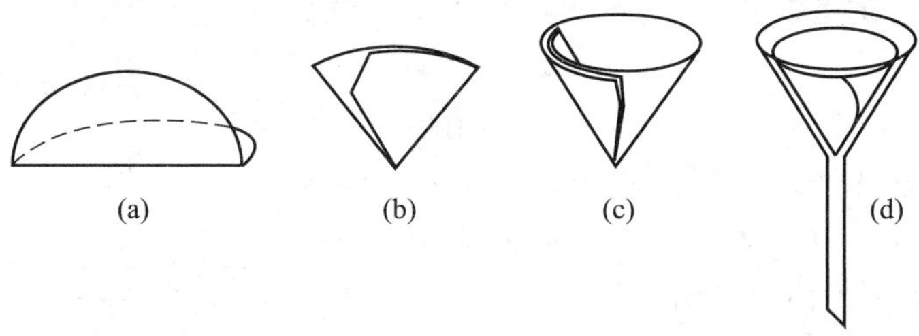

图1－2－25　滤纸的折叠与安放

将折叠好的滤纸放入漏斗中，三层处应在漏斗颈出口短的一边，用手指按住三层厚的一边，用洗瓶吹出少量水将滤纸润湿，然后轻压滤纸赶去气泡，使滤纸的锥形上部与漏斗间没有空隙。加水至滤纸边缘，这时漏斗内应全部被水充满，形成水柱，当漏斗内水全部流尽后，颈内水柱仍能保留且无气泡。若不能形成完整的水柱，可用手指堵住漏斗出口，稍微掀起滤纸三层厚的一边，用洗瓶向滤纸和漏斗间的空隙内注水，直至漏斗颈及滤纸锥体的大部分被水充满。然后压紧滤纸边缘，排除气泡，最后缓缓松开堵住漏斗出口的手指，水柱即可形成。在过滤和洗涤过滤中，借助水柱的抽吸作用可使滤速明显加快。

将准备好的漏斗放在漏斗架上，下面放一洁净烧杯承接滤液，漏斗颈出口长的一边应紧靠杯壁，滤液沿壁流下以避免冲溅。漏斗位置的高低，以过滤时漏斗的出口不接触滤液为度。

（三）沉淀的过滤和洗涤

过滤一般采用倾注法，即待沉淀沉降后将上层清液沿玻璃棒倾入漏斗内。让沉淀尽可能留在烧杯内，然后再加洗涤液于烧杯中，搅起沉淀进行充分洗涤，再静置澄清，然后再倾出上层清液，这样既可加快过滤速度，不致使沉淀堵塞滤纸，又能使沉淀得到充分洗涤。操作时，左手拿盛沉淀的烧杯移至漏斗上方，右手将玻璃棒从烧杯中慢慢取出并在烧杯内壁靠一下，使悬在玻璃棒下端的液滴流入烧杯。然后将其垂直立于漏斗之上并紧靠杯嘴，玻璃棒下端对着三层滤纸一边，尽可能靠近但不可接触滤纸。慢慢将烧杯倾斜，使上层清液沿玻璃棒缓缓注入漏斗中。

倾入的溶液液面至滤纸边缘约 0.5 cm 处，应暂停倾注，以免沉淀因毛细作用越出滤纸边缘，造成损失。当停止倾注时，将烧杯嘴沿玻璃棒慢慢向上提起，使烧杯直立，再将玻璃棒放回烧杯中以免杯嘴处的液滴流失。注意玻璃棒勿靠在杯嘴处，以免烧杯嘴上的少量沉淀黏附在玻璃棒上。倾注法操作如图 1－2－26 所示。

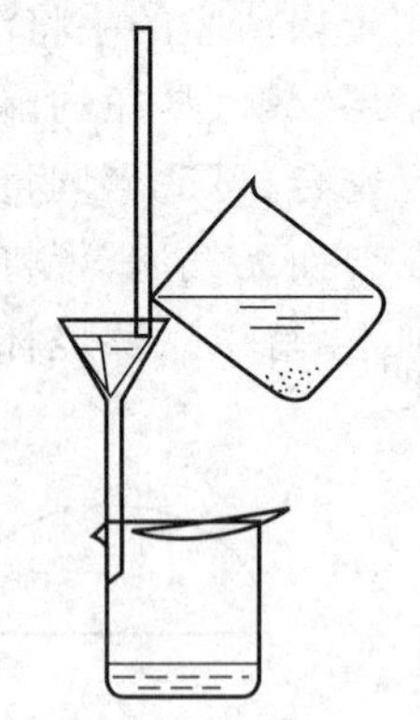
图 1－2－26　倾注法过滤

当清液倾注完毕，即可进行初步洗涤。用洗瓶或滴管加水或洗涤液，从上到下旋转吹洗烧杯内壁及玻璃棒，每次用量 15～20 mL。然后用玻璃棒搅起沉淀以充分洗涤，再将烧杯斜放在小木块上，使沉淀下沉并集中在烧杯一侧，以利沉淀和清液分离，便于清液的转移。澄清后再倾泻过滤，如此重复过滤，洗涤 3～4 次。

初步洗涤后，即可进行沉淀的定量转移。向盛有沉淀的烧杯中加入少量洗涤液，用玻璃棒将沉淀充分搅动，并立即将悬浮液转移到滤纸上，然后用洗瓶冲下杯壁和玻璃棒上的沉淀，再进行转移。如此反复多次，尽可能将沉淀全部转移到滤纸上，对于残留在烧杯内的最后少量沉淀，可按图 1－2－27 所示的方法将其完全转移到滤纸上。即用左手拿住烧杯，玻璃棒放在杯嘴上，以食指按住玻璃棒，烧杯嘴朝向漏斗倾斜，玻璃棒下端指向滤纸三层部分，右手持洗瓶吹出液流冲洗烧杯内壁，使杯内残留的沉淀随液流沿玻璃棒流入纸内，注意勿使溶液溅出。

仍黏附在烧杯内壁和玻璃棒上的沉淀，可用原撕下的滤纸角进行擦拭，擦拭过的滤纸角放在漏斗中的沉淀内。沉淀完全移转至滤纸上后，在滤纸上进行最后洗涤，用洗瓶吹出细小缓慢的液流，从滤纸上部沿漏斗壁螺旋式向下吹洗，如图 1－2－28 所示，使沉淀集中到滤纸锥体的底部直到沉淀洗净为止。

图 1－2－27　沉淀的转移

图 1－2－28　沉淀的洗涤

洗涤的目的是为了洗除沉淀表面所吸附的杂质和残留的母液，获得纯净的沉淀。为了提高洗涤效率，尽量减少沉淀的溶解损失，洗涤时应遵循"少量多次"的原则，即同体积的洗涤液应尽可能分多次洗涤，每次使用少量洗涤液（没过沉淀为度），待沉淀沥干后，再进行下一次洗涤。

洗涤数次后，用洁净的表面皿承接约 1 mL 滤液，选择灵敏、快速的定性反应来检验沉淀是否洗净。

（四）玻璃坩埚过滤

对于烘干即可称重或热稳定性差的沉淀可用玻璃滤器过滤。分析化学实验中常用的两种玻璃滤器如图 1－2－29（a），（b）所示。

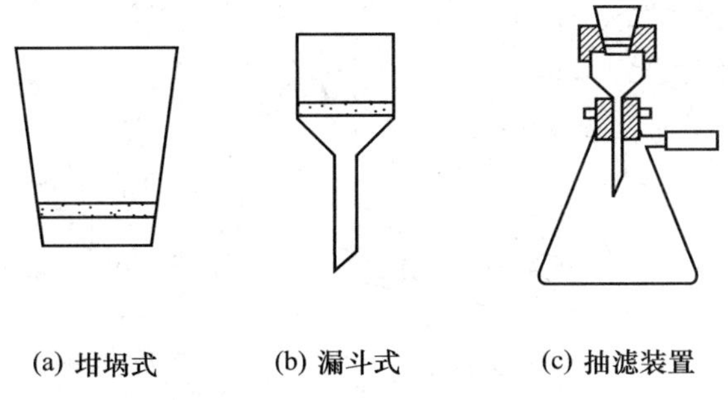

(a) 坩埚式　(b) 漏斗式　(c) 抽滤装置

图 1－2－29　玻璃滤器和抽滤装置

玻璃滤器在使用前要经酸洗（浸泡）、抽滤、水洗、抽滤、晾干或烘干。为防止残留物堵塞微孔，使用后的滤器应及时清洗。清洗的原则是，选用既能溶解或分解残留物又不至于腐蚀滤板的洗涤液进行浸泡，然后抽滤、水洗、再抽滤，最后在烘箱中缓慢升温至所需温度烘至恒重，并待烘箱稍降温后再取出，以防裂损。

玻璃滤器不宜过滤较浓的碱性溶液、热浓磷酸及氢氟酸溶液，也不宜过滤残渣堵孔又无法洗掉的溶液。

在玻璃滤器中进行沉淀的过滤、洗涤和转移的操作及注意事项与用滤纸过滤基本相同。其不同点是用玻璃滤器必须在减压下过滤，所以要准备装有安全瓶的抽滤设备，如图 1－2－29（c）所示。

过滤时应先减压后倾入溶液，并一直在抽滤状态下进行。但应控制压力勿使过滤速度太快，否则会降低洗涤效率。黏附于烧杯壁上的些微沉淀，只能用淀帚扫起，然后用水冲洗淀帚并将烧杯的沉淀冲洗至滤器中。停止过滤时应先从安全瓶放气，常压后再取下滤器，关闭水泵。

三、沉淀的烘干与灼烧

(一)坩埚的准备和干燥器的使用

将坩埚洗净、烘干,再用钴盐或铁盐液在坩埚及盖上写明编号,以资识别。然后于高温炉中,在灼烧沉淀时的温度条件下预先将空坩埚灼至恒重,灼烧时间15~30 min。将灼烧后的坩埚自然冷却将其夹入干燥器中,如图1-2-30所示。暂不要立即盖紧干燥器盖,留约2 mm缝隙,等热空气逸出后再盖严。移至天平室冷却30~40 min至室温后即可称量。然后再灼烧15~20 min,冷却,称量,直到连续两次称得质量之差不超过0.2 mg,即可认为坩埚至恒重。

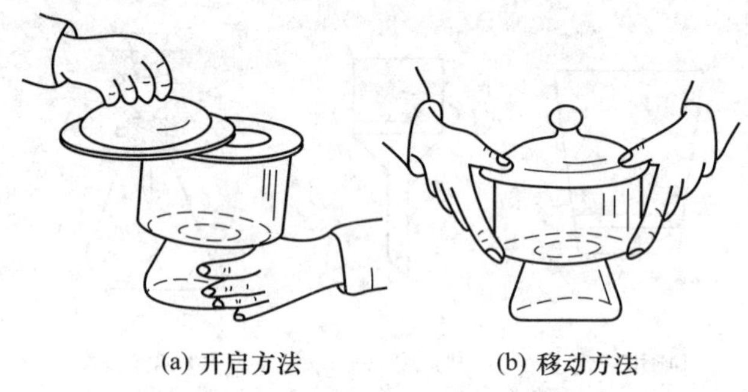

(a) 开启方法 (b) 移动方法

图1-2-30 干燥器的开启和移动

(二)沉淀的包裹

用洁净的药铲或顶端扁圆的玻璃棒,将滤纸三层部分掀起两处,再用洁净的手指从翘起的滤纸下面将其取出,打开成半圆形,自右端1/3半径处左折叠一次,再自上而下折一次,然后从右向左卷成小卷(如图1-2-31),最后将其放入已恒重的坩埚内,包裹层数较多的一面朝上,以便于炭化和灰化。若包裹胶体膨松的沉淀,可在漏斗中用玻璃棒将滤纸周边挑起并向内折,把锥体的敞口封住(如图1-2-32),然后取出倒过来尖朝上放入坩埚中。

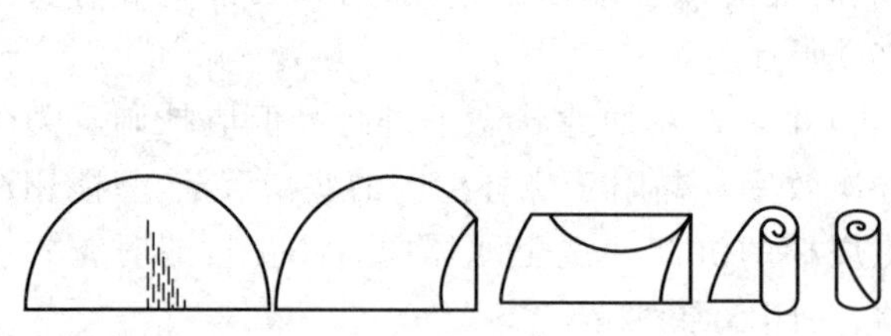

图1-2-31 晶形沉淀的包裹

图1-2-32 胶状沉淀的包裹

（三）沉淀的烘干、灼烧及称量

将装有沉淀的坩埚置于低温电炉上加热，把埚盖半掩着倚于坩埚口，将滤纸和沉淀烘干至滤纸全部炭化（滤纸变黑），注意只能冒烟，不能冒火，以免沉淀颗粒随火飞散而损失。炭化后可逐渐提高温度，使滤纸灰化。待滤纸全部呈白色后，移至高温炉中灼烧至恒重，然后进行称量。

沉淀在坩埚内灼烧的条件及恒重要求，与空坩埚时相同。

第三章 定性分析实验

实验 1 阳离子第一组(银组)的分析

一、银组离子的主要性质

1. 组试剂的作用

在 3 支离心管中,分别放 Ag^+、Hg_2^{2+} 试液各 2 滴,Pb^{2+} 试液 4 滴,然后加入 6 $mol \cdot L^{-1}$ HCl 溶液 1 滴,搅拌,观察生成沉淀的现象,如沉淀不生成,以玻璃棒摩擦管壁。沉淀生成后离心沉降,再在上部清液上加 1 滴 6 $mol \cdot L^{-1}$ HCl 溶液,观察是否仍有沉淀生成。

2. 氯化物对水的溶解性

将 1 中所得沉淀离心分离,弃去离心液,沉淀以 3 滴 1 $mol \cdot L^{-1}$ HCl 溶液(临时以 3 $mol \cdot L^{-1}$ HCl 溶液按滴数比例配制)洗 2 次,然后各加冷水 5 滴,搅拌,观察有无沉淀溶解现象。

继续将 3 支离心管加热,搅拌,观察哪种氯化物溶解。如不溶,再加几滴水并加热,又如何?

在溶解的一支离心管中,加 1 滴 6 $mol \cdot L^{-1}$ HAc 溶液酸化,然后加 0.5 $mol \cdot L^{-1}$ K_2CrO_4溶液 1 滴,观察沉淀的生成及其颜色性状。

3. 氯化物与氨水的反应

对于未溶于热水的氯化物沉淀,将其上部溶液倾泻弃去,在沉淀上各加氨水数滴,搅拌,观察有何种现象发生?

4. $[Ag(NH_3)_2]^+$溶液与 6 $mol \cdot L^{-1}$ HNO_3溶液的作用

在 3 所得的溶液中加几滴 6 $mol \cdot L^{-1}$ HNO_3溶液酸化,观察是否有沉淀生成,颜色如何?

5. 研究各离子与几种常用试剂的作用

分别取 Ag^+、Pb^{2+}、Hg_2^{2+} 试液数滴,置于离心管中,然后分别观察它们同下列试剂的作用:

（1）NaOH 适量与过量。

（2）氨水适量与过量。

（3）硫代乙酰胺（TAA）（加热）。生成硫化物后，观察它们是否溶于 6 mol·L^{-1} HNO_3溶液和 2 mol·L^{-1} Na_2S 溶液。

二、银组离子的鉴定反应

1. Pb^{2+}的鉴定

取 Pb^{2+}的试液 2 滴于离心管中，加 3 mol·L^{-1} H_2SO_4溶液 1 滴，搅拌。离心沉降，吸出离心液，在沉淀上加几滴水和一小颗固体 NH_4Ac（或 6 mol·L^{-1} NaOH 溶液），搅拌、加热，使沉淀溶解，然后以 6 mol·L^{-1} HAc 溶液酸化，加 0.5 mol·L^{-1} K_2CrO_4溶液，如有黄色 $PbCrO_4$沉淀生成，示有 Pb^{2+}。

2. Ag^+的鉴定

取 Ag^+的试液 2 滴于离心管中，加 6 mol·L^{-1} HCl 溶液 1 滴，搅拌，离心沉降，弃去离心液，以 6 mol·L^{-1}氨水 1 ~ 2 滴溶解沉淀，若以 6 mol·L^{-1} HNO_3溶液酸化后又得到白色沉淀，示有 Ag^+。

3. Hg_2^{2+}的鉴定

取 Hg_2^{2+}的试液 2 滴，置于离心管中，加 6 mol·L^{-1} HCl 溶液 1 滴，若有白色沉淀，加 6 mol·L^{-1}氨水后变为黑色，示有 Hg_2^{2+}。

三、银组混合物的分析

1. 本组的沉淀

取 Ag^+、Hg_2^{2+}试液各 2 滴，Pb^{2+}试液 10 滴，放在一支离心管中，加 2 滴 6 mol·L^{-1} HCl 溶液，充分搅拌，约 2 min 后离心沉降，吸出离心液，弃去，沉淀以 3 滴 1 mol·L^{-1} HCl 溶液洗涤两次，然后按 2 研究。

在分析未知试液时，应首先检查试液的酸碱性，若为碱性，应先以 6 mol·L^{-1} HNO_3溶液转化为酸性，然后加 6 mol·L^{-1} HCl 溶液 1 滴，充分搅拌，等 2 min 后，观察有无沉淀。如无沉淀，表明银组（Pb^{2+}除外）不存在，不必再加；如有沉淀，再补加 1 滴，以便使沉淀完全。离心沉降后，离心液中含有Ⅱ ~ Ⅳ组阳离子，应保留，以便以后研究。沉淀以 1 mol·L^{-1} HCl 溶液洗涤后按 2 研究。

2. 铅的分离和鉴定

向所得氯化物沉淀上加水 1 mL，然后在水浴中加热近沸、搅拌，约 1 ~ 2 min 后，趁热离心沉降，并迅速吸出离心液于另一离心管中。此步骤要避免长时间加热沸腾，以免在 6 mol · L^{-1} HNO_3溶液存在下将亚汞盐沉淀氧化为二价汞盐而溶解。向离心液加 6 mol · L^{-1} HAc 溶液 1 滴，0.5 mol · L^{-1} K_2CrO_4溶液 3 滴，如生成黄色 $PbCrO_4$沉淀，示有 Pb^{2+}。

3. 亚汞的鉴定及银的分离

在 2 中如已鉴定有 Pb^{2+}，则在所得残渣上加水 1 mL，加热并搅拌，离心分离后弃去洗涤液。在分析未知物时，Pb^{2+} 可能不存在，此时洗涤步骤可以省去。

向 2 的残渣加 5 ~ 10 滴 6 mol · L^{-1}氨水，搅拌。如残渣变黑（$HgNH_2Cl + Hg$），表示有汞。离心沉降，吸出离心液，按 4 进行处理。

4. 银的鉴定

在 3 的离心液中加几滴 6 mol · L^{-1} HNO_3溶液酸化，如有白色 AgCl 沉淀生成，示有 Ag^+存在。

本组的分析步骤见表 1 – 3 – 1。

表 1 – 3 – 1 银组混合物的分析

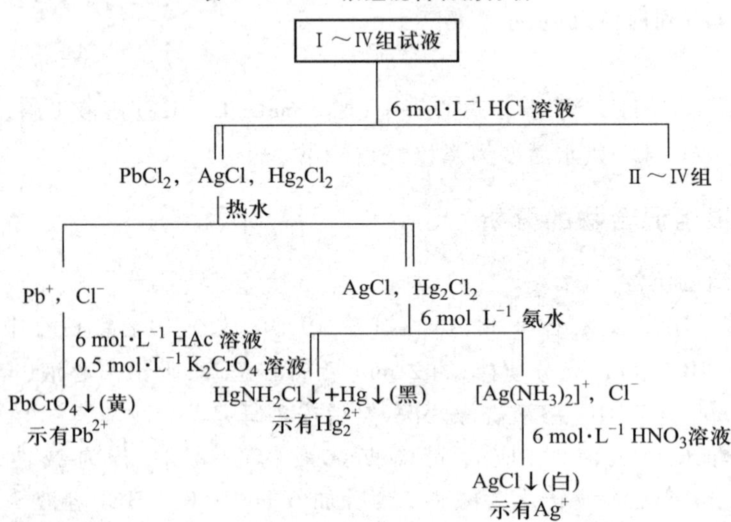

四、思考题

1. 沉淀第一组阳离子为什么要在酸性溶液中进行？若在碱性条件下进行将会发生什么后果？

2. 向未知试液中加入第一组组试剂 HCl 溶液时，未生成沉淀，是否表示第一组阳离子都不存在？

3. 如果以 KI 溶液代替 HCl 溶液作为第一组组试剂，将产生哪些后果？

实验2 阳离子第二组(铜锡组)的分析

一、铜锡组离子的主要性质

1. 与组试剂的反应

分别取 Pb^{2+}、Bi^{3+}、Cu^{2+}、Cd^{2+}、Hg^{2+}、Sn(Ⅱ)、Sn(Ⅳ)、Sb(Ⅲ)、Sb(Ⅴ)、As(Ⅲ)、As(Ⅴ)试液各4滴于11支离心管中(在 Pb^{2+}、Cu^{2+}、Cd^{2+}、Hg^{2+} 等4支离心管中各补加 $1\ mol\cdot L^{-1}$ HCl 溶液1滴),然后分别加 TAA 溶液2~3滴,加热10 min,观察每支离心管中生成硫化物的颜色。离心沉降,弃去离心液,沉淀分别按2~5研究。

2. 硫化物沉淀与硫化钠(或 TAA - 碱溶液①)的反应

取由1所得各硫化物沉淀少许于点滴板上,分别加 Na_2S 溶液2~3滴,搅拌,观察各硫化物沉淀的溶解情况。若使用 TAA - 碱溶液,则将沉淀分取在离心管中,加入试剂后需加热10 min。

3. 硫代酸盐与酸的反应

取由2所得各种硫代酸盐溶液,分别加 $3\ mol\cdot L^{-1}$ HCl 溶液至沉淀完全,观察并比较重新生成的沉淀的颜色是否都与原来沉淀相同?(SnS 溶解后再重新生成时如变黄,表示它已被氧化为 SnS_2)。

4. 硫化物沉淀与稀硝酸的反应

取 PbS、Bi_2S_3、CdS、HgS 四种硫化物沉淀少许于离心管中,分别加 $3\ mol\cdot L^{-1}$ HNO_3溶液5滴,搅拌并加热,观察硫化物的溶解情况。

5. 硫化物沉淀与盐酸的反应

取 As_2S_3、Sb_2S_5、Sb_2S_3、SnS_2、HgS 等沉淀各少许于离心管中,分别加 $8\ mol\cdot L^{-1}$ HCl 溶液,搅拌并加热,观察哪些沉淀溶解。

6. 硫化物沉淀与碳酸铵的反应

取 HgS 和 As_2S_3 于2支离心管中,分别加 $120\ g\cdot L^{-1}$ $(NH_4)_2CO_3$溶液3滴,搅拌、加热,观察哪种沉淀溶解。

二、铜锡组混合物的分析

1. 铜锡组的沉淀

(1) 将试液调至中性

取 Pb^{2+}、Bi^{3+}、Cu^{2+}、Cd^{2+}、Hg^{2+}、As(Ⅲ,Ⅴ)、Sb(Ⅲ,Ⅴ)、Sn(Ⅱ,Ⅳ) 储备

① $50\ g\cdot L^{-1}$ TAA 溶液与 $6\ mol\cdot L^{-1}$ NaOH 溶液按1:3混合而成。

试液各 4 滴混合。此时溶液应为酸性，因为 Bi^{3+}、As（Ⅲ，Ⅴ）、Sb（Ⅲ，Ⅴ）、Sn（Ⅱ，Ⅳ）的试液中已加入了足够量的酸。在未知物分析中，此时溶液中有过量的 HCl，也是酸性的。向此酸性溶液加 6 mol·L^{-1} 氨水至刚呈碱性，再以 3 mol·L^{-1} HCl 溶液中和至恰变酸性。此时的溶液可认为是近于中性的。这时如有白色沉淀生成，系 Bi、Sb、Sn 等离子的水解产物，不妨碍分析。它们以后会转化为硫化物沉淀。

（2）调至 0.6 mol·L^{-1} HCl 溶液酸性

为了更有利于 As_2S_3 沉淀完全，首先将试液调至 0.6 mol·L^{-1} HCl 溶液酸性。为此，在白色点滴板的凹槽中，取 0.6 mol·L^{-1} HCl 标准溶液 1 滴，加 0.1% 甲基紫指示剂 1 滴搅拌，应呈黄绿色。此时以稀 HCl 溶液和稀氨水调节操作（1）试液的酸度，然后取 1 滴于点滴板上，加指示剂 1 滴搅拌，与标准色比较，至相同时为止。

溶液酸度与指示剂颜色的关系见表 1－3－2 所示。

表 1－3－2 溶液酸度与指示剂的颜色

c(HCl)/(mol·L^{-1})	1.0	0.6	0.33	0.25	0.10	0.0
pH	0.0	0.22	0.52	0.60	1.0	7.0
1 g·L^{-1}甲基紫的颜色	黄	黄绿	墨绿	蓝绿	蓝紫	紫色

（3）加硫代乙酰胺（TAA）

在已调至 0.6 mol·L^{-1} HCl 酸性的试液中加 TAA 溶液 10～15 滴，搅拌后放在水浴上加热 10 min。离心沉降，保留沉淀，离心液按下述步骤处理。

（4）试液的稀释

为使 CdS、PbS 等较难沉淀的硫化物完全沉出，试液须稀释一倍，以降低酸度。此时的酸度应低于 0.3 mol·L^{-1}，接近于 0.2 mol·L^{-1}。所得沉淀经离心分离后与以前得到的沉淀合并，按（5）处理。在系统分析中，离心液按第三组阳离子研究。本实验中弃去。

（5）沉淀的洗涤

所得两份沉淀合并后，以含 NH_4Cl 的水洗涤，按 2 研究。

2. 铜组与锡组的分离

在铜锡组沉淀上加 TAA－碱溶液 6～8 滴，加热 10 min，边加热边搅拌，以加速溶解。离心沉降后，吸出清液，残渣再以 TAA－碱溶液处理一次，两次的清液合并，按 8 研究。沉淀以含 NH_4NO_3 或 NH_4Cl 的水洗涤两次，然后按 3 研究。

3. 铜组沉淀的溶解

在 2 所得沉淀上加 3 mol · L^{-1} HNO_3溶液 5 ~ 8 滴和 $KClO_3$溶液少许，加热，搅拌。沉淀溶解时应有硫析出，并且其表面可能因吸附有某些硫化物沉淀而呈黑色。离心沉降，离心液按 4 研究。

4. 镉的分离和鉴定

取由 3 所得离心液，加入甘油溶液（1:1）5 ～ 6 滴，然后滴加 6 mol · L^{-1} NaOH 溶液至 $Cd(OH)_2$沉淀完全，充分搅拌，加热 1 min，离心沉降，离心液按 5 ~ 7 研究。沉淀以稀的甘油 - 碱溶液（以 6 滴 NaOH 溶液，4 滴 1:1 甘油，10 滴水配成）洗净后，以 3 mol · L^{-1} HCl 溶液数滴溶解，然后重新加入甘油溶液和碱溶液，使 $Cd(OH)_2$再次沉出，离心沉降，沉淀用 3 滴 3 mol · L^{-1} HCl 溶液溶解，加 NaAc 溶液 4 滴降低酸度，然后加 TAA 溶液数滴并加热，如有黄色至橙黄色沉淀生成，示有镉。

5. 铜的鉴定

如由 4 所得离心液显蓝色，已表示铜存在。如颜色不明显或无色，可在点滴板上取 1 滴离心液，以 1 ~ 2 滴浓 HAc 溶液酸化，加 $K_4Fe(CN)_6$溶液 1 滴，如有红棕色 $Cu_2Fe(CN)_6$沉淀生成，示有铜。

6. 铅的鉴定

取由 4 得到的离心液 1 滴于表面皿（或黑色点滴板）上，以 1 ~ 2 滴浓 HAc 溶液酸化，加 1 滴 K_2CrO_4 溶液，如生成黄色 $PbCrO_4$ 沉淀并溶于 6 mol · L^{-1} NaOH 溶液，示有铅。

7. 铋的鉴定

取 2 滴 $SnCl_2$溶液于点滴板上，加 3 ~ 5 滴 6 mol · L^{-1} NaOH 溶液搅拌，使生成 Na_2SnO_2。然后在所得溶液中，逐滴加入由 4 得到的离心液。如有黑色金属铋生成，示有铋。

铜组的分析步骤见表 1 - 3 - 3。

8. 锡组的鉴定

向由 2 得到的锡组硫代酸盐溶液中，逐滴加入 3 mol · L^{-1} HCl 溶液，同时搅拌，至呈酸性为止，加热数分钟，离心沉降，离心液上再加一滴 3 mol · L^{-1} HCl 溶液，检查沉淀是否完全。沉淀完全后，吸出离心液弃去，沉淀以含 NH_4Cl 的水溶液洗涤，按 9 研究。如沉淀仅呈乳白色，是反应中析出的硫，表示锡组不存在。

9. 汞、砷和锑、锡的分析

向由 8 得到的沉淀上加 6 ~ 8 滴 8 mol · L^{-1} HCl 溶液，加热 3 ~ 5 min，不时搅拌。离心沉降，沉淀以含 NH_4Cl 的水洗涤后按 10 研究，离心液按 13、14 研究。

表 1-3-3 铜组的分析

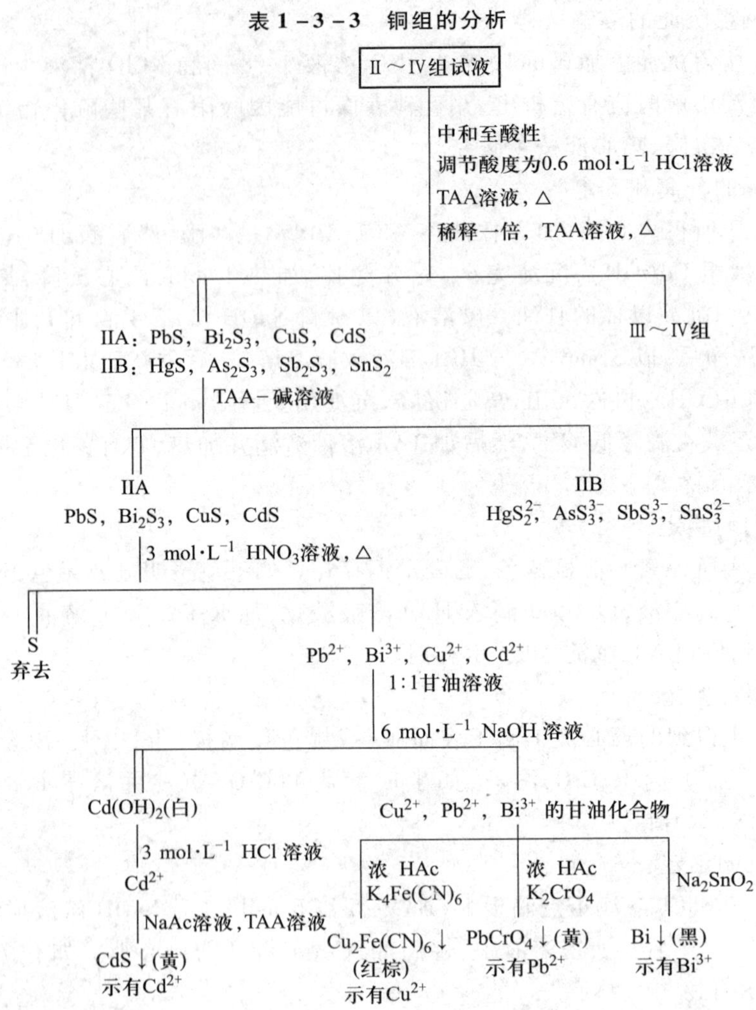

10. 汞和砷的分离

在 9 的沉淀上加 5～7 滴 120 g · L^{-1} $(NH_4)_2CO_3$ 溶液，微热，搅拌 1 min，离心沉降。沉淀以含 NH_4Cl 的水洗涤，按 11 研究；离心液按 12 研究。

11. 汞的鉴定

在 10 的沉淀上加 4 滴浓 HCl 溶液和 1 滴浓 HNO_3 溶液，加热数分钟，至近干（勿干！），以除去过量王水。然后加入几滴水，吸取澄清溶液，滴加 $SnCl_2$ 溶液。如生成由白变为灰黑的沉淀（Hg_2Cl_2 + Hg），示有汞。

12. 砷的鉴定

取 10 的离心液，小心地滴加 3 mol · L^{-1} HCl 溶液至呈酸性，如生成黄色的 As_2S_3 沉淀，示有砷。

13. 锡的鉴定

取由 9 得到的离心液 1/2 于离心管中，加 1 滴浓 HCl 溶液及洁净的铁丝（或镁片、铝片），加热 5 min，在所得的清液中加 1 滴 $HgCl_2$ 溶液，如生成白色、灰色或黑色 Hg_2Cl_2+Hg 沉淀，示有锡。

14. 锑的鉴定

取 9 的离心液 1 滴于一小块锡箔（或一颗锡粒）上，如锡箔上有黑色斑点生成（或 Sn 粒变黑），用水仔细清洗（务必洗去全部 HCl），以 1 滴新配制的 NaBrO 溶液①处理，斑点不消失（金属 Sb），示有锑。

锡组的分析步骤见表 1－3－4。

表 1－3－4　锡组的分析

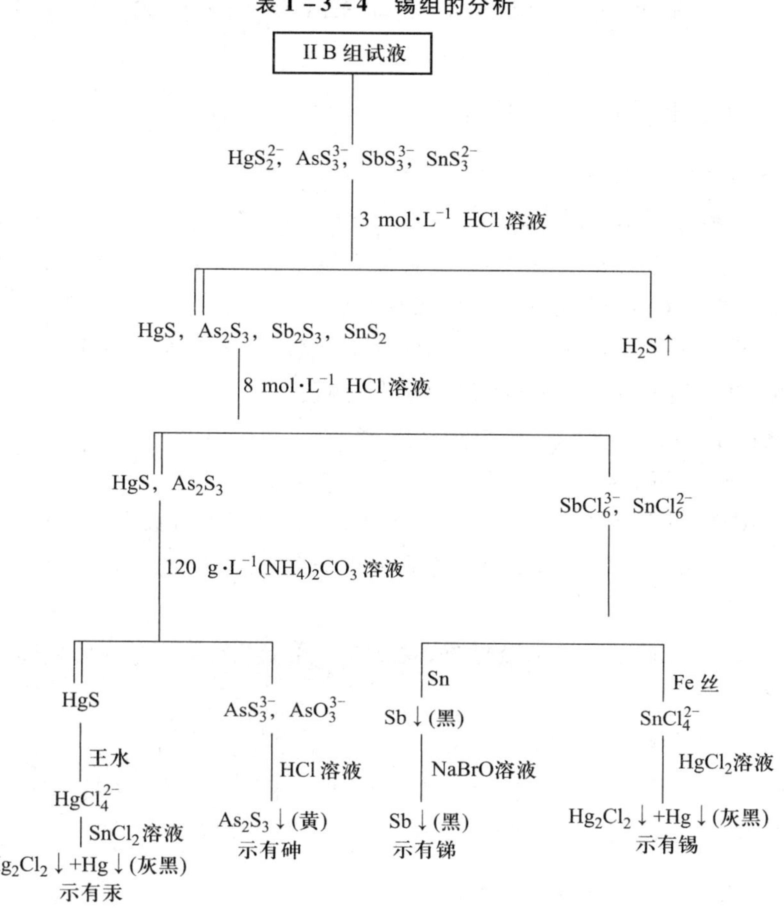

① 在几滴溴水中加 6 mol·L^{-1} NaOH 溶液使红棕色褪去（或呈淡色）即成。

三、思考题

1. 沉淀本组硫化物时，在调节酸度上发生了偏高或偏低现象，将会引起哪些后果？

2. 在本实验中为沉淀硫化物而调节酸度时，为什么先调至0.6 $mol \cdot L^{-1}$ HCl酸度，然后再稀释一倍，使最后的酸度为0.2 $mol \cdot L^{-1}$？

3. 以TAA代替H_2S作为第二组组试剂时，为什么可以不加H_2O_2和NH_4I？

4. 已知某未知试液不含第三组阳离子，在沉淀第二组硫化物时是否还要调节酸度？

5. 若试液中砷、锑、锡高低价态的离子均存在，试说明它们在整个系统分析过程中价态的变化。

实验3 阳离子第三组(铁组)的分析

一、铁组离子的主要性质

1. 与组试剂的反应

在8支离心管中，分别放入Al^{3+}、Cr^{3+}、Fe^{3+}、Fe^{2+}、Mn^{2+}、Zn^{2+}、Co^{2+}、Ni^{2+}试液各2～3滴，加3 $mol \cdot L^{-1}$ HCl溶液各1滴，然后以水补至10滴。各加TAA溶液3滴，加热10 min，观察有无沉淀生成。

向各离心试管加浓氨水1～2滴，至呈氨性，加热，然后加TAA溶液3～4滴，搅拌，再加热10 min，观察沉淀的状态、颜色。

离心沉降，离心液弃去，沉淀按2研究。

2. 沉淀与稀硝酸的反应

在各硫化物或氢氧化物沉淀上加6 $mol \cdot L^{-1}$ HNO_3溶液3～4滴，加热，观察沉淀的溶解情况。离心沉降后，取清液按3研究，残渣(S)弃去。

3. 各离子与氨水的反应

取各离子试液加浓氨水至过量，观察何者溶解，何者不溶？溶解的溶液颜色有何变化？

4. 各离子与碱－过氧化物的反应

另取各离子试液1～2滴，分别加入6 $mol \cdot L^{-1}$ NaOH－H_2O_2(或Na_2O_2)至过量，加热，搅拌，何者溶解，何者不溶？溶液颜色如何？

二、铁组离子的鉴定反应

1. Fe^{2+}的鉴定

(1) $K_3Fe(CN)_6$试法

取试液 1 滴于点滴板上，加 3 mol · L^{-1} HCl 溶液 1 滴，$K_3Fe(CN)_6$溶液 1 滴，如生成深蓝色 $KFe[Fe(CN)_6]$沉淀，示有 Fe^{2+}。

(2) 邻二氮菲试法

在点滴板上放 1 滴试液，加 3 mol · L^{-1} HCl 溶液 1 滴，邻二氮菲试剂 1 滴，溶液如显红色，示有 Fe^{2+}存在。

2. Fe^{3+}的鉴定

(1) NH_4SCN 试法

在点滴板上放 1 滴试液，加 NH_4SCN 溶液 1 滴，0.1 mol · L^{-1} HCl 溶液 1 滴，溶液如显红色，示有 Fe^{3+}。同时做空白试验 1 份，以资对比。

(2) $K_4Fe(CN)_6$试法

在点滴板上放 1 滴试液，加 3 mol · L^{-1} HCl 溶液 1 滴，$K_4Fe(CN)_6$溶液1 滴，如生成深蓝色 $KFe[Fe(CN)_6]$沉淀，示有 Fe^{3+}。

3. Mn^{2+}的鉴定

在点滴板上放试液 1 滴，加 6 mol · L^{-1} HNO_3溶液 1 滴，$NaBiO_3$粉末少许，搅拌，如溶液呈紫红色，示有 Mn^{2+}。

4. Cr^{3+}的鉴定

取含 Cr^{3+}试液 2 滴于离心管中，加 6 mol · L^{-1} NaOH 溶液 2 滴，30 g · L^{-1} H_2O_2溶液 2 滴，煮沸除去过量的 H_2O_2，如溶液变为 CrO_4^{2-} 的黄色，初步表示有 Cr^{3+}。

取上面制得的 CrO_4^{2-}溶液 2 滴于另一支离心管中，加戊醇数滴、6 mol · L^{-1} HNO_3溶液 2 滴酸化，H_2O_2溶液 2 滴，振荡，戊醇层显蓝色，示有 Cr^{3+}。

5. Ni^{2+}的鉴定

在滤纸上加 1 滴浓$(NH_4)_2HPO_4$溶液，加试液 1 滴，在湿斑点的边缘处加丁二酮肟试剂 1 滴，然后在氨气上熏，如斑点外缘变红，示有 Ni^{2+}。

另取 Fe^{2+}同法操作，观察其干扰情况。在混合离子分析中，若有 Fe^{2+}存在时，可事先在酸性试液中加 1 ~ 2 滴 H_2O_2溶液，加热煮沸，除去过量的 H_2O_2，然后按上法处理。

6. Co^{2+}的鉴定

取试液 1 滴放在点滴板上，加一小块 NH_4SCN 晶体和戊醇(或丙醇)1 滴。如有红色或棕色出现，加 $SnCl_2$溶液 1 滴，溶液显蓝色或绿色，示有 Co^{2+}。

7. Zn^{2+}的鉴定

在点滴板上放$(NH_4)_2Hg(SCN)_4$试剂 1 滴，0.2 g · $L^{-1}$$CoCl_2$溶液 1 滴，搅

拌，并无沉淀生成。此时加入试液1滴，如迅速（半分钟）生成天蓝色沉淀，示有Zn^{2+}。

另取Zn^{2+}试液3滴，Fe^{3+}、Cu^{2+}、Cd^{2+}、Co^{2+}等试液各1滴混合，加过量6 mol·L^{-1}NaOH溶液，至沉淀完全。吸取离心液（ZnO_2^{2-}），以6 mol·L^{-1}HCl溶液酸化，加NH_4F溶液1滴（掩蔽因微溶于NaOH而未分离完全Fe^{3+}），按上法鉴定Zn^{2+}。若所得沉淀带有紫色，表示有微量Cu^{2+}未分离完全，对鉴定无影响。

8. Al^{3+}的鉴定

在离心管中取试液2～3滴，以3 mol·L^{-1}HAc溶液酸化，加铝试剂2滴，再加6 mol·L^{-1}氨水化为氨性，在水浴上加热，如生成红色絮状沉淀，示有Al^{3+}。

在进行混合离子未知试液分析时，为了排除干扰，须取试液5～6滴，加6 mol·L^{-1}KOH溶液及1∶10 H_2O_2溶液各4滴，搅拌，加热，离心沉降。离心液转移至另一支离心管中，以6 mol·L^{-1} HAc溶液中和至酸性，然后再按上法鉴定Al^{3+}。

三、铁组混合物的分析

1. 铁组的沉淀

取本组阳离子试液各4滴，混合成分析试液。向此试液加NH_4Cl溶液6～8滴，再加6 mol·L^{-1}氨水①化为氨性。加TAA溶液8～10滴，加热10 min。离心沉降后，在上层清液中再加2滴TAA溶液，加热，证实沉淀确已完全。离心分离后，沉淀以含NH_4NO_3的热水洗3～4次，然后按2处理。

在系统分析中，离心液含有第四组阳离子，应保留备用。但必须立即加浓HAc溶液酸化，在杓皿或微坩埚中蒸发至将干，然后补充1 mL水，离心沉降，除去硫黄，吸取离心液，保留作第四组阳离子分析用。

2. 铁组沉淀的溶解

在沉淀上加6 mol·L^{-1} HNO_3溶液4～5滴，加热2～3 min。为加速沉淀溶解，可加$NaNO_2$或$KClO_3$晶体数粒，继续加热。沉淀溶解后，剩有胶状的硫，有时它由于包藏痕量硫化物而显灰色，但不妨碍分析。

离心沉降，弃去不溶物，离心液按3研究。

---

① 氨水在放置中可能吸附空气中的CO_2，因而含有CO_3^{2-}，它能使第四组的Ba^{2+}等离子沉出，这样的氨水应避免使用。

3. 铁组离子的分别鉴定

本组离子因相互干扰较小，鉴定反应的选择性较高，因此一般不必进行组内的分离，而直接用分别分析的方法鉴定各离子。鉴定方法见二中所述。

四、思考题

1. 在系统分析中，沉淀本组离子时可否用 Na_2S 代替 $(NH_4)_2S$?

2. 用 $(NH_4)_2S$ 或 TAA 沉淀本组离子为什么要加足够的 NH_4Cl?

3. 在系统分析中，本组硫化物沉淀生成后，与母液放置过夜才离心沉降，是否可以？

4. 以 6 mol · L^{-1} HNO_3 溶解本组沉淀时，为什么加 KNO_2 或 $KClO_3$ 晶体少许可加速溶解？

5. 已知 Ni^{2+}、Co^{2+} 在 0.3 mol · L^{-1} HCl 溶液中不能被 H_2S 沉淀，但为什么生成的 NiS、CoS 又难溶于 1 mol · L^{-1} HCl 溶液？

实验 4 阳离子第四组(钙钠组)的分析

一、钙钠组离子与常用试剂的反应

分别取 Ba^{2+}、Ca^{2+}、Mg^{2+}、K^+、Na^+、NH_4^+ 等离子的试液，研究它们与下列试剂的反应(观察反应产物的颜色、形状和溶解性等)。

① $(NH_4)_2CO_3$　　② $(NH_4)_2C_2O_4$

③ K_2CrO_4　　④ H_2SO_4

二、钙钠组离子的鉴定方法

1. Ba^{2+} 的鉴定

(1) 玫瑰红酸钠试法

取 Ba^{2+} 的中性或微酸性试液 1 滴于滤纸上，加新配制的玫瑰红酸钠 1 滴，如出现红紫色斑点，加 0.5 mol · L^{-1} HCl 溶液后转为桃红色，示有 Ba^{2+}。

在分析混合离子试液时，为消除干扰离子，可将试液转为氨性，以 Zn 粉除去。Fe^{3+} 的干扰可加 NH_4F 掩蔽。

(2) K_2CrO_4 试法

取 Ba^{2+} 试液 1 滴于黑色点滴板上，以 6 mol · L^{-1} HAc 溶液 1 滴酸化，加 NaAc 溶液 1 滴，K_2CrO_4 溶液 1 滴，如生成黄色结晶形 $BaCrO_4$ 沉淀，示有 Ba^{2+}。

以铂丝蘸取沉淀及浓 HCl 溶液，在无色火焰上灼烧，火焰显黄绿色，进一步

证实 Ba^{2+} 的存在。

(其他干扰离子可在氨性条件下以 Zn 粉除去。)

2. Ca^{2+} 的鉴定

在离心管中放试液数滴,加 $(NH_4)_2C_2O_4$ 溶液 2 ~ 3 滴,如生成白色 CaC_2O_4 沉淀,示有 Ca^{2+}。以铂丝蘸取 CaC_2O_4 及浓 HCl 溶液,焰色反应为砖红色,进一步证实 Ca^{2+} 的存在。

3. NH_4^+ 的鉴定

在气室(由两块表面皿合成,图 1 - 2 - 4)中,放试液少许于下部表面皿,上部表面皿贴以湿润的红色石蕊试纸(或滴加奈氏试剂的试纸)。然后在试液上加浓 NaOH 溶液,于水浴上加热,注意勿使气室内液体沸腾,以免把碱液溅到试纸上。若石蕊试纸变蓝(或奈氏试剂斑点变棕时),示有 NH_4^+。

4. K^+ 的鉴定

(1) $Na_3Co(NO_2)_6$ 试法

于点滴板上放试液 1 滴,以 6 mol · L^{-1} HAc 溶液酸化,加 1 滴 $Na_3Co(NO_2)_6$ 试剂,搅拌,如有黄色 $K_2NaCo(NO_2)_6$ 沉淀生成,示有 K^+ 存在。

在混合离子试液分析中,如原试液中有 NH_4^+ 及其他干扰离子,则须先取试液于坩埚中,加热蒸发至干,然后灼烧至不冒白烟(NH_4NO_3 除外)以除去铵盐,并使其他干扰物质变为不溶氧化物,加水数滴煮沸,离心沉降。吸取部分离心液,检查 NH_4^+ 是否已完全除净。如已除净,则按上法鉴定。

(2) 四苯硼化钠试法

取试液 1 滴于黑色点滴板上,加四苯硼化钠 2 滴,如生成白色沉淀,示有 K^+。

NH_4^+ 存在时用灼烧法除去,其他重金属离子的干扰可在 $pH \approx 5$ 时加 EDTA 掩蔽。Ag^+ 的干扰加 HCl 析出或加 NaCN 掩蔽。

5. Na^+ 的鉴定

在离心管中放试液 1 滴,中和至接近中性,加 6 mol · L^{-1} HAc 溶液 1 滴,醋酸铀酰锌试剂 8 滴,乙醇 5 ~ 6 滴搅拌。如生成柠檬黄色 $NaAc \cdot Zn(Ac)_2 \cdot 3UO_2(Ac)_2 \cdot 9H_2O$ 沉淀,示有 Na^+。

在系统分析中,若有大量干扰离子存在时,可取原试液加饱和 $Ba(OH)_2$ 至呈碱性,然后加 $(NH_4)_2CO_3$,离心沉降,离心液在杓皿或坩埚中灼烧除去铵盐,并使其他干扰物质变为不溶氧化物,残渣以水煮沸,吸出后离心沉降,取离心液按上述方法进行鉴定。

6. Mg^{2+} 的鉴定

取 Mg^{2+} 试液 1 滴于点滴板上,加 6 mol · L^{-1} NaOH 溶液 1 滴,镁试剂 1 滴,

如出现天蓝色沉淀，示有 Mg^{2+}。

在系统分析中，若有其他干扰离子存在，可取试液 4 ~ 5 滴，加 Zn 粉少许共热，离心分离后，在离心液中加氨水至呈碱性，然后加 NH_4Cl 溶液 2 滴，以 pH 试纸检查，pH 应调节至 9 ~ 10，滴加 TAA 溶液 5 ~ 8 滴，加热 10 min，离心沉降。取 1 滴离心液于点滴板上，加 6 $mol \cdot L^{-1}$ NaOH 溶液 1 滴，搅拌，尽量使 NH_3 逸出，然后加镁试剂 1 滴，如出现天蓝色沉淀，示有 Mg^{2+}。

三、钙钠组混合物的分析

1. 钙钠组分析试液的制备

在讨论第三组分析时已经提到，将第三组阳离子以 TAA 沉出后，应立即处理可能含有本组的溶液。方法是向溶液中加入 HAc 溶液使之酸化，在杓皿或微坩埚中蒸发除去 H_2S。如当时不准备立即进行本组的分析，可将溶液蒸发至一半，离心沉降后，吸取离心液保存。用时取离心液继续蒸发至干，灼烧除去铵盐，冷却，加 2 滴 HCl 溶液和 10 滴水，搅拌，移于离心管中。另以 10 滴水清洗蒸发容器，洗液与离心管中的溶液合并。如果溶液不清，可离心沉降，吸取清液按一研究。

2. 钙钠组离子的鉴定

具体鉴定方法见二。

四、思考题

1. 在系统分析中，引起第四组中二价阳离子丢失的可能原因有哪些？

2. 以 K_2CrO_4 试法鉴定 Ba^{2+} 时，为什么要加 HAc 和 NaAc？

3. 以镁试剂鉴定 Mg^{2+} 时，在以 $(NH_4)_2S$ 消除干扰离子的步骤中，如果加得不足，将产生什么后果？

实验 5　阳离子未知试液的分析

向教师领取 3 mL 包括第一至四组阳离子的未知混合试液，取其 1 mL 进行分析，报告所鉴定的离子。

实验 6　阴离子的分组和初步试验

一、分组试验

阴离子的分组试验，是阴离子初步试验的重要内容。经过分组试验之后，可能存在的阴离子范围,往往可以大为缩小。

1. 与 $BaCl_2$ 的反应(第一组存在的试验)

(1) 在13支离心管中,分别放 SO_4^{2-}、SiO_3^{2-}、PO_4^{3-}、CO_3^{2-}、SO_3^{2-}、$S_2O_3^{2-}$、S^{2-}、Cl^-、Br^-、I^-、NO_3^-、NO_2^-、Ac^- 等试液各2滴,以pH试纸检查,应为中性或微酸性。

(2) 分别向每支离心管中加 $BaCl_2$ 溶液1滴,观察每支管中是否生成沉淀及沉淀生成的速度、沉淀的形状等。BaS_2O_3 容易形成过饱和溶液,应以玻璃棒摩擦管壁,加速其沉出。

(3) 向已生成沉淀的离心管中,加 $6\ mol\cdot L^{-1}$ HCl 溶液1~2滴,搅拌,观察沉淀有何变化? 特别注意 SiO_3^{2-}、$S_2O_3^{2-}$ 两支离心管中的变化情况。

2. 与 $AgNO_3$ 的反应(第二组存在的试验)

(1) 如前在13支离心管中,分别放入各阴离子试液2滴,以 $3\ mol\cdot L^{-1}$ HNO_3 溶液酸化,加 $AgNO_3$ 溶液1滴,观察沉淀的生成及其形状。

(2) 单独取 $S_2O_3^{2-}$ 试液5滴,用毛细滴管逐滴加入 $AgNO_3$ 溶液,观察其变化过程。

二、挥发性试验

(1) 在13支离心管中,分别放入各阴离子试液3滴,各加 $3\ mol\cdot L^{-1}H_2SO_4$ 溶液1~2滴,观察有无小气泡生成,以及溶液发生的变化(注意 SiO_3^{2-} 和 $S_2O_3^{2-}$),加热,又如何?

(2) 单独取生成气体的各离子的固体试样,加 $3\ mol\cdot L^{-1}H_2SO_4$ 溶液,嗅一嗅所生成气体的气味,观察其颜色,以燃烧的火柴试一试 CO_2 的灭燃性等。

三、氧化还原性试验

1. 氧化性试验

在13支离心管中,分别放阴离子试液各2滴,加KI-淀粉溶液1滴,以 $3\ mol\cdot L^{-1}H_2SO_4$ 溶液1滴酸化,搅拌,观察各支离心管有何变化?

2. 还原性试验

(1) $KMnO_4$ 试验

向各阴离子试液加1滴 $3\ mol\cdot L^{-1}H_2SO_4$ 溶液酸化,然后加 $0.3\ g\cdot L^{-1}KMnO_4$ 溶液1滴,观察哪些离心管发生褪色现象(注意观察 Cl^- 是否有变化)?

(2) I_2-淀粉试验

在各阴离子试液中,分别加入 I_2-淀粉溶液1滴,加 $3\ mol\cdot L^{-1}H_2SO_4$ 溶液

1 滴酸化,观察其变化?

四、思考题

1. 在阴离子的分组试验中。

(1) $BaCl_2$试验得出否定结果,能否将第一组阴离子整组排除?

(2) $AgNO_3$试验得出肯定结果,能否认为第二组阴离子中至少有一种存在?

2. 在氧化还原性试验中。

(1) 以稀 HNO_3溶液代替稀 H_2SO_4溶液酸化试液是否可以?

(2) 以稀 HCl 溶液代替稀 H_2SO_4溶液是否可以?

(3) 以浓 H_2SO_4溶液作酸化试液是否可以?

3. 下列各组溶液,在各项初步试验中将有怎样的表现?列表说明之。

(1) SO_3^{2-}、Cl^-、Ac^- (2) SO_4^{2-}、S^{2-}、NO_3^-

(3) $S_2O_3^{2-}$、NO_3^-、Ac^- (4) PO_4^{3-}、CO_3^{2-}、Ac^-

实验 7 有机元素定性分析

一、钠熔法

1. 实验用品

剪刀,镊子,蒸发皿(20 mL),试管,硬质试管,量筒(10 mL),烧杯(50 mL,150 mL),滴管,酒精灯(或煤气灯),铁架台,试管夹,漏斗,滤纸。

2. 试剂与试样

试剂:金属钠,CuO,澄清石灰水,$FeSO_4$ 饱和溶液(或 $FeSO_4$ 晶体),5% $FeCl_3$ 溶液,醋酸铜 - 联苯胺试剂,稀 H_2SO_4 溶液,稀 HNO_3 溶液,稀 HCl 溶液,稀 HAc 溶液,亚硝基铁氰化钠溶液,CCl_4,氯水,$AgNO_3$ 溶液,氨水,过硫酸钠,铜丝,$Pb(Ac)_2$ 试纸。

试样:2,4 - 二硝基苯,对苯基苯磺酸,氯苯 - 溴苯 - 碘仿(或 1 - 碘丁烷)的混合物。

3. 分解试样

取一支干净、干燥的试管垂直固定在铁架台上,把一块黄豆粒大的金属钠(已除去表面的氧化膜和擦掉表面上的煤油)投入试管中。给试管加热,使钠熔化①。当蓝白色的钠蒸气充满试管底部时,移去灯火,立即投入约 0.1 g 的固体

① 钠熔时试管口一定不能对着人,试管必须干燥,钠的用量严格执行规定,以免发生危险。

试样于试管底部①,再强热试管至红热,待 1 ~ 2 min 后,让试管冷却,加入 1 mL 乙醇以溶解没有反应完的金属钠。再给试管加热,当试管底红热时,迅速将试管底浸入盛有 10 mL 蒸馏水的小烧杯中。试管底由于骤冷而炸裂,给小烧杯中的液体加热,煮沸,除去大块碎玻璃后,将溶液过滤,并用水洗涤滤渣。所得无色(或淡黄色)澄清溶液即为钠熔试液②,可供下面的鉴定试验使用③。

二、有机元素的鉴定

1. 氮的鉴定

(1) 普鲁士蓝法

取 2 mL 钠熔试液于试管中,加入 5 滴新配制的 $FeSO_4$ 饱和溶液④,再加入 5 滴 10% NaOH 溶液,煮沸混合液 1 min。溶液中若有硫时,则有黑色 FeS 析出,将 FeS 过滤除去(也可用滴管吸出清液,弃去 FeS 沉淀),冷却后加 2 ~ 3 滴 5% $FeCl_3$ 溶液,再滴加稀硫酸使氢氧化铁沉淀刚好完全溶解,如有普鲁士蓝沉淀生成,示有氮存在。

(2) 醋酸铜 - 联苯胺法

取 1 mL 钠熔试液于试管中,用 5 ~ 6 滴 10% 醋酸酸化,加入数滴醋酸铜 - 联苯胺试剂⑤(沿管壁慢慢加入以使液体分层),在两液层交界处有蓝色环生成时,示有氮存在。

试样中如有硫存在,则需加入 1 滴醋酸铅溶液,将生成的 PbS 进行离心分离,取上层清液进行氮的鉴定试验。

2. 硫的鉴定

(1) 硫化铅法

取 1 mL 钠熔试液于试管中,加数滴 10% HAc 溶液使其呈酸性,煮沸试管中的溶液,将 $Pb(Ac)_2$ 试纸置于试管口,试纸变黑,示有硫存在。

(2) 亚硝基铁氰化钠法

---

① 制取钠熔试液时,往试管里加入的试样要使直接落入管底,不要沾在管壁上。

② 制得的钠熔试液若呈棕色时,表明试样加热温度不够。若分解不完全,则需重做。

③ 有些试样与钠共熔时会发生猛烈爆炸,可在钠熔前,加入少量干燥 Na_2CO_3,使之在强热中分解出 CO_2,对剧烈反应起缓解作用。

④ 用普鲁士蓝法测氮时,如有硫存在,则需要多加 $FeSO_4$。

⑤ 醋酸铜 - 联苯胺试剂的配制方法:

A 液:取 150 mg 联苯胺溶于 100 mL 水及 1 mL 醋酸中;

B 液:取 286 mg 醋酸铜溶于 100 mL 水中。

A 液和 B 液分别储藏在棕色瓶中,在使用前临时以等体积的比例混合。

取 1 mL 钠熔试液于试管中，加入一小粒亚硝基铁氰化钠，摇动，溶液呈紫红色或深红色，示有硫存在。

3. 硫和氮同时鉴定①

取 1 mL 钠熔试液于试管中，用稀盐酸酸化，加入 1 滴 5% $FeCl_3$ 溶液，若有血红色呈现，示有 SCN^- 存在，即试样中同时含氮、硫元素。

4. 卤素的鉴定

(1) 卤素的鉴定

取 1 mL 钠熔试液于试管中，用稀硝酸酸化，在通风橱里加热煮沸除去 HCN 和 H_2S(若试样中不含氮和硫，则不需煮沸)②，放冷后，滴加 $AgNO_3$ 溶液，如有沉淀生成，示有卤素存在。

(2) 溴、碘和氯的分别鉴定

取 2 mL 钠熔试液于试管中，用稀硫酸酸化，在通风橱中微沸数分钟，冷却后加入 1 mL CCl_4，逐滴加入新配制的氯水，边加边振荡试管，如 CCl_4 层中呈现紫色，示有碘存在；继续滴加氯水，如紫色褪去而转变成棕红色，示有溴存在。

在小烧杯中注入 10 mL 钠熔试液，用稀硝酸酸化，在通风橱里煮沸除去 H_2S 和 HCN，然后加入足量的 $AgNO_3$ 溶液，使生成 AgX 沉淀。过滤，并用 30 mL 水洗涤沉淀，将沉淀与 20 mL 0.1% 氨水一起煮沸，经过滤除去不溶物；再将滤液用 HNO_3 酸化，滴加 $AgNO_3$ 溶液，如有白色沉淀或白色浑浊出现，示有氯存在。

三、思考题

1. 为什么用金属钠熔法分解有机试样？

2. 在用钠熔法进行元素分析时，如何解释下列现象：

(1) 钠熔后的试液加入醋酸铅试液后，出现白色或黄色沉淀，而不是棕黑色沉淀。

(2) 钠熔后的试液用硝酸酸化时出现白色浑浊。

(3) 含氮而不含卤素的试样钠熔后的试液经酸化后加 $AgNO_3$ 溶液产生白色沉淀。

(4) 钠熔后的试液加 $AgNO_3$ 产生棕黑色沉淀。

(5) 含氮的试样钠熔后，借普鲁士蓝法鉴定氮时，硫酸亚铁反应完全后，试液酸化不加三氯化铁即出现蓝色沉淀。

3. 鉴定卤素时，氮、硫存在有什么影响？应如何处理？

4. 鉴定卤素时加稀硝酸酸化钠熔液，然后加热驱去 HCN 和 H_2S，能否改用盐酸或硫酸？

5. 氯水氧化法鉴定溴和碘，酸化时能否改用盐酸或浓硝酸？

---

① 在钠熔时，若用钠量少，氮与硫常以 SCN^- 形式存在，因此在分别鉴定氮和硫时若得到负结果，则必须再做氮、硫的同时鉴定实验。

② 鉴定卤素的实验中，用煮沸的方法驱赶 HCN 和 H_2S 时，操作都应在通风橱中进行。

实验8 有机官能团的鉴定

一、羟基的鉴定

1. 醇类的鉴定

硝酸铈铵试验

试剂:硝酸铈铵溶液,取100 g硝酸铈铵加入250 mL 2 mol·L^{-1}硝酸,加热使硝酸铈铵溶解,冷却后溶液呈黄色可使用。

试样:乙醇,丙三醇,三十烷醇。

溶于水的试样:取溶于水的试样于试管中,加入2 mL蒸馏水,待试样溶解后加入0.5 mL硝酸铈铵溶液,摇动观察溶液颜色变化,有红色出现示有醇存在①。

不溶于水的试样:取0.5 mL硝酸铈铵溶液,放在试管中,加3 mL 1,4-二氧六环,如有沉淀产生,加入3~4滴蒸馏水振摇,使之溶解后,加入5滴试样液(固体先溶于1,4-二氧六环中振摇)呈红色反应示有醇存在②。

2. 酚类的鉴定

(1) 溴水试验

试剂:溴水,溶解15 g溴化钾于100 mL水中,加入10 g溴震荡,待溶解后储存于棕色瓶中。

试样:苯酚,间苯二酚。

取0.5 mL 1%酚样品水溶液,放入试管,用滴管逐滴加入溴水,溴水不断褪色或析出白色沉淀示有酚类存在③。

(2) 三氯化铁试验

试剂:1%氯化铁溶液,95%乙醇。

试样:苯酚,间苯二酚,α-萘酚,β-萘酚。

将10~25 mg试样,溶于1 mL水中(不溶于水的试样用乙醇溶解),加入几

---

① 芳胺与噻吩类以及易被氧化的化合物,遇硝酸铈铵试剂产生各种颜色,干扰鉴定。氨基醇可使硝酸铈铵变成氢氧化铈沉淀。

② 许多酚类在水溶液中与硝酸铈铵反应产生棕绿色或棕色沉淀,在1,4-二氧六环中产生棕红色的沉淀。

③ 酚与溴水的反应物,一般溶于水,但也有例外,间苯二酚和1,2,3-对称苯三酚与溴水反应时只使溴褪色而无沉淀生成。一切被溴取代或氧化的化合物如芳胺和硫醇都呈正反应。

滴 1% $FeCl_3$溶液，立即观察颜色的改变，有红、蓝、紫或绿出现可能有酚或烯醇①。此有色物质一般不太稳定，会很快褪去。如在三氯化铁溶液中，加入少量三乙醇胺，可使络合物的稳定性提高。

二、醚类的鉴定

氢碘酸（Zeisel）试验

试剂：特制纱布或药棉（含氢碘酸），取 1 g 醋酸铅溶于 10 mL 水，将此溶液加到 60 mL $1 mol \cdot L^{-1}$ NaOH 中，不断搅拌，直到沉淀全部溶解为止，再取 5 g 五水硫代硫酸钠，溶于 10 mL 水中，将此溶液加到上述醋酸铅溶液，再加 1 mL 甘油，用水稀释到 100 mL，用此溶液浸泡纱布或棉花，拧干即可用。

试样：乙醚，苄醚，苯乙酮。

取两支 10～15 mL 试管，各加 1～2 mL 氢化碘和沸石，离试管口 4 cm 处塞以特制纱布卷或药棉，再在试管口盖上一块蘸有硝酸－硝酸汞溶液的滤纸，然后把它们放入油浴。油浴中插入一支温度计，慢慢加热到 130～140℃，滤纸显橙红或朱红色，可能有醚②。

Zeisel 试验只适用于四个碳原子以下的烷氧基。

三、羰基的鉴定

1. 2，4－二硝基苯肼试验

试剂：2，4－二硝基苯肼溶液，于 50 mL 30% 高氯酸（由商品 60% 高氯酸1∶1稀释）中，溶解 1.1 g 2，4－二硝基苯肼。配成后，将溶液储存于棕色瓶中可长期保存。

试样：乙醛，丙酮，苯乙酮，苯甲醛。

取 2 mL 2，4－二硝基苯肼溶液于试管中，加 3～4 滴试样，摇动，若有黄色或橙红色沉淀析出，示有醛或酮。如没有沉淀生成，将混合物煮沸 30 s，若有沉淀生成即表明醛或酮的存在，加入数滴水以促进沉淀的生成。2，4－二硝基苯腙的颜色与醛、酮的分子结构有一定的关系，不含共轭结构的醛、酮的腙，一般为黄色，若羰基与双键或苯环共轭时，所生成的腙常为橙色，甚至红色。有些长链脂

---

① 将三氯化铁配成氯仿－吡啶溶液，样品配成氯仿溶液，可提高灵敏度。

三氯化铁－氯仿－吡啶溶液的配制：1 g 无水三氯化铁，溶于 100 mL 氯仿中，加入 8 mL 吡啶，过滤得清亮溶液。

② 本试验只适用于 4 个碳原子以下的烷氧基。R 越大，生成的 RI 的沸点就越高，即使有反应，但在实验温度下挥发不出来而无现象。

含有烷基氧的酯、缩醛、甲醇、乙醇、丙醇和异丙醇等都有此现象。

肪酮形成的腙为油状物。

2. 碘仿试验

试剂:10%氢氧化钠溶液,碘-碘化钾溶液(10%~20%)。

试样:乙醇,乙醛。

取2~3滴试样于干燥的10 mL试管中,加入1 mL 10% NaOH溶液,然后逐滴加入碘-碘化钾溶液并摇动,直到试管中溶液显棕红色(有过量碘的存在)为止。将试管插入60℃的温水浴中,再加入碘溶液,直到碘的颜色持续2 min。然后加入数滴10%氢氧化钠,直到碘的棕色刚好褪去。自水浴中取出试管,加5 mL水,有黄色晶体碘仿析出且有碘仿气味示有乙醛或乙醇。碘仿熔点120℃,亦可在显微镜下观察结晶的形状(六角形)。凡具有甲基酮结构或其他易被氧化成为甲基酮的化合物,均能与次碘酸钠作用,生成黄色碘仿沉淀。

四、硝基化合物的鉴定

1. 氢氧化亚铁试验

试剂:硫酸亚铁溶液,取25 g硫酸亚铁铵结晶溶解在预先煮沸并冷却的500 mL去离子水中,加入2 mL浓硫酸,摇匀,置于棕色瓶中,瓶中放入一只小铁钉以防Fe^{2+}被氧化。氢氧化钾的乙醇溶液,先将30 g棒状氢氧化钾溶于30 mL去离子水中,再将此溶液加入到200 mL 95%乙醇中,摇匀备用。

试样:硝基苯,间二硝基苯,间硝基苯。

取液体试样2~3滴或固体试样10~20 mg于试管中,加入1 mL新配制的硫酸亚铁溶液,摇匀,再加入0.7 mL氢氧化钾乙醇溶液,加塞,剧烈摇振。若1 min内沉淀由浅绿变为红棕色,示有硝基存在。该试验适用于脂肪族和芳香族硝基化合物的检验。

2. 锌-醋酸试验

试剂:锌粉,冰醋酸,50%乙醇,5%硝酸银溶液,5%氢氧化钠溶液,2%氨水,6 $mol \cdot L^{-1}$硝酸溶液。

试样:硝基苯,2,4-二硝基苯,苦味酸。

溶解或悬浮50 mg试样于1~2 mL 50%乙醇中,加入4滴冰醋酸和50 mg锌粉,将混合物加热至沸腾,放置5 min,过滤或离心得清亮溶液。

取0.5 mL 5%硝酸银溶液和1滴5%氢氧化钠溶液于试管中,滴加氨水至形成氢氧化银沉淀又溶解,加2 mL滤液,摇动后静止片刻,出现银镜和黑色沉淀(银粒)示有硝基化合物。无银镜或银粒析出应在水浴中温热2 min后再观察。

五、胺类化合物的鉴定

1. 2,4-二硝基氯苯试验

取试样的乙醚溶液两滴和1% 2,4-二硝基氯苯的乙醚溶液于点滴板上混合,当乙醚溶液蒸干后有黄色残渣或环,示有胺类化合物存在。

若将一条滤纸用2,4-二硝基氯苯的饱和乙醇溶液浸湿,再加一滴胺类化合物的水溶液,出现明显的黄色,示有伯胺存在,仲、叔胺均不起反应。

2. 苯磺酰氯试验(Hinsberg test)

在试管中加入2滴试样、3 mL 5% NaOH溶液,3滴苯磺酰氯,塞住管口,剧烈振摇,并在水浴上温热,至反应完毕,按下列现象区别伯、仲、叔胺。

(1) 溶液中没有沉淀产生,加入盐酸呈酸性后,析出沉淀为伯胺。

(2) 溶液析出沉淀,加酸不能溶解,示为仲胺。

(3) 仍为油状物,加数滴浓盐酸可使之溶解,即为叔胺。

六、不饱和化合物的鉴定

1. 加溴试验

试剂:1%溴-四氯化碳溶液,四氯化碳。

试样:松香,汽油,苯酚,苯。

溶解4~5滴试样于10滴四氯化碳中,逐滴加入1%溴-四氯化碳溶液,边加边摇,溴的颜色不断褪去示有不饱和化合物。

酚类、胺类、烯醇等虽也能使溴褪色,由于取代反应,有HBr生成,在试管口用蓝色石蕊试纸或吹气就有白色雾状物生成(HBr)。

2. 高锰酸钾试验

试剂:1%高锰酸钾溶液,丙酮。

试样:同试验1。

含有双键化合物易被$KMnO_4$氧化而使$KMnO_4$溶液褪色。吸电子取代基在不饱和键碳上的化合物,对Br_2-CCl_4溶液呈负反应时,可用本试验验出。

取30 mg试样于试管中,加1 mL水,慢慢滴1% $KMnO_4$溶液,若颜色很快褪去,示有不饱和化合物。水不溶试样可以在丙酮或苯中进行试验。

七、卤素化合物的鉴定

1. 硝酸银试验

试剂:饱和硝酸银乙醇溶液,5%硝酸溶液。

试样:溴乙烷,碘乙烷,一氯丁烷。

取 0.5 mL 饱和硝酸银乙醇溶液于试管中,加入 2 ~3 滴试样(或 30 mg 固体试样),振摇均匀,在室温下静置 2 min,观察有无沉淀生成。若无沉淀生成,可将溶液煮沸,冷却,如有白色或黄色沉淀生成,向试管中加入 2 滴 5% 硝酸溶液,摇匀,此时若沉淀不溶解,表明有卤化银,示试样为卤素化合物。

2. 碘化钠试验

试剂:碘化钠丙酮溶液,将 15 g 碘化钠溶解在 100 mL 丙酮中,保存在棕色试剂瓶中备用,最好是现用现配。

试样:1 - 溴丁烷,1 - 氯丁烷。

烷基氯化物或溴化物与碘化钠的丙酮溶液反应,生成不溶于丙酮的氯化钠或溴化钠,有沉淀析出示有氯化物或溴化物。

将 2 ~4 滴液体试样置于干燥试管中(如固体试样,须先取 0.1 g 制成饱和丙酮溶液),加入 1 mL NaI - 丙酮试剂[①],振摇均匀后,静止 3 min,观察有无沉淀生成,或溶液变为淡红棕色(析出碘)。如果没有反应,将试管置 50℃ 的水浴中加热 6 min 后,冷却,再观察结果。

八、思考题

1. 用溴的四氯化碳和高锰酸钾水溶液检验不饱和烃时,各有什么局限性和缺点?如果结合起来使用有何优点?

2. 试列出区别鉴定伯、仲和叔醇,以及区别鉴定伯、仲和叔胺的各种方法。

3. 羰基化合物如何检出?醛和酮如何鉴别?甲醛和其他醛如何区别?

实验 9 糖类的定性分析

一、糖类的定性分析

1. 蒽酮试验

试剂:蒽酮 - 硫酸溶液(0.2% 蒽酮溶于 95% 硫酸中)。

试样:戊糖,已糖,葡萄糖,果糖。

在小试管中加入含有 1 ~5 mg 试样的水溶液 0.5 mL,倾斜此试管,沿壁滴

---

① 将 15 g 碘化钠溶解在 100 mL 丙酮中,保存在棕色试剂瓶中备用,最好是现用现配。

加 1 mL 蒽酮 - 硫酸溶液[①],如在 1 min 内出现绿色环,可确定有糖类存在。如反应不明显,可摇动试管,3 min 后再看结果。糖类产生的绿色有时转变为蓝绿色。

2. 对甲苯胺醋酸盐试验

试剂:10% 对甲苯胺醋酸盐,85% H_3PO_4。

试样:同上。

将 5 ~ 10 mg 试样放在微量坩埚中(或将数滴试样溶液放入坩埚中蒸干),将一张曾用 2 滴 10% 对甲苯胺醋酸盐溶液润湿过的滤纸盖于坩埚口上,用煤气灯加热坩埚底 1 min,在滤纸上如有红色出现,可确定有糖存在。如反应不明显,再另取试样置坩埚中,并加入 85% H_3PO_4 后加热,滤纸由浅红色变成红色。

本试验也可以用苯胺和 4 - 溴苯胺。但对苯甲胺反应后,所得的颜色持久不褪。尤其是当盖在坩埚口上的滤纸加上少量的 10% 氯化亚锡的醋酸溶液时,再加热坩埚,得到的红色更持久。

3. 巴弗试验

试剂:巴弗试剂,溶解 16.6 g 结晶醋酸铜于 245 mL 水中,加入 2.4 mL 冰醋酸即成。

试样:同上。

取 10 ~ 20 mg 糖类试样(或 1 mL 糖类的水溶液),于小试管中加入 2 mL 巴弗试剂混合均匀,将试管放入水浴中煮沸 3 min,取出冷却,有橘黄色或橘红色沉淀生成[②],示存在单糖。

二、思考题

简述单糖与多糖的分析方法有什么区别。

① 蒽酮与硫酸的混合物,必须含有 50% 的硫酸,方能使蒽酮保持溶液状态。单糖、双糖及多糖及它们的醋酸酯、糊精、葡聚糖、树胶糖苷、淀粉等在本试验均呈正反应。糠醛产生暂时的绿色,随即转变为棕色。聚乙烯醇类及蛋白质通常产生红色。易脱水的有机物,由于硫酸的作用产生淡黄色或棕色,但取样量少时不会混淆。多元醇无反应。

② 有时出现绿色也是正结果,因为橘黄色的沉淀悬浮在蓝色的醋酸铜溶液中就变成了绿色。

第四章 定量分析实验

实验1 分析天平称量练习

一、实验目的

分析天平是定量分析实验必备的精密衡量仪器，一般是指能准确称量到0.000 1 g的天平。由于使用天平称量常常是定量测定的第一步，因此，了解天平的构造，掌握其正确的使用方法，严格遵守天平的使用规则，从而获得正确的称量数据，是定量分析结果准确的前提保证。电子天平是新一代的天平，实验室通常使用0.1 g精度的台秤和0.1 mg精度的电子天平。

1. 了解电子天平的构造原理、使用方法和注意事项。

2. 学习并掌握万分之一电子天平的称量操作方法。

3. 学习常用的称量方法，重点是熟练掌握定量分析中常用的递减法。

4. 培养学生正确运用有效数字，准确、简明记录原始实验数据的习惯，要求不得涂改，不得将数据记录在记录本以外的地方。

二、实验原理

有关电子天平的结构原理、使用方法和注意事项以及分析试样的称量方法等内容详见第二章中第二节。由于电子天平的自重较轻，使用中易因碰撞而发生移动，进而可能造成水平改变，影响称量的准确性，因此，操作过程中，动作要轻、慢、稳，切不可用力过猛、过快，以免损坏天平。

三、仪器与试剂

1. 仪器

电子天平（0.1 mg），100 mL小烧杯，称量瓶。

2. 试剂

无水 Na_2SO_4(s)。

四、实验步骤

1. 熟悉电子天平的称量程序

电子天平的使用程序一般为：调节水平、通电预热、开机、校正、称量和关机，学生则着重练习称量步骤，只使用开关键（on/off）和除皮/调零键（zero、O/T 或 TARE），其他步骤均由实验室工作人员负责完成。

（1）检查天平后方的气泡水准器，如天平不处在水平位置，可在教师指导下，学习如何调节。

（2）观察天平称盘是否清洁，如有散落的试剂，则用专用的小毛刷轻扫出去，注意此时应使天平处于关闭状态。

（3）按开关键开启天平，显示屏上很快出现 0.000 0 g，如不是上述数字，按除皮/调零键，调节零点。

（4）将被称物放在天平称盘中央，关好两侧边门。这时可见显示屏上的数字在不断地变化，待数字稳定并出现质量单位“g”后，即可读数并记录称量结果。

（5）称量完毕后，取出被称物。如不久还要继续使用天平，可暂时不关机，天平将自动保持零位；或者按开/关键（但不可拔下电源插头），让天平处于待机状态，再来称样时按下开/关键即可使用。

（6）全部称量工作结束后，移出被称量的物品，按开/关键，关闭天平。清扫天平称盘，关好边门，重新开启天平，观察并调节天平零点，再关闭天平。

（7）按指定内容填写天平使用记录。

（8）罩上天平防尘罩（一般由实验室工作人员完成）。

（9）切断电源，带走个人的一切物品，离开实验室。

2. 称量练习

（1）直接称量法

调节天平零点后，取洁净干燥的称量瓶一个置于称盘中央（拿取时使用纸带，按规定操作），待显示值稳定后，直接读取其质量 m。再分别称取同一称量瓶的瓶盖质量 m_1 和瓶身质量 m_2，比较 m_1+m_2 与 m 的符合程度，做好记录。

（2）递减称量法

取一洁净干燥的称量瓶，装入占瓶体积 1/3 ~ 1/2 的 Na_2SO_4 试样，注意勿将试样沾在瓶口和瓶外壁上。按第二章第二节中所述递减称量法的操作，准确称取下述范围试样各 3 份于小烧杯中。

0.40 ~ 0.50 g；0.20 ~ 0.25 g；0.10 ~ 0.13 g

在逐步熟练的基础上，希望能做到连续进行称量，并准确记录称量结果。

采用电子天平递减称量时,操作如下:

① 将盛有试样的称量瓶置于天平称盘中央,按除皮/调零键,此时显示屏上显示值为0.000 0 g。

② 按正确操作取出称量瓶,在小烧杯的上方缓缓敲出所需质量的试样于容器内。待取样完毕后,盖上瓶盖,再将称量瓶放回天平称盘上,不考虑负号,此时的显示值即为取出试样的质量,如该质量小于称量范围,可以继续敲出部分试样,直至它的质量在所要求的范围内为止。如取出的试样过多,超出了称量范围的上限,则不记读数,按除皮/调零键,待显示为0.000 0 g后,重新进行称量。重复上述操作,在每得到一个称量值后,都按除皮/调零键,再进行下一次的称量,这样就可以连续简便地得到一系列的称量值,充分发挥电子天平的称量优势。

由于本次实验是称量练习,所有敲出的试样,不论是否符合称量范围,都置于同一烧杯内,最后归还于试剂瓶中回收。

在以后的实验中,一个锥形瓶中只能收集一份试样(事先编号)。而且经过反复多次的练习后,希望学生能做到只1~2次就能敲出所需质量的试样。因为敲出试样的次数过多,易因试剂吸潮而引起称量误差。如敲出试剂的质量大于称量范围,则只能弃去,洗净锥形瓶后,重新进行称量。

五、数据处理

准确称取并列出各称量数据。应注意的是,在完成同一个实验内容的过程中,应该使用同一台分析天平进行称量,避免引起误差。

称量练习的数据记录格式

项目	数据		
$m_{称量瓶}/g$			
$m_{瓶身}/g$			
$m_{瓶盖}/g$			
$m_{倾出前}/g$			
$m_{倾出后}/g$			
$m_{Na_2SO_4}/g$			

六、注释

学生实验时,可以在天平旁边放一张洁净的白纸,称量瓶就放在纸上,不要直接放在台面上,这样就可以避免一些引起称量不准确的因素。

七、思考题

1. 说明递减称量法的适用范围。

2. 在什么情况下,必须使用称量瓶来称取试样?

3. 使用称量瓶时,应该如何操作才能使试样不致损失?

4. 称量时,为什么强调被称量物应该放在天平称盘中央?

5. 记录称量数据时,应准确至小数点后哪一位?为什么?

实验 2　滴定分析基本操作练习

一、实验目的

1. 学习并掌握酸式、碱式滴定管的洗涤、准备和使用方法,为进行后续的滴定分析实验打好基础。

2. 掌握常用酸碱指示剂酚酞和甲基橙在化学计量点附近的变色情况,正确判断滴定终点,正确观察和记录消耗滴定剂的体积。

二、实验原理

在用 HCl 溶液与 NaOH 溶液进行相互滴定的过程中,若采用同一种指示剂指示终点,不断改变被滴定溶液的体积,则滴定剂的用量亦随之变化,但它们相互反应的体积之比应基本不变。因此在不知道 HCl 溶液和 NaOH 溶液准确浓度的情况下,通过计算 V_{HCl}/V_{NaOH} 体积比的精密度,可以检查实验者对滴定分析操作和判断终点的掌握情况。

三、仪器①与试剂

1. 仪器

25 mL 酸式、碱式滴定管,500 mL、250 mL 和 100 mL 容量瓶,20 mL 移液管,500 mL 试剂瓶(其中一个具橡胶塞或塑料塞),250 mL 锥形瓶,500 mL、250 mL 和 100 mL 烧杯,100 mL 和 10 mL 量筒,洗瓶,玻璃棒,滴管,表面皿和洗耳球等。

2. 试剂

NaOH(s,AR),浓盐酸(密度 1.19 $g \cdot mL^{-1}$,AR),0.1% 甲基橙(MO)水溶液,0.2% 酚酞(PP)乙醇溶液。

除指示剂外,定量分析中所用试剂一般为分析纯,水为一次蒸馏水或离子交换水(后同)。

① 滴定分析法各实验中所用的容量器皿基本相同,在此将主要器皿一并列出。通常在实验课的开始就发放器皿和清单,让学生对照清单进行清点。在以后的实验中一般就不再列出了。台秤公用。

四、实验步骤

1. 配制 500 mL 0.10 mol · L^{-1} NaOH 溶液

在台秤上迅速称取(用什么器皿?)2.0 g NaOH 固体于烧杯中,加入约50 mL水搅拌使其完全溶解后,转入带橡胶塞的玻璃试剂瓶中,再加水 450 mL 左右,盖紧塞子,摇匀,贴上标签。此处可用500 mL 容量瓶或烧杯作为量器代替量筒使用。

2. 配制 500 mL 0.10 mol · L^{-1} HCl 溶液

用 10 mL 量筒量取 4.2 ~ 4.5 mL(如何得来?)浓盐酸倒入试剂瓶中(预先装入一定体积的水),水洗量筒 2 ~ 3 次,洗涤液均转入试剂瓶内,最后加水稀释至500 mL 左右。盖上玻璃塞,摇匀,贴标签。浓盐酸挥发性很强,以上操作宜在通风橱中进行。

3. 对滴定管进行检漏合格并洗涤(包括用蒸馏水洗)完毕后,再用待装入的HCl 溶液或 NaOH 溶液分别润洗酸式、碱式滴定管内壁及管尖各 3 次(每次 8 ~ 10 mL)后,装入相应的滴定剂,排尽管下端的气泡,将管内液面调至零刻度线或稍下处。再将其他所需容器一并清洗干净。

4. 碱式滴定管的操作练习和终点判断(指示剂 PP)

从已调好零刻度的酸式滴定管中放出几毫升 HCl 溶液于锥形瓶中,用20 mL左右水稀释,加入 2 滴酚酞指示剂,摇匀。由碱式滴定管中逐滴滴出NaOH 溶液于锥形瓶中,特别注意练习加一滴和半滴溶液的操作,观察酚酞指示剂在终点附近变色的情况,滴定至溶液呈微红色(浅粉红色)且半分钟内不褪色为终点。再用酸式滴定管加入少许 HCl 溶液于上述锥形瓶中,使溶液的红色褪尽,继续用 NaOH 溶液滴定至终点。如此反复练习至能较自如地控制滴定速度并能准确判断终点为止,并进行读数练习(准确读至 0.01 mL)。注意此时滴定管下端的橡胶管或管尖中不得有气泡,并按规定等待一定的时间后再读数。

在此基础上,采用累计溶液体积测量值法测定两种溶液用量的体积比 V_{HCl}/V_{NaOH}。采用两种溶液累计体积的测量值,仅消耗不超过 25 mL 的滴定剂,就可以完成数次测定并得到一系列计算数据,步骤如下。

先从酸式滴定管中放出约 18 mL(每放出一次溶液或滴定后都要准确记下读数,下同)HCl 溶液于锥形瓶中,加入 2 滴酚酞指示剂,用 NaOH 溶液滴定至终点,记下读数。在前次读数的基础上,再由酸管中接着放出 2 mL HCl 溶液于同一锥形瓶中,使溶液的微红色褪去,再用 NaOH 溶液继续滴定至终点(整个过程中,两管中均不要重新装入溶液,从始读数开始,读出累计消耗的滴定剂体积)。继续加入 2 mL HCl 溶液于上述锥形瓶中,第三次滴定至终点,读出累计消耗的 NaOH 溶液体积。由 3 组数据计算酸碱溶液用量的体积比 V_{HCl}/V_{NaOH}。

5. 酸式滴定管的操作练习和终点判断(指示剂 MO)

从已经调好零刻度的碱式滴定管中放出几毫升 NaOH 溶液于锥形瓶中,加约 20 mL 水稀释并加入甲基橙 1 ~ 2 滴(练习过程中,随着被滴定溶液体积的增大,可酌情补加指示剂),摇匀后,用酸式滴定管中的 HCl 溶液进行滴定练习,特别注意练习加一滴和半滴溶液的操作,观察甲基橙指示剂在终点附近的变色情况,滴定至溶液由黄色恰好变为橙色时为终点。然后再由碱式滴定管放入 1 ~ 2 mLNaOH 使溶液由橙色变为黄色,再用 HCl 溶液滴定,反复练习酸式滴定管的使用方法和熟练滴定操作,并学会准确判断终点和进行读数练习。

在此基础上,测定两种溶液用量的体积比 V_{HCl}/V_{NaOH} 3 次。同样采用上述累计溶液体积测量值法进行测定,比较简便且可节约试剂用量。

五、数据处理

准确记录实验数据,进行有关计算,并列表表示之,包括实验项目、实验次数和各原始数据。项目有:V_{HCl}(始读数)、V_{HCl}(末读数)和 V_{HCl},V_{NaOH}(始读数)、V_{NaOH}(末读数)和 V_{NaOH},V_{HCl}/V_{NaOH}和体积比的平均值(以上均为 4 位有效数字),各次测定值的绝对偏差 d_i,相对平均偏差$\bar{d}_r(\bar{d}/\bar{x}) \times 100\%$。

要求测定值的相对平均偏差$\bar{d}_r$(RSD)不大于 0.2%(或 0.3%),否则应重新进行滴定。若配制得当,V_{HCl}/V_{NaOH}应在 0.9 ~ 1.1,据此可判断两者浓度的相对大小。

学生可根据自己实验结果的精密度初步评估自己是否达到本实验的教学目标,找出自己的薄弱环节或失误之处,总结经验教训,以便加以改进。

六、思考题

1. 在上述实验条件下,HCl(NaOH)滴定 NaOH(HCl)溶液时,你认为选择哪种指示剂,有利于滴定终点的观察。

2. 在 HCl 溶液与 NaOH 溶液的相互滴定中,分别以酚酞或甲基橙为指示剂,所得V_{HCl}/V_{NaOH}的结果是否完全一致?讨论原因及由此可以得出的结论。

3. 滴定管和移液管在使用前为什么要用待装入的溶液充分润洗内壁?所用的锥形瓶是否也应这样处理或烘干后再使用?

4. 配制 NaOH 溶液和 HCl 溶液时,试剂只用台秤称取或用量筒量取,这样做是否不够准确?加水时需要很准确吗?此时应该用几位有效数字来表示已配得溶液的浓度?

5. 用 NaOH 溶液滴定酸性溶液,用酚酞作指示剂时,为什么要强调滴定至溶液呈微红色且 30 s 不褪去即为终点?使溶液的红色褪去的原因是什么?

实验3 硫酸铵中含氮量的测定(甲醛法)

一、实验目的

1. 学习NaOH标准溶液的配制和标定方法,进一步熟练碱式滴定管的正确操作。

2. 学习用甲醛法测定某些铵态氮肥中含氮量的原理和方法,了解酸碱滴定法的应用。

二、实验原理

1. NaOH固体腐蚀性强,易潮解和吸收空气中的CO_2,导致不纯,其标准溶液是采用间接配制法配制的,因此必须用基准物质标定其准确浓度。常用的基准试剂有邻苯二甲酸氢钾($KHC_8H_4O_4$,简写KHP)和草酸($H_2C_2O_4 \cdot 2H_2O$)等。邻苯二甲酸氢钾易制得纯品,在空气中不吸水,容易保存,摩尔质量较大,因而应用更为广泛,标定反应如下:

$$C_6H_4(COOK)(COOH) + NaOH = C_6H_4(COOK)(COONa) + H_2O$$

反应产物为二元弱碱,计量点时溶液呈弱碱性(pH≈9),可选用酚酞作指示剂。

2. 由于铵盐中NH_4^+的酸性太弱($K_a = 5.6 \times 10^{-10}$),不能用NaOH标准溶液直接准确滴定,可采用甲醛法使弱酸强化,反应按下式定量进行:

$$4NH_4^+ + 6HCHO = (CH_2)_6NH_4^+ + 3H^+ + 6H_2O$$

生成的酸(混合酸,其中质子化六亚甲基四胺的$K_a = 7.1 \times 10^{-6}$)可用NaOH标准溶液进行滴定。由于滴定产物中$(CH_2)_6N_4$是弱碱,因此可采用酚酞指示终点;同时上述反应具有可逆性,也只有滴定至微碱性时才能保证反应进行完全。甲醛法操作简便快速,在生产实践中应用较广,但其准确度较蒸馏法差,适用于强酸铵盐中含氮量的测定。

三、试剂

邻苯二甲酸氢钾(GR,105℃~110℃干燥至恒量,干燥器中保存),NaOH(s,AR),40%甲醛(AR),硫酸铵试样,0.2%酚酞乙醇溶液,0.1%甲基红钠盐溶液。

四、实验步骤

1. 配制 0.10 mol·L^{-1} NaOH 溶液 500 mL

按实验 2 中所述方法配制。

2. NaOH 溶液的标定

用递减法于分析天平上准确称取 0.40～0.45 g(一般按消耗滴定剂 20～22 mL计算出称量范围,以下同)基准试剂邻苯二甲酸氢钾于锥形瓶中,用水冲下沾在瓶内壁的试样(溶样时每次都要注意此步操作,以下同),再加水 20 mL～30 mL,微热使其完全溶解。待溶液冷却后,加入 1～2 滴酚酞指示剂,摇匀,用待标定的 NaOH 溶液滴定至试液显微红色,30 s 不褪去为终点。记录V_{NaOH},平行标定 3 份。

3. 甲醛的中和

甲醛因被氧化其中常含有少量甲酸,应事先除去。取原装甲醛(40%)的上层清液于烧杯中,加 2 滴酚酞指示剂,用 0.10 mol·L^{-1} NaOH 溶液中和至甲醛溶液呈微红色。如需多瓶甲醛,中和后应将它们全部混匀,以免造成实验误差。

甲醛中含有少量多聚甲醛,但不影响测定。

4. 试样的测定

在分析天平上准确称取 0.13～0.15 g(可根据 NaOH 溶液的准确浓度进行估算)硫酸铵试样于锥形瓶中,用 20～30 mL 水溶解后,加入 5 mL 已中和的甲醛溶液和 2 滴酚酞指示剂,摇匀。静置 1 分钟待反应完全后,用已标定的 NaOH 标准溶液滴定试液至微红色,30 s 不褪去为终点(颜色与标定同),记录所消耗 NaOH 溶液的体积,平行测定 3 次。

为了减小称量误差,可准确称取硫酸铵试样 1.6～1.8 g 于 100 mL 小烧杯内,加入约 40 mL 水溶解后,定量转入 250 mL 容量瓶中,加水稀释、定容并摇匀。用移液管移取 20.00 mL 试液于 250 mL 锥形瓶中,以下操作同上。

若试样中含有游离酸,则应事先中和。于试液中加入 1～2 滴甲基红指示剂,用 NaOH 标准溶液滴定至试液由红色变为黄色为终点(不记读数,为什么?)。然后再加入甲醛溶液,试液又将呈红色(为什么?)。以下操作同前,但终点为甲基红的黄色与酚酞所呈粉红色的混合色。

五、数据处理

写出有关计算公式,根据记录的实验数据分别计算出 NaOH 溶液的准确浓度和硫酸铵中氮的质量分数,平均值和相对平均偏差。对标定和测定结果要求的精密度,其相对平均偏差$\overline{d}_r \leq 0.2\%$。

六、注释

在较精确的测定中，需要配制不含 CO_3^{2-} 的 NaOH 溶液，可以采用下述 3 种方法之一：

1. 称取 120 g NaOH，加 100 mL 水，振摇使其溶解成饱和溶液（20℃时浓度约为 19 mol·L^{-1}），冷却后置于聚乙烯塑料瓶中。由于 Na_2CO_3 几乎不溶于其中，待溶液澄清后，吸取上层清液 2.8 mL，用新煮沸（沸腾 10 min 以除去 CO_2）并刚冷却的水稀释至 500 mL，摇匀。

2. 在实验 2 已配好的 NaOH 溶液中加入 1～2 mL 20% $BaCl_2$ 溶液，盖紧瓶塞摇匀，静置过夜，待 CO_3^{2-} 以 $BaCO_3$ 形式沉淀后，吸取上层清液使用。

由上述两法中得到的 NaOH 溶液都要密封在一定的装置中，安装碱石灰管和虹吸管，避免再度吸入 CO_2。进行稀释时操作要迅速，随即盖紧瓶塞摇匀，短期内使用。

3. 在台秤上称取较理论计算值多的 NaOH 固体，用不含 CO_2 的水（同方法 1 中）迅速冲洗外表面 2～3 次以除去固体表面少量的 Na_2CO_3，然后溶解剩下的固体并稀释至一定体积。由于不易控制，所得溶液的浓度差异较大。

七、思考题

1. 能否用甲醛法测定其他铵盐如 NH_4Cl、NH_4NO_3 和 NH_4HCO_3 中氮的含量？为什么？对不能用甲醛法测定的可以采用其他什么方法？

2. 在标定或测定中，计算称样量的范围时，需要考虑哪些因素？称样量太多或太少有何影响？本实验中硫酸铵的称量范围是如何得来的？就单份称量和称一份大样后分取这两种情况进行讨论。

3. 在本实验中采用单份称取硫酸铵试样，每份为 0.13 g～0.15 g，其称量误差将为多少？为了使称量的相对误差不大于 0.1%，应该如何进行操作？

4. 用 NaOH 溶液中和甲醛溶液中的甲酸时，为什么使用酚酞作指示剂？而在中和铵盐试样中的游离酸时，为什么以甲基红为指示剂？

5. 本实验中加入甲醛的体积是否要准确（用量筒还是用移液管）？如甲醛中的甲酸未中和完全，或是中和时 NaOH 过量，对测定结果各有什么影响？

实验 4　有机酸摩尔质量的测定

一、实验目的

1. 进一步熟练碱式滴定管的操作方法。
2. 学习移液管和容量瓶的使用方法；学习溶液的定量转移操作方法。
3. 学习用酸碱滴定法测定有机酸摩尔质量的方法。

二、实验原理

常见的有机酸如草酸、酒石酸和柠檬酸等是固体弱酸，其特点是能溶解于水，当它们的浓度不是太小时，各级解离常数的大小均符合直接准确滴定的要求，即 $c_iK_{a_i} \geq 10^{-8}$，因此可以采用酸碱滴定法准确滴定之。这种方法不仅可用于测定它们的纯度，还可以根据相关的滴定反应计算有关酸（碱）物质（$w \geq 0.999$）的摩尔质量。上述有机酸的各级解离常数虽然都不算很小，但对于同一物质，其相邻的 K_{a_i} 比值均远小于 10^5，因此在这种情况下，滴定的是酸的总量。

由于用 NaOH 标准溶液滴定有机酸的产物是多元弱碱，故常选用酚酞为指示剂，滴定至试液呈微红色且 30 s 不褪去为终点。本实验采用草酸为试样，要求准确测定其摩尔质量并与理论值进行比较。

三、试剂

0.1 mol · L^{-1} NaOH 标准溶液（用基准试剂 KHP 标定，配制与标定见实验 2 和实验 3），有机酸试样［本实验中采用 $H_2C_2O_4 \cdot 2H_2O$（优级纯）］，0.2% 酚酞乙醇溶液。

四、实验步骤

准确称取 0.6～0.7 g 有机酸（$H_2C_2O_4 \cdot 2H_2O$）一份于 100 mL 小烧杯中（计算称样量时，其中 NaOH 标准溶液的浓度可用实验三的标定值代入），加入约 30 mL水，充分搅拌待试样全部溶解后，将试液转移至 100 mL 容量瓶中。由洗瓶中吹出少量水涮洗小烧杯 3 次，洗涤液也全部转入容量瓶。（全过程中试液不得有任何损失，此过程称溶液的定量转移）。待瓶内溶液达 2/3 容积时平摇几下，继续加水稀释至刻度并摇匀。用待移取的试液润洗移液管 3 次后，准确移取 20.00 mL 草酸试液于 250 mL 锥形瓶中，加入 2 滴酚酞指示剂，摇匀，再用 NaOH 标准溶液滴定试液至微红色，30 s 不褪去为终点，记录所消耗 NaOH 溶液的体积，平行测定 3 次。

如欲单份进行称量，可以在 0.12～0.14 g 的范围内准确称取 3 份草酸试样，分别置于 3 个锥形瓶中，加入约 30 mL 水溶解后再逐份进行滴定。

五、数据处理

1. 写出计算有机酸试样摩尔质量的有关公式。
2. 计算 $H_2C_2O_4 \cdot 2H_2O$ 的摩尔质量，平均值和相对平均偏差，要求$\bar{d}_r \leq 0.2\%$。
3. 将试样摩尔质量的平均值与理论值相比较，计算测定的相对误差。
4. 将所有数据分别按标定和测定的部分列表表示出来。

六、思考题

1. 本实验方法还可用于哪些有机酸摩尔质量的测定？举出几例。

2. 酸碱滴定法中选择指示剂的原则是什么？

3. 自拟测定有机碱摩尔质量的方法。

4. 如试样 $H_2C_2O_4 \cdot 2H_2O$ 中失去了一部分水，对测定结果将会造成正误差还是负误差？试分析之。

5. 滴定分析法中，哪些因素共同决定称样量的大小？称取试样过少或过多各有什么不利影响？以本实验为例，说明 $H_2C_2O_4 \cdot 2H_2O$ 试样的称量范围是如何计算出来的？单份称取，或者称一份大试样溶解定容后再分取，哪一种情况的称量误差较小？为什么？

实验 5 双指示剂法测定混合碱的组成与含量

一、实验目的

1. 学习配制和标定 HCl 标准溶液的原理和方法。

2. 进一步熟悉酸式滴定管和移液管的操作。

3. 学习用双指示剂法判断混合碱的组成，测定其中各组分的含量和总碱量的原理和方法。

4. 学习混合酸碱指示剂的应用。

二、实验原理

1. HCl 标准溶液是采用间接配制法配制的，因此必须用基准物质标定其准确浓度，常采用无水碳酸钠（Na_2CO_3）基准物质标定盐酸，其标定反应为

$$Na_2CO_3 + 2HCl = 2NaCl + H_2O + CO_2\uparrow$$

计量点时为 H_2CO_3 饱和溶液，pH 为 3.9，采用甲基橙指示剂，终点时试液由黄色变为橙色。值得注意的是，临近终点时，应剧烈摇动锥形瓶中的试液，使 H_2CO_3 的过饱和部分不断分解逸出，从而避免因试液酸度过高，致使终点提前造成误差。也可以在临近终点时加热试液至沸，并摇动逐出过量的 CO_2，待冷却后再滴定，可提高准确度。

2. 工业混合碱一般有两种形式，即为 NaOH 与 Na_2CO_3 或者 Na_2CO_3 和 $NaHCO_3$ 的混合物。采用 HCl 标准溶液作为滴定剂，先后使用酚酞和甲基橙两种指示剂，在同一份试液中连续滴定，根据消耗的滴定剂的体积，可以判断混合碱的组成，并测定出各组分的含量，因此将这种测定方法命名为“双指示剂法”。由于该法简便快速，所以在生产中应用普遍。

工业混合碱试样一般不是十分均匀。为了保证分析试样的代表性，为测定结果的准确性提供前提，应先将试样充分混匀后，然后适当多称取一些试样配成溶液，再从中分取适当体积的溶液用于测定。

在混合碱试液中先加入酚酞指示剂，用 HCl 标准溶液进行滴定，至试液由紫红色渐变为微红色（浅粉红色）为第一终点。此时，混合碱中的 NaOH 应已完全反应，而 Na_2CO_3 只被滴定至 $NaHCO_3$ 为止（计量点 pH = 8.32），消耗 HCl 标准溶液的体积为 V_1，有关滴定反应为

$$NaOH + HCl \xlongequal{} NaCl + H_2O$$

$$Na_2CO_3 + HCl \xlongequal{} NaCl + NaHCO_3$$

接着在同一份试液中加入第二种指示剂甲基橙，继续用 HCl 标准溶液滴定，至试液由黄色突变为橙色时为第二终点。此时，$NaHCO_3$ 也应与 HCl 反应完毕，计量点 pH = 3.89，消耗 HCl 标准溶液的体积为 V_2，反应如下：

$$NaHCO_3 + HCl \xlongequal{} NaCl + H_2O + CO_2\uparrow$$

由 V_1 与 V_2 体积的相对大小可以判断混合碱的组成。若 $V_1 > V_2$，试样为 NaOH 和 Na_2CO_3 的混合物；而当 $V_1 < V_2$ 时，试样则应由 Na_2CO_3 和 $NaHCO_3$ 混合组成。不难确定在两种混合碱中各组分消耗 HCl 标准溶液的体积，据此可求出它们的含量。

如仅需测定工业混合碱的总碱量，不用确定具体成分，则只要加入甲基橙一种指示剂，用 HCl 标准溶液滴定至终点时，消耗的总体积应为 $V_1 + V_2$，并将混合碱折算成 Na_2O 的含量来计算其总碱量。

由于二元弱碱 Na_2CO_3 的两级解离常数 K_{b_1} 和 K_{b_2} 之间相差仅接近 10^4，因此分步滴定的准确度不是很高；加之在第一终点附近，两性物质 $NaHCO_3$ 的缓冲作用，使酚酞此时颜色的变化（红→微红）是逐渐的，没有突变，实验中较难对滴定终点作出准确地判断。为了改进上述情况，常采用甲酚红 - 百里酚蓝混合指示剂代替酚酞指示剂来确定第一个滴定终点。混合指示剂的变色点 pH 为 8.3，它在 pH = 8.2 时呈玫瑰色；pH = 8.4 显清晰的紫色。用 HCl 标准溶液滴定时，试液由紫色突变为红色，终点的变色敏锐。

三、试剂

0.10 $mol \cdot L^{-1}$ HCl 溶液（配制方法见实验 2），基准试剂无水 Na_2CO_3（270 ~ 300℃ 干燥 1 h，干燥器中保存），0.2% 酚酞乙醇溶液，0.1% 甲基橙水溶液，混合指示剂（0.1 g 甲酚红指示剂溶于 100 mL 50% 乙醇中；0.1 g 百里酚蓝指示剂溶于 100 mL 20% 乙醇中。按体积比 1∶6，取 1 份 0.1% 甲酚红溶液与 6 份 0.1% 百里酚蓝溶液混合均匀而成）。

四、实验步骤

1. HCl溶液的配制与标定

按实验2中所述方法配制浓度为0.10 mol·L^{-1} HCl溶液500 mL。准确称取0.10～0.12 g基准试剂无水Na_2CO_3于250 mL锥形瓶中,用大约30 mL水将其完全溶解后,加入2滴甲基橙指示剂,用待标定的HCl溶液滴定至试液由黄色变为橙色为终点(注意充分振摇),记录V_{HCl},平行标定3份。

为了减小称量误差,可准确称取基准试剂无水Na_2CO_3 1.3～1.5 g于100 mL小烧杯中,加入30～40 mL水将其完全溶解后,定量转入250 mL容量瓶中,加水稀释、定容并摇匀。用移液管移取20.00 mL试液于250 mL锥形瓶中,以下操作同上。

2. 混合碱的测定

(1)双指示剂法

用移液管移取20.00 mL混合碱试液于250 mL锥形瓶中,加入2～3滴酚酞指示剂,用已标定的HCl标准溶液滴定,至试液由紫红色变为微红色①为第一终点,记录所消耗HCl标准溶液的体积V_1(mL);再在同一份试液中加入甲基橙指示剂2滴(此时因微红色叠加甲基橙的黄色,试液略显橙色),继续用上述HCl标准溶液滴定,至试液由黄色变为橙色时为第二终点②,记下第二次用去HCl溶液的体积V_2(等于$V_{总}-V_1$),平行测定3份。

(2)混合指示剂法

用混合指示剂5滴代替酚酞指示剂,用HCl标准溶液滴定,至试液由紫色突变为粉红色即为第一终点,其他步骤均同前。

五、数据处理

1. 计算HCl标准溶液的浓度,平均值与相对平均偏差$\overline{d}_r$,要求$\overline{d}_r \leqslant 0.2\%$。

2. 根据V_1与V_2的相对大小,判断混合碱的组成。

3. 根据混合碱的组成确定各组分消耗HCl标准溶液的体积,并计算出各组分的质量浓度ρ(g·L^{-1})、平均值及相应的$\overline{d}_r$。

---

① 采用双指示剂法,用酚酞变色确定第一终点时,最好事先配制与试液中浓度相近的$NaHCO_3$酚酞溶液作为参照液,将试液的颜色与其对照,以便较轻易确定终点。再者,无论采用何种指示剂,在到达第一终点之前,滴定速度均不可过快,并且要注意充分振摇试液,防止因滴定剂HCl局部过浓,致使少量Na_2CO_3直接完全反应并分解成CO_2逸出,造成测定误差。

② 临近第二终点前,一定要充分振摇试液,避免因H_2CO_3过饱和致使试液酸度升高而导致终点提前。

4. 根据 V_1+V_2(mL),计算试样的总碱量的质量浓度 ρ_{Na_2O}($g\cdot L^{-1}$),平均值与相对平均偏差,要求 $\bar{d}_r\leqslant 0.2\%$。

5. 将所有数据分别按标定和测定两部分列表表示出来。

六、思考题

1. 如基准试剂无水 Na_2CO_3 部分吸湿,将分别会给标定和测定的结果带来哪些影响,试具体分析之。

2. 如在第一终点已滴定至酚酞完全褪色,分析此时试液中可能发生的反应及其对测定结果的影响。

实验 6　乙酰水杨酸含量的测定

一、实验目的

1. 学习酸碱滴定法在有机酸测定中的应用。

2. 学习药品阿司匹林中药用成分含量的测定方法,了解纯品与片剂分析方法的区别。

二、实验原理

阿司匹林是一种常用的解热镇疼药物,其药用成分是乙酰水杨酸。由于它能抑制血小板聚集,因此可以用于心脑血管疾病的预防和治疗。乙酰水杨酸是一种有机弱酸($pK_a=3.0$),化学式 $C_9H_8O_4$,摩尔质量为 180.16 $g\cdot mol^{-1}$,微溶于水,易溶于乙醇。由于其分子结构中的羧基可在溶液中解离,因此可以作为一元酸用 NaOH 标准溶液直接滴定,酚酞作为指示剂。

乙酰水杨酸溶解于 NaOH 或 Na_2CO_3 等强碱性溶液中时,分子中的乙酰基会发生分解,导致生成水杨酸钠(邻羟基苯甲酸钠)和乙酸盐。为了防止此种情况发生,采用直接法测定时,只能在 10℃ 以下的中性乙醇介质中进行,且方法只适用于乙酰水杨酸纯品。

强碱性溶液中的水解反应:

$$C_6H_4(COOH)(OCOCH_3) + 3OH^- = C_6H_4(COO^-)(O^-) + CH_3COO^- + 2H_2O$$

滴定乙酰水杨酸纯品的反应:

$$\text{C}_6\text{H}_4(\text{COOH})(\text{OCOCH}_3) + OH^- \longrightarrow \text{C}_6\text{H}_4(\text{COO}^-)(\text{OCOCH}_3) + H_2O$$

还应注意的是,滴定中应充分振摇试液,且速度不要太慢,以防止因滴定剂落入点局部碱度过大,而促进上述水解反应发生。

由于阿司匹林药片中含有较大量淀粉等不溶于水的赋形剂,它们在冷乙醇中不易溶解完全,此时可利用上述水解反应,采用返滴定法进行测定,而不宜采用直接法。

药片经充分研细并混匀后,加入过量的 NaOH 标准溶液,再加热一定时间,使其中乙酰基的水解反应进行完全,再以酚酞为指示剂,用 HCl 标准溶液返滴定过量的 NaOH,至试液的粉红色刚褪尽为终点。在该滴定反应中,乙酰水杨酸与 NaOH 反应的化学计量比是 1∶2。

三、仪器与试剂

1. 仪器

瓷研钵,药匙等。

2. 试剂

0.10 $mol \cdot L^{-1}$ NaOH 标准溶液(配制与标定方法见实验 2 和实验 3),0.10 $mol \cdot L^{-1}$ HCl 溶液(配制与标定方法见实验 2 和实验 5),0.2% 酚酞乙醇溶液,95% 乙醇(AR),乙酰水杨酸(晶体),阿司匹林药片。

四、实验步骤

1. 乙醇的预中和

量取 60 mL 乙醇于 100 mL 小烧杯中,加入酚酞指示剂 8 滴,在搅拌中滴加 0.10 $mol \cdot L^{-1}$ NaOH 标准溶液至刚出现微红色为终点,盖上表面皿,置于冰水浴中。

2. 测定乙酰水杨酸(晶体)的纯度

准确称取约 0.4 g 试样置于干燥的锥形瓶中,加入 10℃以下的中性乙醇 20 mL,摇动使其完全溶解后,加入 3 滴酚酞指示剂,立即用 NaOH 标准溶液滴定,至试液呈微红色为终点,平行测定 3 份。

3. 阿司匹林药片中乙酰水杨酸含量的测定。

取 4 粒药片,称量其总质量为 m_1(准至 0.001 g),在瓷研钵中将药片充分研细并混匀后转入称量瓶中(此项操作是为了保证分析试样的代表性,从而为准确测定提供了前提条件)。准确称取 0.4 ± 0.05 g(m_2)药粉于锥形瓶中,加入

40.00 mL NaOH 标准溶液，盖上表面皿，轻轻摇动后在热水浴上用蒸汽加热15 min，期间摇动 2 次并冲洗瓶壁 1 次。取出锥形瓶迅速用自来水冷却至室温，加入 3 滴酚酞指示剂，立即用 0.10 mol · L^{-1} HCl 标准溶液滴定，至试液的微红色刚刚褪去为终点，平行测定 3 次。

4. NaOH 标准溶液与 HCl 溶液体积比的测定

移取 20.00 mLNaOH 标准溶液和 20 mL 水于锥形瓶中，在与测定药粉时相同的实验条件下进行加热，冷却后用 HCl 溶液滴定，平行测定 3 次。计算 V_{NaOH}/V_{HCl}值(4 位有效数字)。

五、数据处理

1. 列出关系式，计算晶体中乙酰水杨酸的质量分数，平均值与相对平均偏差。

2. 列出关系式，计算阿司匹林药粉中乙酰水杨酸的质量分数，每粒药片中乙酰水杨酸的含量(g · 片$^{-1}$)，及其平均值和相对平均偏差。

3. 将所有数据分别按标定和测定两部分列表表示出来。

六、注释

1. 测定药片时，试液在水浴上加热后取出冷却，注意各份试液冷却的时间也应一致。

2. 实验步骤 4 中“体积比的测定”是一种空白实验。由于在加热过程中，NaOH 溶液会受到空气中 CO_2 的影响，从而会给测定造成一定的系统误差(称为空白值)。而在与测定试样相同的条件下测定两种溶液的体积比，就可以使“空白值”得到扣除，从而达到基本消除空气中 CO_2 的干扰、提高准确度的目的。这个实验也说明了在酸碱滴定法中 CO_2 的影响是不可忽视的，必要时应采取措施予以消除。

3. 如因时间关系，也可以只完成阿司匹林药片的测定内容。

七、思考题

1. 称取乙酰水杨酸晶体时，为什么所用锥形瓶要保持干燥？

2. 测定药片时，为什么 1 mol 乙酰水杨酸消耗 2 mol NaOH，而不是 3 mol NaOH？用 HCl 溶液返滴定后的试液，水解产物将以什么形式存在？

实验 7　水硬度的测定

一、实验目的

1. 学习配制和标定 EDTA 标准溶液的方法；掌握铬黑 T(EBT)指示剂和钙

指示剂的使用条件和在终点时颜色的变化，了解络合滴定法的特点。

2. 学习测定水的总硬度、钙硬度和镁硬度的原理和方法。

3. 学习酸溶法的溶样方法，掌握定量转移溶液的操作和容量瓶、移液管的正确使用方法。

二、实验原理

1. 市售的 EDTA 二钠盐中含有 EDTA 酸和水分，不易精制，加之实验用水和其他试剂中也常含有金属离子，因此其标准溶液通常采用间接法配制。此时应根据测定的对象不同，采用不同的基准试剂来标定 EDTA 溶液的浓度。常用的基准试剂有纯金属如 Zn、Pb、Bi 和 Cu 等，化合物如 ZnO、PbO、Bi_2O_3、$CaCO_3$、$ZnSO_4 \cdot 7H_2O$、$MgSO_4 \cdot 7H_2O$、$Pb(NO_3)_2$ 和 $Zn(Ac)_2 \cdot 2H_2O$ 等。标定 EDTA 时，应尽量选择与被测组分相同的基准物质，使标定和测定时的条件一致，可以减小测定误差。

测定水的硬度时，常用 $CaCO_3$ 基准试剂标定 EDTA 溶液的浓度，选用钙指示剂指示终点，用 NaOH 控制溶液 pH 为 12 ~ 13，其变色原理为

滴定前　　$Ca + In(蓝色) \!=\!=\!= CaIn(红色)$

滴定中　　$Ca + Y \!=\!=\!= CaY$

终点时　　$CaIn(红色) + Y \!=\!=\!= CaY + In(蓝色)$

2. 由于钙、镁离子是天然水中的主要离子，因此一般以水中这两种离子的含量来计算水的硬度。所谓水的总硬度即水中所含钙、镁离子的总量，其中包括碳酸盐硬度（暂时硬度，即通过加热后能以碳酸盐形式沉淀下来的钙、镁离子）和非碳酸盐硬度（永久硬度，即加热后不能沉淀下来的那部分钙、镁离子）。硬度是衡量水质的一项重要指标，按照阳离子的不同还可区分为钙硬度和镁硬度。很多行业对所用水的硬度都有一定的要求，因此测定水的硬度是这些部门的常规分析项目之一，以便确定用水的质量并为水的软化处理提供依据。

在国际、国家和国内有关部门测定水的总硬度的行业标准中，指定方法是以铬黑 T 为指示剂的络合滴定法，并将水中钙、镁的总量折算成 $CaCO_3$ 的含量来表示总硬度，单位是 $mg \cdot L^{-1}$。这一方法适用于生活饮用水、工业锅炉用水、冷却水、地下水和未被严重污染的地表水。例如，我国《生活饮用水卫生标准》（GB 5749—2006）中规定水硬度不得超过 450 $mg \cdot L^{-1}$。本方法原理如下。

在 pH≈10 的 $NH_3 - NH_4Cl$ 缓冲溶液中，用 EDTA 标准溶液直接滴定水中 Ca^{2+}、Mg^{2+} 的总量，至溶液由紫红色（经紫蓝色）转变成蓝色为终点。其反应为

滴定前　$Mg^{2+} + EBT(蓝色) \!=\!=\!= Mg - EBT(紫红色)$

滴定开始至计量点之前　$Ca^{2+}(Mg^{2+}) + H_2Y^{2-} \!=\!=\!= CaY^{2-}(MgY^{2-}) + 2H^+$

计量点时　$Mg - EBT(紫红色) + H_2Y^{2-} \!=\!=\!= MgY^{2-} + EBT(蓝色) + 2H^+$

由于铬黑 T 与 Mg^{2+} 形成的络合物较其与 Ca^{2+} 的络合物更为稳定，因此当水样中镁的含量甚微时，指示剂在终点的变色就不很敏锐。为了解决这一问题，可在水样中加入少量 MgY^{2-} 溶液予以改善，或者采用 K－B 混合指示剂指示终点（紫红至蓝绿）。

本方法的主要干扰离子有 Fe^{3+}、Al^{3+}、Mn^{2+}、Cu^{2+}、Pb^{2+} 和 Zn^{2+} 等。水样中，包括络合滴定所用的水和试剂中如有上述金属离子存在时，将会影响对终点的观察，甚至使滴定不能进行。此时可用三乙醇胺掩蔽 Fe^{3+} 和 Al^{3+}；用 Na_2S、KCN 掩蔽 Cu^{2+}、Pb^{2+}、Zn^{2+} 等；Mn^{2+} 的干扰可用盐酸羟胺消除，同时对蒸馏水进行精制。

如需分别测定水的钙硬度和镁硬度，可加 NaOH 调节水样的 pH 为 12～13，使 Mg^{2+} 形成 $Mg(OH)_2$ 沉淀，以钙指示剂指示终点（紫红～纯蓝），用 EDTA 标准溶液滴定水样中的钙分量。镁分量即可由钙镁总量与钙分量之差求得。

三、试剂

乙二胺四乙酸二钠（$Na_2H_2Y \cdot 2H_2O$，AR），$CaCO_3$（GR，110℃ 干燥至恒重，干燥器中保存），0.5% 铬黑 T 指示剂（0.5 g 铬黑 T，加 20 mL 三乙醇胺，用水稀释至 100 mL），1% 钙指示剂（1 g 钙指示剂和 100 g NaCl 研细混匀，储存于干燥器中），氨性缓冲溶液（pH≈10，20 g NH_4Cl 和 100 mL 浓氨水，用水稀释至 1 L，混匀），0.02 $mol \cdot L^{-1}$ MgY^{2-} 溶液（配制方法见注释 5），6 $mol \cdot L^{-1}$ HCl 溶液，1 $mol \cdot L^{-1}$ NaOH 溶液。

四、实验步骤

1. 配制 500 mL 0.02 $mol \cdot L^{-1}$ EDTA 溶液

在台秤上称取 4.0 g 的 $Na_2H_2Y \cdot 2H_2O$ 于 500 mL 烧杯中，加水 200 mL 左右微热使其完全溶解后，冷却，转入试剂瓶（如需保存，则用聚乙烯瓶）中，稀释至 500 mL，摇匀，贴上标签。

2. 配制 250.0 mL 0.02 $mol \cdot L^{-1}$ 钙标准溶液

准确称取 0.50～0.55 g 基准试剂 $CaCO_3$ 于 100 mL 小烧杯中，加几滴水使成糊状。盖上表面皿，由烧杯嘴沿杯壁向内慢慢滴加 6 $mol \cdot L^{-1}$ HCl 溶液 5 mL，反应剧烈时稍停，手指按住表面皿略为转动烧杯底，使试样完全溶解。用洗瓶吹出少量水清洗表面皿的凸面和烧杯内壁，洗涤液应全部流入烧杯内，不得损失。此后按定量转移溶液的方法操作，将钙溶液全部转入 250 mL 的容量瓶中，加水稀释定容、摇匀，做上记号。

3. 标定 EDTA 溶液的浓度

准确移取 20.00 mL 钙标准溶液于锥形瓶中，加入 5 mL NaOH 溶液

($1 mol\cdot L^{-1}$)和适量钙指示剂,摇匀,用待标定的EDTA溶液进行滴定,至溶液由紫红色恰好变为纯蓝色为终点,记录V_Y。平行标定3次,要求其V_Y的极差不大于0.05 mL(以下同)。

4. 水样总硬度的测定

用移液管移取适量水样于锥形瓶中(自来水样取100.0 mL;人工配制水样取20.00 mL),加入5 mL氨性缓冲溶液和适量铬黑T指示剂(3~4滴),摇匀,用EDTA标准溶液进行滴定。因反应速度较慢,临近终点时应慢滴多摇,使反应充分,直至终点(紫红色~纯蓝色)。记录EDTA的用量V_1,平行测定3次。

5. 钙硬度的测定

移取等体积水样于锥形瓶中,加入适量$1 mol\cdot L^{-1}$ NaOH溶液(自来水样中加2 mL;人工配制水样中加5 mL),此时水样的pH应为12~13。加入适量钙指示剂,用EDTA标准溶液进行滴定,并不断振荡。临近终点时,滴定要慢,至试液由紫红色变为纯蓝色为终点。记录EDTA的用量V_2,平行测定3次。

6. 由水中钙、镁总量(总硬度)及钙的含量(钙硬度)即可算出镁的含量(镁硬度)。

五、数据处理

写出标定和测定的有关计算公式,根据记录的实验数据进行下列计算。

1. 计算$CaCO_3$标准溶液的浓度。

2. 计算EDTA标准溶液的浓度,平均值和相对平均偏差。

3. 计算水的总硬度(单位$mg\cdot L^{-1}$)、钙硬度和镁硬度(单位$mmol\cdot L^{-1}$),平均值和相对平均偏差。要求标定和测定结果的$\bar{d}_r \leqslant 0.2\%$。

六、注释

1. 0.2 g酸性铬蓝K和0.4 g萘酚绿B加水溶解后稀释至100 mL;或1 g酸性铬蓝K和2 g萘酚绿B加40 g KCl,研细混匀,装入试剂瓶于干燥器中保存。

2. 氨水等试剂中可能含有Fe^{3+}等干扰离子,会对指示剂产生封闭作用(但作用较慢)。故强调在加入氨性缓冲溶液后不宜久置,应立即滴定,实验中应加入1份滴定1份。

3. 如欲掩蔽干扰离子Fe^{3+}、Al^{3+},应在酸性条件下先加入盐酸羟胺、三乙醇胺,再加氨性缓冲溶液(或NaOH溶液)、Na_2S溶液等,掩蔽剂应在指示剂之前加入。三乙醇胺中可能含有铁,使用时要注意。

4. 测定水样的总硬度时,若水样的硬度较大,加入氨性缓冲溶液后(或测定钙分量时,加入NaOH溶液后),因可能慢慢析出碳酸盐沉淀致使滴定终点拖长,指示剂变色不敏锐。为了避免上述情况发生,可加入1~2滴$6 mol\cdot L^{-1}$ HCl溶液酸化水样,煮沸数分钟以逐去CO_2,冷却后中和至大致呈中性(可用刚果红试纸检查),再按后述步骤进行测定。

5. 配制 0.02 mol·L^{-1} MgY^{2-} 溶液。称取 2.465 g $MgSO_4 \cdot 7H_2O$ 和 3.722 g $Na_2H_2Y \cdot 2H_2O$ 溶于 200 mL 水中，加 2 滴酚酞指示剂，用 0.1 mol·L^{-1} NaOH 溶液滴定至试液呈微红色。加入 30 mL pH≈10 的氨性缓冲溶液和适量铬黑 T 指示剂，溶液应呈紫红色（如呈蓝色，则再加入少量 0.02 mol·L^{-1}镁溶液使呈紫红色）。在搅拌下滴加 0.02 mol·L^{-1} EDTA 溶液至试液刚转变成蓝色为终点，然后加水稀释至 500 mL，摇匀。在配好的 MgY^{2-} 溶液中，加 1 滴镁溶液应变为紫红色，再加 1 滴 EDTA 溶液则应成蓝色，即 Mg^{2+} 与 Y^{4-} 的计量比应为 1∶1。

七、思考题

1. 由 4 个形成常数 $K_{CaY} > K_{MgY} > K_{MgIn} > K_{CaIn}$ 的排列顺序，说明用 EDTA 标准溶液滴定钙、镁总量至终点时，反应过程和变色原理，写出有关反应式。

2. 测定水的总硬度时，为什么要加入氨性缓冲溶液将试液的 pH 控制在 10 左右？当水的硬度较大时，加入氨性缓冲溶液后可能会出现什么情况？应如何改善？

3. 以铬黑 T 为指示剂测定水中钙、镁总量时，为使终点明晰，当水样中 Mg^{2+} 含量很低时，可加入一定量 MgY^{2-} 予以改善。这样做对测定结果有无影响？为什么？

4. 如欲掩蔽水样中的 Al^{3+} 和 Fe^{3+}，三乙醇胺应在什么条件下加入？为什么？为什么掩蔽剂要在指示剂之前加入？

5. EDTA 标准溶液欲长期保存时，应储存于何种容器中？为什么？

6. 用基准碳酸钙标定 EDTA 溶液的浓度和测定水样中的钙分量时，为什么溶液的 pH 应调至 12～13？

实验 8　铅铋混合液中铋、铅含量的连续测定

一、实验目的

1. 学习通过控制溶液酸度对 Bi^{3+}、Pb^{2+} 进行连续滴定的原理和方法。

2. 掌握二甲酚橙（XO）指示剂的使用条件和它在终点时的变色情况。

二、实验原理

Bi^{3+}、Pb^{2+} 均能与 EDTA 形成稳定的螯合物，但它们的绝对形成常数有很大的差别（$\lg K_{BiY}=27.94$，$\lg K_{PbY}=18.04$），符合混合离子分步滴定的条件（当 $c_M = c_N$，$\Delta pM = \pm 0.2$，欲 $|E_t| \leqslant 0.1\%$，则需 $\Delta \lg K \geqslant 6$）。因此可以通过控制不同的滴定酸度在同一份试液中先后对 Bi^{3+}、Pb^{2+} 进行连续滴定，采用二甲酚橙为指示剂。

二甲酚橙与 Bi^{3+}、Pb^{2+} 都可以生成紫红色的络合物，但前者的更为稳定。首先在 pH = 1 的 HNO_3 介质中，用 EDTA 标准溶液滴定 Bi^{3+} 分量，试液由紫红色

经红、橙变成黄色（此颜色较后一个终点时的亮黄色略深）为第一个终点，因 Pb^{2+} 此时不与二甲酚橙显色而无干扰。待滴定 Bi^{3+} 的反应完成后，加入六亚甲基四胺调节试液的 pH 为 5～6，溶液此时因 Pb^{2+} 与二甲酚橙络合而再呈紫红色，继续用 EDTA 滴定 Pb^{2+} 分量，终点时溶液由紫红色变为亮黄。

为了使标定与测定在相同的反应条件下进行，采用基准试剂 $ZnSO_4 \cdot 7H_2O$ 标定 EDTA 溶液的浓度，二甲酚橙为指示剂。滴定在 pH 为 5～6 的 HCl－$(CH_2)_6N_4$ 缓冲溶液中进行，终点时溶液颜色的变化同上。

三、试剂

乙二胺四乙酸二钠（$Na_2H_2Y \cdot 2H_2O$，AR），$ZnSO_4 \cdot 7H_2O$ 基准试剂，0.2% 二甲酚橙溶液，20% 六亚甲基四胺［$(CH_2)_6N_4$，AR］溶液，0.1 $mol \cdot L^{-1}$ HNO_3 溶液，1∶1 HCl 溶液，1∶5 HCl 溶液。铅铋合金试样或 Bi^{3+}－Pb^{2+} 混合溶液（其中 Bi^{3+}、Pb^{2+} 浓度各为 0.01 $mol \cdot L^{-1}$，HNO_3 浓度约为 0.15 $mol \cdot L^{-1}$，配制方法见注释 1）。

四、实验步骤

1. 配制 0.02 $mol \cdot L^{-1}$ EDTA 溶液

按实验 7 的方法进行。

2. 配制 0.02 $mol \cdot L^{-1}$ 锌标准溶液

准确称取 1.40～1.45 g $ZnSO_4 \cdot 7H_2O$ 基准试剂于 100 mL 小烧杯中，加入约一半的水溶解后，定量转入 250 mL 的容量瓶中，稀释，定容，摇匀，贴上标签。

3. 标定 EDTA 溶液的浓度

准确移取 20.00 mL Zn^{2+} 标准溶液于锥形瓶中，加入 1∶5 HCl 溶液 2 mL，二甲酚橙指示剂 2 滴，滴加六亚甲基四胺溶液至试液呈稳定的紫红色后，再过量 5 mL，摇匀。用待标定的 EDTA 溶液滴定溶液由紫红色至亮黄色为终点（临近终点时慢滴多摇，方不至过量，以下同），记录 V_Y。平行标定 3 次，要求其 V_Y 的极差不大于 0.05 mL（以下同）。

4. Bi^{3+}－Pb^{2+} 的连续测定

准确移取 20.00 mL Bi^{3+}－Pb^{2+} 混合液于锥形瓶中，加入 0.1 $mol \cdot L^{-1}$ HNO_3 溶液 10 mL，二甲酚橙指示剂 2 滴，摇匀。用 EDTA 标准溶液滴定试液至第一个终点，记下用去 EDTA 的体积 V_{Bi}。由于 Bi^{3+} 与 EDTA 反应的速度较慢，故临近终点时滴定速度不宜过快，且应用力振荡试液。酌情向试液中补加 1 滴指示剂，并滴加六亚甲基四胺溶液至试液呈稳定的紫红色后再过量 5 mL，此时试液的 pH 应为 5～6。继续用 EDTA 溶液滴定至第二个终点，记录消耗 EDTA

的体积 V_{Pb}（等于 $V_{总} - V_{Bi}$），平行测定 3 次。

五、数据处理

列出有关的公式，根据记录的实验数据进行下列计算。

1. 计算锌标准溶液的浓度。

2. 计算 EDTA 标准溶液的浓度，平均值和相对平均偏差。

3. 计算试液中铋、铅的含量（水样则用质量浓度 $g \cdot L^{-1}$ 表示），平均值和相对平均偏差。要求标定、测定结果的 $\bar{d}_r \leqslant 0.2\%$。并将所有数据按标定和测定两部分，分别列表表示出来。

六、注释

1. 称取 4.85 g $Bi(NO_3)_3 \cdot 5H_2O$，3.3 g $Pb(NO_3)_2$，加入 10 mL 浓 HNO_3，微热溶解后稀释至 1 L。

2. Bi^{3+} 极易水解，配制的混合试液中，必须具有较高的 HNO_3 浓度，临使用前再加水稀释至 0.15 $mol \cdot L^{-1}$ 左右。

七、思考题

1. 根据混合离子分步滴定的条件，从理论上说明对混合液中 Bi^{3+}、Pb^{2+} 进行连续滴定的原理。

2. 进行铋、铅连续测定时，为什么要先在 pH = 1 时滴定 Bi^{3+}，再调试液至 pH 5 ~ 6，滴定 Pb^{2+}？

3. 滴定 Bi^{3+} 之前，加入 0.1 $mol \cdot L^{-1}$ HNO_3 溶液的作用是什么？试液的酸度过高或过低将对测定有何影响？

4. 滴定混合液中的 Pb^{2+} 时，为什么不采用 HAc ~ NaAc 缓冲溶液控制酸度？在滴定 Pb^{2+} 之前往试液中加入六亚甲基四胺溶液有何作用？此时调至试液呈稳定的紫红色又说明了什么？为什么还要过量 $(CH_2)_6N_4$ 溶液 5 mL？

5. 如果采用实验 7 的 EDTA 标准溶液（以碳酸钙基准物质标定）来滴定 Bi^{3+}、Pb^{2+}，讨论对测定结果准确度可能带来的影响。

实验 9　胃舒平药片中铝和镁含量的测定

一、实验目的

1. 学习用返滴定法测定铝的原理和方法。

2. 学习沉淀分离的操作方法。

3. 学习测定药片时,试样的前处理方法。

二、实验原理

胃舒平是一种抗胃酸药,其药用成分是 $Al(OH)_3$、$2MgO \cdot 3SiO_2 \cdot xH_2O$(三硅酸镁)和少量颠茄流浸膏,在制成片剂时还需加入大量糊精(淀粉)等赋形剂。国家药典规定每片药中含 Al_2O_3 不少于0.116 g;含 MgO 不少于0.020 g,两者的含量均可采用 EDTA 滴定法进行测定。

将药片研细成药粉,用酸溶解后,分离除去不溶物质,制成试液。

1. Al_2O_3 含量的测定

由于 Al^{3+} 与 EDTA 的螯合反应速率较慢,且对所用的指示剂有封闭作用,因而常采用返滴定法进行测定。为了避免 Al^{3+} 因水解生成多核氢氧基络合物,先调节试液的酸度为 pH 3~4,再加入一定量且过量的 EDTA 标准溶液,并加热至沸以加速螯合反应进行。待两者反应完全后,调节试液的酸度为 pH 5~6,采用二甲酚橙作指示剂,再用锌标准溶液返滴定剩余的 EDTA,直至试液由亮黄色突变为紫红色即为终点。有关滴定反应为

$$Al^{3+} + \underset{\text{(定量且过量)}}{H_2Y^{2-}} = AlY^- + 2H^+$$

$$Zn^{2+} + \underset{\text{(剩余)}}{H_2Y^{2-}} = ZnY^{2-} + 2H^+$$

2. MgO 含量的测定

另取部分试液,调节其 pH 5~6,使 Al^{3+} 形成氢氧化物沉淀将其分离除去,并用三乙醇胺掩蔽剩余的铝,从而消除它对测定镁的干扰。于 pH 10 的氨性缓冲溶液中,采用铬黑 T 为指示剂测定镁。

三、仪器与试剂

1. 仪器

瓷研钵,药匙,电炉,漏斗,定量滤纸等。

2. 试剂

0.02 $mol \cdot L^{-1}$ EDTA 标准溶液(配制和标定方法见实验 7),0.02 $mol \cdot L^{-1}$ Zn^{2+} 标准溶液(配制方法见实验 8),胃舒平药片,6 $mol \cdot L^{-1}$ HCl 溶液,3 $mol \cdot L^{-1}$ HCl 溶液,1:1 氨水,20% 六亚甲基四胺溶液,1:2 三乙醇胺溶液,氨性缓冲溶液(pH = 10,配制方法见实验 7),NH_4Cl(s,AR),0.2% 二甲酚橙指示剂,0.5% 铬黑 T 指示剂,0.2% 甲基红乙醇溶液。

四、实验步骤

1. 试样的前处理

取胃舒平药片 10 片，称其总质量（m_1，准至 0.001 g）后置于研钵内，尽量研细并使其混合均匀，再转入称量瓶中（取多片药片充分研细混匀后再分取部分进行测定，以保证分析结果具有代表性）。准确称取药粉 0.8 g（m_2）于250 mL烧杯中，用几滴水润湿，并在不断搅拌下逐滴加入 1∶1 HCl 溶液 8 mL，再加蒸馏水至 40 mL，搅拌，加热并煮沸，注意勿使试液溅出损失。静置冷却后，将试液过滤于 250 mL 容量瓶中，并用蒸馏水先后洗涤烧杯和滤纸上的沉淀数次（少量多次原则，详见重量分析法基本操作），滤液和洗涤液均收集于容量瓶中（定量转移）。最后用蒸馏水稀释至刻度，摇匀备用。

2. 铝的测定

准确移取试液 10.00 mL 于 250 mL 锥形瓶中，加水至 25 mL 左右，再加入 EDTA 标准溶液 20.00 mL，摇匀。加入 2 滴二甲酚橙指示剂于试液中，溶液应呈黄色。滴加 1∶1 氨水至试液恰呈紫红色后，再滴加 1∶3 HCl 溶液使它刚好显黄色，再过量 3 滴，调节试液 pH = 3 ~ 4。加热试液至沸腾，保持 3 min，冷却至室温后，再加入 20% 六亚甲基四胺溶液 10 mL，此时试液应呈黄色，pH = 5 ~ 6（否则应加入 1∶3 HCl 溶液将其调成黄色）。补加二甲酚橙指示剂 2 滴，用锌标准溶液返滴定剩余的 EDTA，试液由亮黄色突变为紫红色为终点，平行测定 3 份。

3. 镁的测定

移取试液 20.00 mL 于小烧杯中（如消耗滴定剂体积过小，可酌情增加移取体积），先调节试液酸度，使生成氢氧化铝沉淀。滴加 1∶1 氨水至试液刚好出现沉淀后，再滴加 1∶1 HCl 溶液至沉淀恰好溶解。加入 NH_4Cl 固体 0.8 g，滴加 20% 六亚甲基四胺溶液至沉淀生成，并过量 5 mL。加热试液至沸腾 5 min 后，趁热过滤，滤液承接入 250 mL 锥形瓶中。用 10 mL 含 NH_4Cl 的稀溶液分数次洗涤氢氧化铝沉淀，洗涤液一并收集于同一锥形瓶中，再向其中加入 1∶2 三乙醇胺溶液 4 mL，pH 10 的氨性缓冲溶液 5 mL，甲基红指示剂 1 滴，铬黑 T 指示剂 1 ~ 2 滴，用 EDTA 标准溶液滴定试液中的 Mg^{2+}，溶液由暗红色突变为蓝绿色即为终点，平行测定 3 份。

五、数据处理

1. 写出计算胃舒平药片中 Al_2O_3 和 MgO 质量分数的关系式。

2. 根据以上测量值分别计算出胃舒平药片中 Al_2O_3 和 MgO 的含量（g · 片$^{-1}$），平均值和相对平均偏差。

3. 将所有数据按标定和测量两部分，分别列表表示出来。

六、注释

1. 当 $c_{Al^{3+}} < 10^{-2}\ mol \cdot L^{-1}$ 时，pH 4 开始生成沉淀，pH 10 ~ 12 沉淀溶解，本实验将酸度控制在 pH 5 ~ 6。在调节试液酸度的过程中，如加氨水过多，$Al(OH)_3$ 沉淀会溶解；如加 HCl 溶液过量，滴加六亚甲基四胺溶液时就不会有沉淀生成，均会影响后述 Mg^{2+} 的测定，因此在上述过程中，滴加酸、碱液都要边滴边摇，尽量使溶液均匀。另外，后面用六亚甲基四胺溶液来调节试液酸度要比用氨水好，可以减少氢氧化铝沉淀对 Mg^{2+} 的吸附。

2. 测定 Mg^{2+} 时，加入甲基红指示剂 2 滴，可使终点的颜色变化更为敏锐。

3. 如因时间关系，也可以只完成测定药片中 Al_2O_3 含量的内容。

4. 如将本实验放在学习了重量分析法基本操作后再进行，则效果更好；或者就将其作为一个综合性实验来完成。

七、思考题

1. 简述返滴定法测定铝的步骤和条件，并解释其原因。

2. 测定实际试样时，取样制样的种种操作都是为了达到什么目的？与分析结果之间的关系何在？

3. 在测定 Mg^{2+} 之前，为了使氢氧化铝沉淀完全并便于过滤操作，实验中采取了哪些措施？

4. 能否在同一份试液中连续测定镁和铝？

实验 10 高锰酸钾标准溶液的配制和标定

一、实验目的

1. 掌握氧化还原滴定条件的影响和控制方法。

2. 掌握深色溶液的体积读数方法。

二、实验原理

市售的 $KMnO_4$ 试剂常含有少量 MnO_2 和其他杂质，蒸馏水中含有少量有机物质，它们能使 $KMnO_4$ 还原为 $MnO(OH)_2$，而 $MnO(OH)_2$ 又能促进 $KMnO_4$ 的自身分解：

$$4MnO_4^- + 2H_2O = 4MnO_2 + 3O_2\uparrow + 4OH^-$$

该分解反应在光照下速度更快。因此，$KMnO_4$ 溶液的浓度容易改变，必须正确地配制和保存。如果长期使用，必须定期进行标定。

标定 $KMnO_4$ 溶液的基准物质有 As_2O_3、铁丝、$H_2C_2O_4 \cdot 2H_2O$ 和 $Na_2C_2O_4$ 等，其中以 $Na_2C_2O_4$ 最常用。$Na_2C_2O_4$ 易纯制，不易吸湿，性质稳定。在酸性条件下，用 $Na_2C_2O_4$ 标定 $KMnO_4$ 的反应为

$$2MnO_4^- + 5C_2O_4^{2-} + 16H^+ = 2Mn^{2+} + 10CO_2\uparrow + 8H_2O$$

滴定时利用 $KMnO_4$ 本身的紫红色指示终点，称为自身指示剂。

三、试剂

$KMnO_4$(s，AR)，$Na_2C_2O_4$(s)基准物质，3 mol·L^{-1} H_2SO_4 溶液。

四、实验步骤

1. 0.02 mol·L^{-1} $KMnO_4$ 溶液的配制

称取 1.6 g $KMnO_4$ 溶于 500 mL 水中，盖上表面皿，加热至沸并保持微沸状态 1 h，冷却后于室温下放置 2~3 天，用微孔玻璃漏斗或玻璃棉过滤，滤液储存于清洁带塞的棕色瓶中。

2. $KMnO_4$ 溶液的标定

准确称取 0.8~0.9 g $Na_2C_2O_4$ 基准物质于小烧杯中，用水溶解后全部转移至 100 mL 容量瓶中，定容摇匀。用移液管吸取此溶液 20.00 mL 于 250 mL 锥形瓶中，加 40 mL 水，10 mL 3 mol·L^{-1} H_2SO_4。加热至 70~80℃①(即开始冒蒸气时的温度)，趁热用 $KMnO_4$ 溶液进行滴定②。由于开始时反应速度较慢，滴定的速度也要慢，一定要等前一滴 $KMnO_4$ 的红色完全褪去后再滴入下一滴③。随着滴定的进行，溶液中反应产物即催化剂 Mn^{2+} 的浓度不断增大，反应速度明显加快，此即自身催化作用。此时滴定的速度也可相应加快。滴定到溶液呈微红色，且半分钟不褪，即为终点④。注意终点时溶液的温度应保持在 60℃ 以上。平行标定 3 份，计算 $KMnO_4$ 溶液的浓度和相对平均偏差。

五、思考题

1. 配制 $KMnO_4$ 标准溶液时，为什么要将 $KMnO_4$ 溶液煮沸一定时间并放置数天？配好

---

① 在室温下，$KMnO_4$ 与 $Na_2C_2O_4$ 之间的反应速度较慢，故需将溶液加热。但温度不能太高，若超过 90℃，易引起 $H_2C_2O_4$ 分解：　$H_2C_2O_4 = CO_2\uparrow + CO\uparrow + H_2O$

② $KMnO_4$ 颜色较深，液面的弯月面下沿不易看出，读数时应以液面的上沿最高线为准。

③ 如滴定速度过快，部分 $KMnO_4$ 将来不及与 $Na_2C_2O_4$ 反应，而在热的酸性溶液中分解：

$$4MnO_4^- + 4H^+ = 4MnO_2 + 3O_2\uparrow + 2H_2O$$

④ $KMnO_4$ 的滴定终点不太稳定，这是由于空气中含有还原性气体及尘埃等杂质，能使 $KMnO_4$ 缓慢分解，而使其微红色消失。故经过 30 s 不褪色即可认为已到达终点。

的 $KMnO_4$ 溶液为什么要过滤后才能保存？过滤时是否可以用滤纸？

2. 配制好的 $KMnO_4$ 溶液为什么要盛放在棕色瓶中保存？如果没有棕色瓶怎么办？

3. 在滴定时，$KMnO_4$ 溶液为什么要放在酸式滴定管中？

4. 用 $Na_2C_2O_4$ 标定 $KMnO_4$ 时，为什么必须在 H_2SO_4 介质中进行？可以用 HNO_3 溶液或 HCl 溶液调节酸度吗？酸度过高或过低有何影响？为什么要加热到 70～80℃？溶液温度过高或过低有何影响？

5. 标定 $KMnO_4$ 溶液时，为什么第一滴 $KMnO_4$ 加入后溶液的红色褪去很慢，而以后红色褪去的速度越来越快？

6. 盛放 $KMnO_4$ 溶液的烧杯或锥形瓶等容器放置较久后，其壁上常有棕色沉淀物，是什么？此棕色沉淀物用通常方法不容易洗净，应怎样洗涤才能除去此沉淀物？

实验 11　高锰酸钾法测定过氧化氢的含量

一、实验目的

1. 进一步熟悉氧化还原滴定分析的正确操作。
2. 掌握氧化性溶液的保存方法。

二、实验原理

过氧化氢具有还原性，在酸性介质和室温条件下能被高锰酸钾定量氧化，其反应方程式为

$$2MnO_4^- + 5H_2O_2 + 6H^+ \xlongequal{} 2Mn^{2+} + 5O_2\uparrow + 8H_2O$$

H_2O_2 加热时易分解，故应在室温下滴定。滴定开始时反应缓慢，随着催化剂 Mn^{2+} 的生成和浓度增大而逐渐加快。也可以在滴定前向溶液中加入一定量的 Mn^{2+} 作为催化剂。

三、试剂

0.020 $mol\cdot L^{-1}$ $KMnO_4$ 标准溶液（配制和标定方法见实验 10），3 $mol\cdot L^{-1}$ H_2SO_4 溶液，1 $mol\cdot L^{-1}$ $MnSO_4$ 溶液，H_2O_2 试样为市售质量分数约为 30% 的 H_2O_2 水溶液①。

① H_2O_2 试样若系工业产品，用高锰酸钾法测定不合适，因为产品中常加有少量乙酰苯胺等有机化合物作稳定剂，滴定时也将被 $KMnO_4$ 氧化，引起误差。此时应当采用碘量法或硫酸铈法进行测定。

四、实验步骤

用移液管移取 H_2O_2 试样溶液 2.00 mL，置于 250 mL 容量瓶中，加水稀释至刻度，充分摇匀后备用。用移液管移取稀释过的 H_2O_2 溶液 20.00 mL 于 250 mL 锥形瓶中，加入 5 mL 3 mol·L^{-1} H_2SO_4，用 $KMnO_4$ 标准溶液滴定到溶液呈微红色，半分钟不褪色即为终点。平行测定 3 次，计算试样中 H_2O_2 的质量浓度（g·L^{-1}）和相对平均偏差。

五、思考题

1. 用高锰酸钾法测定 H_2O_2 时，能否用 HNO_3 溶液或 HCl 溶液来控制酸度？
2. 用高锰酸钾法测定 H_2O_2 时，为何不能通过加热来加速反应？

实验 12　软锰矿中 MnO_2 含量的测定

一、实验目的

1. 学习用返滴定法测定 MnO_2 的原理和方法。
2. 进一步熟悉氧化还原滴定条件的控制方法。

二、实验原理

软锰矿的主要成分是 MnO_2。由于 MnO_2 是一种较强的氧化剂，无法用 $KMnO_4$法直接滴定。在没有还原剂存在的条件下，MnO_2 难溶于酸或碱，因此也不能直接用还原剂进行滴定。通常是采用返滴定法，即在酸性条件下，在软锰矿中加入一定量且过量的 $Na_2C_2O_4$，在溶样的同时使 MnO_2 与 $Na_2C_2O_4$ 充分反应，剩余的 $Na_2C_2O_4$ 用 $KMnO_4$ 标准溶液滴定。有关的反应方程式为

$$MnO_2 + C_2O_4^{2-} + 4H^+ \longrightarrow Mn^{2+} + 2CO_2\uparrow + 2H_2O$$

$$2MnO_4^- + 5C_2O_4^{2-} + 16H^+ \longrightarrow 2Mn^{2+} + 10CO_2\uparrow + 8H_2O$$

根据 $Na_2C_2O_4$ 的质量和所消耗的 $KMnO_4$ 的物质的量以及上述反应物间的计量关系可以求得软锰矿中 MnO_2 的含量。

三、试剂

0.020 mol·L^{-1} $KMnO_4$ 标准溶液（配制及标定方法见实验 10），3 mol·L^{-1} H_2SO_4 溶液，$Na_2C_2O_4$(s)基准物质，软锰矿试样。

四、实验步骤

准确称取0.2 ~0.25 g软锰矿试样，置于250 mL锥形瓶中。根据MnO_2的大概含量①，准确称取较理论计量约多0.13 g的$Na_2C_2O_4$②，加入上述锥形瓶中，再加入20 mL 3 $mol\cdot L^{-1}$ H_2SO_4溶液和20 mL水。在锥形瓶上盖上微表面皿，在70 ~80℃③水浴上加热溶解，直至不再放出CO_2气泡，且残渣无黑色颗粒时为止。一般溶样时间最长不应超过30 min，以避免或减小草酸的损失。以水淋洗锥形瓶内壁及微表面皿，将溶液稀释至100 mL。水浴加热至70 ~80℃，趁热用$KMnO_4$标准溶液滴定至微红色，半分钟不褪即为终点。平行测定3份，计算软锰矿中MnO_2的质量分数和相对平均偏差。

五、思考题

1. 为什么MnO_2不能用$KMnO_4$标准溶液直接滴定？

2. 用高锰酸钾法测定软锰矿中的MnO_2的含量时，应注意控制哪些实验条件？如果控制不好，将会引起什么后果？

实验13 $SnCl_2-HgCl_2-K_2Cr_2O_7$法测定铁矿石中铁的含量（有汞法）

一、实验目的

1. 掌握有汞法测定铁的基本原理和方法。
2. 掌握氧化还原指示剂的变色原理及使用条件。

二、实验原理

铁矿石的种类很多，具有炼铁价值的矿石主要有磁矿（Fe_3O_4）、赤铁矿（Fe_2O_3）和菱铁矿（$FeCO_3$）等。

---

① 如果不知道软锰矿中MnO_2的大概含量，应首先作初步测定。初步测定的方法和步骤与精确测定相同，只是$Na_2C_2O_4$的加入量只能估计，且在操作上可以粗略一些。

② $Na_2C_2O_4$的加入量应多过量一些，以加速矿样的溶解并保证溶解完全。

③ 在室温下，MnO_2与$Na_2C_2O_4$之间的反应速度缓慢，故需将溶液加热。但温度不能太高。若超过90℃，易引起$H_2C_2O_4$分解：

$$H_2C_2O_4 = CO_2\uparrow + CO\uparrow + H_2O$$

矿样用 HCl 溶液溶解后，在热浓的 HCl 溶液中用 $SnCl_2$ 将 Fe(Ⅲ)还原为 Fe(Ⅱ)，过量的 $SnCl_2$ 用 $HgCl_2$ 氧化除去，所生成的 Hg_2Cl_2 白色丝状沉淀不会被滴定剂 $K_2Cr_2O_7$ 氧化。然后在硫磷混酸介质中，以二苯胺磺酸钠为指示剂，用 $K_2Cr_2O_7$ 标准溶液滴定 Fe(Ⅲ)，至溶液呈现紫色即到达终点。主要反应方程式为

$$2Fe^{3+} + SnCl_4^{2-} + 2Cl^- = 2Fe^{2+} + SnCl_6^{2-}$$

$$SnCl_4^{2-} + 2HgCl_2 = SnCl_6^{2-} + Hg_2Cl_2 \downarrow$$

$$Cr_2O_7^{2-} + 6Fe^{2+} + 14H^+ = 2Cr^{3+} + 6Fe^{3+} + 7H_2O$$

随着滴定的进行，Fe(Ⅲ)的浓度越来越大，$FeCl_4^-$ 的黄色不利于终点的观察，可借加入的 H_3PO_4 与 Fe^{3+} 生成无色的 $[Fe(HPO_4)_2]^-$ 络离子而消除。同时，由于 $[Fe(HPO_4)_2]^-$ 的生成，降低了 Fe(Ⅲ)/Fe(Ⅱ)电对的电位，使化学计量点附近的电位突跃增大，指示剂二苯胺磺酸钠的变色点落入突跃范围之内，提高了滴定的准确度。

用 $SnCl_2 - HgCl_2 - K_2Cr_2O_7$ 有汞法测铁，方法成熟，准确度高。但由于使用了 $HgCl_2$，将有害元素 Hg 引入环境，造成环境污染，这是有汞法测铁的最大缺点。

三、试剂

$K_2Cr_2O_7$(s)基准物质(于 140℃ 干燥 2 h，保存于干燥器中)，浓 HCl 溶液，50 $g \cdot L^{-1}$ $SnCl_2$ 溶液(称取 5 g $SnCl_2 \cdot 2H_2O$，溶于 100 mL 1∶1 HCl 溶液中，使用前一天配置)，50 $g \cdot L^{-1}$ $HgCl_2$ 溶液，硫磷混酸溶液(将 150 mL 浓 H_2SO_4 溶液缓缓加入 700 mL 水中，冷却后再加入 150 mL 浓 H_3PO_4 溶液)，2 $g \cdot L^{-1}$ 二苯胺磺酸钠水溶液，铁矿石试样。

四、实验步骤

1. 0.017 $mol \cdot L^{-1}$ $K_2Cr_2O_7$ 标准溶液的配制

准确称取 1.2 ~ 1.3 g $K_2Cr_2O_7$ 基准物质于 100 mL 烧杯中，加适量水溶解后定量转入 250 mL 容量瓶中，用水稀释至刻度，摇匀。计算其准确浓度。

2. 矿样的溶解

准确称取约 0.2 g 铁矿石试样 3 份，分别置于 250 mL 锥形瓶中，用少量水润湿，加入 10 mL 浓 HCl 溶液，并滴加 8 ~ 10 滴 $SnCl_2$ 溶液助溶。盖上微表面皿，在近沸的水浴中(或低温电热板上)加热 20 ~ 30 min，至残渣变为白色(SiO_2)时，表明试样完全溶解，此时溶液呈橙黄色。用少量水冲洗微表面皿和锥

形瓶内壁。

3. 预处理

趁热①用滴管小心滴加 $SnCl_2$ 溶液以还原 Fe(Ⅲ),边滴边摇,直到溶液的黄色刚褪去,再多加 1 ~2 滴。加入 20 mL 水,并用流动的自来水冲洗锥形瓶外壁,以使溶液迅速冷却至室温②,立即一次加入 10 mL $HgCl_2$ 溶液,摇匀。此时出现 Hg_2Cl_2 白色丝状沉淀。放置 3 ~5 min,使反应完全。

4. 铁的测定

将试样加水稀释至 150 mL,加入 15 mL 硫磷混酸,再加入 5 ~6 滴二苯胺磺酸钠指示剂③,立即④用 $K_2Cr_2O_7$ 标准溶液滴定至溶液呈稳定的紫色,即为终点。平行测定 3 份,计算铁矿石中铁的质量分数和相对平均偏差。

五、思考题

1. 在预处理时为什么 $SnCl_2$ 溶液要趁热逐滴加入,而 $HgCl_2$ 溶液却要冷却后一次加入?
2. 在滴定前加入 H_3PO_4 的作用是什么? 加入 H_3PO_4 后为什么要立即滴定?

实验 14 $SnCl_2-TiCl_3-K_2Cr_2O_7$ 法测定铁矿石中铁的含量(无汞法)

一、实验目的

1. 掌握无汞法测定铁的基本原理和方法。
2. 了解无汞法测定铁的绿色环保意义。

二、实验原理

铁矿石试样用 HCl 溶解后,首先在热浓的 HCl 溶液中用 $SnCl_2$ 将大部分 Fe(Ⅲ)还原为 Fe(Ⅱ),再用 $TiCl_3$ 还原剩余的 Fe(Ⅲ),反应方程式为

$$2Fe^{3+}+SnCl_4^{2-}+2Cl^-=\!=\!=2Fe^{2+}+SnCl_6^{2-}$$

① 用 $SnCl_2$ 还原 Fe(Ⅲ)时,溶液温度不能太低,否则反应速率慢,黄色褪去不易观察,且易造成 $SnCl_2$ 过量过多,在下步中不易完全除去。

② 在热溶液中,Hg(Ⅱ)可能氧化 Fe(Ⅲ)引起误差,故再加入 $HgCl_2$ 前,溶液应冷却至室温。但如使溶液自然冷却,在长时间放置过程中部分 Fe(Ⅱ)可能被空气中的氧气氧化,故应用流动的自来水将其迅速冷却。

③ 由于二苯胺磺酸钠也要消耗一定量的 $K_2Cr_2O_7$,故不能多加。

④ 在硫磷混酸中铁电对的电极电位降低,Fe(Ⅱ)更易被氧化,故不应放置而应立即进行滴定。

$$Fe^{3+} + Ti^{3+} + H_2O = Fe^{2+} + TiO^{2+} + 2H^+$$

当全部 Fe(Ⅲ)定量还原为 Fe(Ⅱ)之后，稍过量的 $TiCl_3$ 即可将溶液中的预处理指示剂 Na_2WO_4 由无色还原为蓝色的 W(Ⅴ)(俗称钨蓝)。然后用少量的稀 $K_2Cr_2O_7$ 溶液将过量的钨蓝氧化，使蓝色恰好消失，从而指示预还原的终点。

定量还原 Fe(Ⅲ)时，不能单独采用 $SnCl_2$。因为 $SnCl_2$ 不能还原 W(Ⅵ)至 W(Ⅴ)，无法指示预还原的终点，因此无法准确控制其用量；而过量的 $SnCl_2$ 又没有适当的无汞法消除。但也不能单独采用 $TiCl_3$ 还原 Fe(Ⅲ)，因如果引入较多的钛盐，当下步用水稀释时，大量 Ti(Ⅳ)易水解而生成沉淀，影响测定。故只能采用 $SnCl_2-TiCl_3$ 联合预还原法。

预处理后，在硫磷混酸介质中，以二苯胺磺酸钠为指示剂，用 K_2CrO_7 标准溶液滴定至溶液呈紫色，即达终点。

$SnCl_2-TiCl_3-K_2Cr_2O_7$ 无汞法测铁避免了有汞法对环境的污染，目前已被定为铁矿石分析的国家标准。

三、试剂

0.017 $mol \cdot L^{-1}$ $K_2Cr_2O_7$ 标准溶液(配制及标定方法见实验 13)，浓 HCl 溶液，50 $g \cdot L^{-1}$ $SnCl_2$ 溶液(配制方法见实验 13)，15 $g \cdot L^{-1}$ $TiCl_3$ 溶液(取 100 mL 150 $g \cdot L^{-1}$ $TiCl_3$ 试剂与 200 mL 1∶1 HCl 溶液及 700 mL 水混合，储于棕色瓶中)，硫磷混酸溶液(配制方法见实验 13)，250 $g \cdot L^{-1}$ Na_2WO_4 溶液，2 $g \cdot L^{-1}$ 二苯胺磺酸钠水溶液，铁矿石试样。

四、实验步骤

1. 矿样的溶解

准确称取约 0.2 g 铁矿石试样 3 份，分别置于 250 mL 锥形瓶中，用少量水润湿，加入 10 mL 浓 HCl 溶液，并滴加 8 ~ 10 滴 $SnCl_2$ 溶液助溶。盖上微表面皿，在近沸的水浴中加热 20 ~ 30 min，至残渣变为白色，表明试样溶解完全，此时溶液呈橙黄色。用少量水冲洗微表面皿和锥形瓶内壁。

2. 预处理

趁热①用滴管小心滴加 $SnCl_2$ 溶液以还原 Fe(Ⅲ)，边滴边摇，直到溶液由棕黄色变为浅黄色，表明大部分 Fe(Ⅲ)已被还原。加入 4 滴 Na_2WO_4 和 60 mL

① 用 $SnCl_2$ 还原 Fe(Ⅲ)时，温度不能太低，否则反应速度慢，黄色褪去不易观察，易使 $SnCl_2$ 过量。

水，加热①。在摇动下逐滴加入 $TiCl_3$ 至溶液出现稳定的浅蓝色。冲洗瓶壁，并用自来水冲洗锥形瓶外壁使溶液冷却至室温。小心滴加稀释 10 倍的 $K_2Cr_2O_7$ 溶液，至蓝色刚刚消失。

3. 铁的测定

将试液加水稀释至 150 mL，加入 15 mL 硫磷混酸，再加入 5 ~ 6 滴二苯胺磺酸钠指示剂②，立即③用 $K_2Cr_2O_7$ 标准溶液滴定 Fe(Ⅱ)，至溶液呈稳定的紫色即为终点。平行测定 3 份，计算铁矿石中铁的质量分数和相对平均偏差。

五、思考题

1. 在预处理时为什么 $SnCl_2$ 溶液要趁热逐滴加入？

2. 在预还原 Fe(Ⅲ)至 Fe(Ⅱ)时，为什么要用 $SnCl_2$ 和 $TiCl_3$ 两种还原剂？只使用其中一种有什么缺点？

3. 在滴定前加入 H_3PO_4 的作用是什么？加入 H_3PO_4 后为什么要立即滴定？

实验 15 I_2 和 $Na_2S_2O_3$ 标准溶液的配制和标定

一、实验目的

1. 掌握间接碘量法的基本原理。
2. 了解间接碘量法中误差的来源。
3. 掌握提高分析结果准确度的方法。

二、实验原理

碘量法主要使用 I_2 和 $Na_2S_2O_3$ 两种标准溶液，现分别讨论如下。

1. I_2 标准溶液的配制和标定

用升华法可以制得纯度很高的 I_2，可以作为基准物质直接配制标准溶液。但通常使用的市售 I_2 试剂纯度不高，需先配成近似浓度的 I_2 溶液，然后再进行标定。

I_2 微溶于水而易溶于 KI 溶液中，但在稀的 KI 溶液中溶解得很慢，故配制 I_2 溶液时应先在较浓的 KI 溶液中进行，待溶解完全后再稀释到所需的浓度。

---

① 用 $TiCl_3$ 还原 Fe(Ⅲ)时，温度不能太低，否则反应速度慢，易使 $TiCl_3$ 过量。

② 由于二苯胺磺酸钠也要消耗一定量的 $K_2Cr_2O_7$，故不能多加。

③ 在硫磷混酸中铁电对的电极电位降低，Fe(Ⅱ)更易被氧化，故不应放置而应立即滴定。

I_2 溶液可以用 As_2O_3 作为基准物质进行标定，但 As_2O_3（俗称砒霜）有剧毒，故更常用 $Na_2S_2O_3$ 标准溶液进行标定。

2. $Na_2S_2O_3$ 标准溶液的配制和标定

固体试剂 $Na_2S_2O_3 \cdot 5H_2O$ 通常含有一些杂质，且易风化和潮解，因此 $Na_2S_2O_3$ 标准溶液应采用间接配制法配制。

$Na_2S_2O_3$ 溶液不够稳定，容易分解。水中的 CO_2、细菌和光照都能使其分解，水中的 O_2 也能将其氧化。故配制 $Na_2S_2O_3$ 溶液时，最好采用新煮沸并冷却的蒸馏水，以除去水中的 CO_2 和 O_2，并杀死细菌；加入少量 Na_2CO_3 使溶液呈弱碱性以抑制 $Na_2S_2O_3$ 的分解和细菌的生长；并储于棕色瓶中，放置几天再进行标定。长期使用的溶液应定期标定。

通常采用 $K_2Cr_2O_7$ 作为基准物质，以淀粉为指示剂，用间接碘量法标定 $Na_2S_2O_3$ 溶液。因为 $K_2Cr_2O_7$ 与 $Na_2S_2O_3$ 的反应产物有多种，不能按确定的反应式进行，故不能用 $K_2Cr_2O_7$ 直接滴定 $Na_2S_2O_3$。而应加入过量的 KI 与 $K_2Cr_2O_7$ 反应，析出与 $K_2Cr_2O_7$ 计量相当的 I_2，再用 $Na_2S_2O_3$ 溶液滴定 I_2。反应方程式如下：

$$Cr_2O_7^{2-} + 6I^- + 14H^+ \xlongequal{} 2Cr^{3+} + 3I_2 + 7H_2O$$

$$2S_2O_3^{2-} + I_2 \xlongequal{} 2I^- + S_4O_6^{2-}$$

$K_2Cr_2O_7$ 与 KI 的反应速度较慢。为了加快反应速度，可控制溶液酸度为 $0.2 \sim 0.4\ mol \cdot L^{-1}$HCl 溶液，同时加入过量的 KI，并在暗处放置一定时间。但在滴定前需将溶液稀释以降低酸度，以防止 $Na_2S_2O_3$ 在滴定过程中遇强酸而分解。

三、试剂

$0.017\ mol \cdot L^{-1}\ K_2Cr_2O_7$ 标准溶液（配制及标定方法见实验 13），$Na_2S_2O_3 \cdot 5H_2O$ (s, AR)，I_2(s, AR)，$100\ g \cdot L^{-1}$ KI 溶液（使用前配制），$5\ g \cdot L^{-1}$淀粉溶液，Na_2CO_3(s, AR)，$6\ mol \cdot L^{-1}$ HCl 溶液。

四、实验步骤

1. $0.050\ mol \cdot L^{-1}\ I_2$ 溶液的配制

称取 4.0 g I_2，放入小烧杯中，加入 8 g KI。加水少许，用玻璃棒搅拌至 I_2 全部溶解后，转入 500 mL 烧杯，加水稀释至 300 mL。摇匀，储存于棕色瓶中。

2. $0.10\ mol \cdot L^{-1}\ Na_2S_2O_3$ 溶液的配制

称取 13 g $Na_2S_2O_3 \cdot 5H_2O$，溶于 500 mL 新煮沸的冷蒸馏水中，加 0.1 g

Na_2CO_3,保存于棕色瓶中,放置一周后进行标定。

3. $Na_2S_2O_3$ 溶液的标定

用移液管吸取 20.00 mL 0.017 mol·L^{-1} $K_2Cr_2O_7$ 标准溶液于 250 mL 锥形瓶中,加 5 mL 6 mol·L^{-1} HCl 和 10 mL 100 g·L^{-1} KI。摇匀后盖上微表面皿,于暗处放置 5 min①。然后用 100 mL 水稀释,用 $Na_2S_2O_3$ 溶液滴定至溶液呈浅黄绿色后加入 2 mL 淀粉指示剂②,继续滴定至溶液蓝色消失并变为绿色即为终点。平行测定 3 次,计算 $Na_2S_2O_3$ 标准溶液的浓度和相对平均偏差。

4. I_2 溶液的标定

用移液管取 20.00 mL 待标定的 I_2 溶液于 250 mL 锥形瓶中,加 50 mL 水,用 $Na_2S_2O_3$ 标准溶液滴定至溶液呈浅黄色时,加入 2 mL 淀粉指示剂,继续滴定至溶液蓝色消失即为终点。平行测定 3 次,计算 I_2 标准溶液的浓度和相对平均偏差。

五、思考题

1. 如何配制和保存 I_2 溶液?配制 I_2 溶液时为什么要加入 KI?

2. 如何配制和保存 $Na_2S_2O_3$ 溶液?

3. 用 $K_2Cr_2O_7$ 作基准物质标定 $Na_2S_2O_3$ 溶液时,为什么要加入过量的 KI 和 HCl 溶液?为什么要放置一定时间?为什么在滴定前还要加水稀释?

4. 标定 I_2 溶液时,既可以用 $Na_2S_2O_3$ 溶液滴定 I_2 溶液,也可以用 I_2 溶液滴定 $Na_2S_2O_3$ 溶液,且都采用淀粉指示剂。但在两种情况下加入淀粉指示剂的时间是否相同?为什么?

实验 16 间接碘量法测定铜盐中的铜

一、实验目的

1. 掌握间接碘量法测定铜的基本原理。
2. 了解间接碘量法中误差的来源。
3. 掌握提高分析结果准确度的方法。

二、实验原理

在弱酸性的条件下,Cu^{2+} 可以被 KI 还原为 CuI,同时析出与之计量相当的

---

① $K_2Cr_2O_7$ 与 KI 的反应需一定的时间才能进行得比较完全,故需放置约 5 min。

② 淀粉指示剂应在临近终点时加入,而不能过早加入。否则将有较多的 I_2 与淀粉指示剂结合,而这部分 I_2 在终点时解离较慢,造成终点拖后。

I_2,用 $Na_2S_2O_3$ 标准溶液滴定,以淀粉为指示剂。反应式为

$$2Cu^{2+}+5I^- \longrightarrow 2CuI\downarrow +I_3^-$$

$$2S_2O_3^{2-}+I_3^- \longrightarrow S_4O_6^{2-}+3I^-$$

可见,在上述反应中,I^- 不仅是 Cu^{2+} 的还原剂,还是 Cu^{2+} 的沉淀剂和 I_2 的络合剂。

间接碘量法必须在弱酸性或中性溶液中进行。在测定 Cu^{2+} 时,通常用 NH_4HF_2 缓冲溶液(即 HF/F^- 共轭酸碱对)控制溶液的酸度为 pH 3 ~ 4。NH_4HF_2 同时也提供了 F^- 作为掩蔽剂,可以使共存的 Fe^{3+} 转化为 FeF_6^{3-} 以消除其对 Cu^{2+} 测定的干扰。如试样中不含 Fe^{3+},也可不用 NH_4HF_2 而用醋酸缓冲溶液(pH = 4)等控制溶液酸度。

CuI 沉淀表面易吸附少量 I_2,这部分 I_2 不与淀粉作用,故引起终点提前。为此应在临近终点时加入 KSCN 溶液,使 CuI 沉淀转化为溶解度更小的 CuSCN 沉淀,而 CuSCN 不吸附 I_2,从而使被 CuI 吸附的那部分 I_2 释放出来,提高了测定的准确度。

三、试剂

0.10 mol · L^{-1} $Na_2S_2O_3$ 标准溶液(配制和标定方法见实验 15),100 g · L^{-1} KI 溶液(使用前配制),100 g · L^{-1} KSCN 溶液,1 mol L^{-1} H_2SO_4 溶液,5 g · L^{-1} 淀粉溶液,$CuSO_4 \cdot 5H_2O$ 试样。

四、实验步骤

准确称取 $CuSO_4 \cdot 5H_2O$ 试样 0.5 ~ 0.6 g,置于 250 mL 锥形瓶中,加 5 mL 1 mol · L^{-1} H_2SO_4 溶液和 100 mL 水使其溶解。加入 10 mL 100 g · L^{-1} KI,立即用 $Na_2S_2O_3$ 标准溶液滴定至溶液呈浅黄色。加入 2 mL 淀粉指示剂,继续滴定至溶液呈浅蓝色。再加入 10 mL 100 g · L^{-1} KSCN①,溶液蓝色转深,再继续用 $Na_2S_2O_3$ 标准溶液滴定,至溶液蓝色刚好消失即为终点。此时溶液呈米黄色或浅肉红色。平行测定 3 次,计算 $CuSO_4 \cdot 5H_2O$ 试样中 Cu 的质量分数和相对平均偏差。

五、思考题

1. 本实验加入 KI 的作用是什么?

---

① KSCN 溶液只能在临近终点时加入,否则大量的 I_2 的存在有可能氧化 SCN^-,从而影响测定的准确度。

2. 本实验为什么要加入 KSCN？为什么不能过早地加入？

3. 若试样中含有铁，则加入何种试剂可以消除铁对测定铜的干扰并同时控制溶液的 pH 为 3～4？

实验 17　碘量法测定葡萄糖的含量

一、实验目的

1. 掌握间接碘量法测定葡萄糖含量的原理和方法。

2. 掌握间接碘量法中指示剂的使用方法。

二、实验原理

将一定量过量的 I_2 在碱性条件下加入葡萄糖溶液中，I_2 与 OH^- 作用可以生成 IO^-，而葡萄糖分子中的醛基能够定量地被 IO^- 氧化为羧基，反应为

$$I_2 + 2OH^- = IO^- + I^- + H_2O$$

$$CH_2OH(CHOH)_4CHO + IO^- + OH^- = CH_2(CHOH)_4COO^- + I^- + H_2O$$

过量的未与葡萄糖作用的 IO^- 在碱性介质中进一步歧化为 IO_3^- 和 I^-，它们在溶液酸化时又反应生成 I_2：

$$3IO^- = IO_3^- + 2I^-$$

$$IO_3^- + 5I^- + 6H^+ = 3I_2 + 3H_2O$$

再用 $Na_2S_2O_3$ 标准溶液滴定析出的 I_2：

$$2S_2O_3^{2-} + I_2 = 2I^- + S_4O_6^{2-}$$

根据所加入的 I_2 标准溶液的物质的量和滴定所消耗的 $Na_2S_2O_3$ 标准溶液的物质的量，以及上述反应中的各个物质之间的计量关系，便可以计算出葡萄糖的质量分数。

三、试剂

0.050 $mol \cdot L^{-1}$ I_2 标准溶液（配制和标定方法见实验 15），0.10 $mol \cdot L^{-1}$ $Na_2S_2O_3$ 标准溶液（配制和标定方法见实验 15），1 $mol \cdot L^{-1}$ NaOH 溶液，1∶1 HCl 溶液，5 $g \cdot L^{-1}$ 淀粉溶液，葡萄糖（固体）或葡萄糖试液。

四、实验步骤

准确称取约 0.5 g 葡萄糖试样于 100 mL 烧杯中，加少量水溶解后定量转移

至 100 mL 容量瓶中，定容并摇匀。用移液管吸取该试液 20.00 mL 于 250 mL 锥形瓶中，再用移液管准确加入 20.00 mL I_2 标准溶液。在摇动下缓缓滴加 1 $mol \cdot L^{-1}$ NaOH 溶液①，直至溶液变成浅黄色。盖上微表面皿，放置约 15 min，使之反应完全。用少量水冲洗微表面皿和锥形瓶内部，然后加入 2 mL HCl 溶液，立即用 $Na_2S_2O_3$ 标准溶液滴定至溶液呈浅黄色。加入 2 mL 淀粉指示剂，继续滴定至溶液蓝色恰好消失即为终点。平行测定 3 份，计算试样中葡萄糖的质量分数②和相对平均偏差。

五、思考题

为什么在氧化葡萄糖时滴加 NaOH 溶液的速度要慢，且加完后要放置一段时间？而在酸化后则要立即用 $Na_2S_2O_3$ 标准溶液滴定？

实验 18　可溶性氯化物中氯含量的测定（莫尔法）

一、实验目的

1. 掌握莫尔法的原理和应用。
2. 掌握沉淀滴定法的操作。

二、实验原理

某些可溶性氯化物中氯含量的测定常采用莫尔法。此方法是在中性或弱碱性溶液中③，以 K_2CrO_4 为指示剂，用 $AgNO_3$ 标准溶液滴定待测试液中的 Cl^-。由于 AgCl 的溶解度小于 Ag_2CrO_4，溶液中首先析出 AgCl 沉淀，计量点后稍过量的 Ag^+ 与 CrO_4^{2-} 生成砖红色 Ag_2CrO_4 沉淀而指示终点。主要反应式如下：

$$Ag^+ + Cl^- \longrightarrow AgCl\downarrow（白色） \qquad K_{sp} = 1.8\times10^{-10}$$

$$2Ag^+ + CrO_4^{2-} \longrightarrow Ag_2CrO_4\downarrow（砖红色） \qquad K_{sp} = 2.0\times10^{-12}$$

通过消耗 $AgNO_3$ 的体积和浓度计算试样中氯的含量。

---

① 氧化葡萄糖时滴加稀 NaOH 溶液的速度要慢。否则过量的 IO^- 还来不及和葡萄糖反应就歧化为氧化性较差的 IO_3^-，可能导致葡萄糖不能完全被氧化。

② 若试样为葡萄糖溶液则试样溶液中葡萄糖的含量以质量浓度（$g \cdot L^{-1}$）表示。葡萄糖（$C_6H_{12}O_6 \cdot H_2O$）$M_r = 198.2$。

③ 最适宜的 pH 范围为 6.5～10.5；若有铵盐存在，为了避免 $[Ag(NH_3)_2]^+$ 生成，溶液 pH 范围应控制在 6.5～7.2 为宜。

三、试剂

$AgNO_3$（分析纯），NaCl（优级纯，使用前在高温炉中于 500～600℃下干燥 2～3 h，储存干燥器中冷却后使用），50 g · L^{-1} K_2CrO_4 溶液。

四、实验步骤

1. 配制 0.1 mol · L^{-1} $AgNO_3$溶液

称取 8.5 g $AgNO_3$ 固体于小烧杯中，用少量水溶解后，转入棕色试剂瓶中①，稀释至 500 mL 左右，置暗处保存。

2. 0.1 mol · L^{-1} $AgNO_3$ 溶液的标定

准确称取 0.55～0.60 g 基准试剂 NaCl 于小烧杯中，用蒸馏水溶解后，定量转入 100 mL 容量瓶中，用水稀释至刻度，摇匀。用移液管准确移取 20.00 mL 此溶液于 250 mL 锥形瓶中，加入 20 mL 水，1 mL 50 g · L^{-1} K_2CrO_4 溶液，在不断摇动下，用 $AgNO_3$ 溶液滴定至溶液微呈橙红色即为终点。平行测定 3 份，计算 $AgNO_3$溶液的准确浓度。

3. 试样中 Cl^- 含量的测定

准确称取含氯试样（含氯质量分数约为 60%）1.6 g 左右，置于小烧杯中，加水溶解后，定量转移至 250 mL 容量瓶中，用水稀释至刻度，摇匀。准确移取 20.00 mL 试液于 250 mL 于锥形瓶中，加水 20 mL，1 mL50 g · L^{-1} K_2CrO_4 溶液，在不断摇动下，用 $AgNO_3$ 标准溶液滴定至溶液呈橙红色即为终点。平行测定 3 份，根据试样的质量和滴定中消耗的 $AgNO_3$ 标准溶液的体积数及 $AgNO_3$ 标准溶液浓度，计算试样中 Cl^- 的含量。

必要时进行空白测定，即取 20.00 mL 蒸馏水按上述同样操作测定，计算时应扣除空白测定所消耗的 $AgNO_3$ 标准溶液体积②。

五、数据处理

1. $AgNO_3$ 标准溶液浓度计算

$$c_{AgNO_3} = \frac{m_{NaCl} \times \frac{20}{100}}{M_{NaCl} V_{AgNO_3}} \times 1000 \qquad M_{NaCl} = 58.44\ g \cdot mol^{-1}$$

---

① $AgNO_3$ 见光析出金属银，$2AgNO_3 \xrightarrow{光} 2Ag + 2NO_2 + O_2$，故需保存在棕色试剂瓶中；$AgNO_3$ 若与有机物接触，则起还原作用，加热颜色变黑，故勿使 $AgNO_3$ 与皮肤接触。

② 实验结束后，盛装 $AgNO_3$ 溶液的滴定管应先用蒸馏水冲洗 2～3 次，再用自来水冲洗，以免产生 AgCl 沉淀，难以洗净。含银废液应予以回收，不可随意倒入水槽。

2. 样品中氯含量计算

$$w_{Cl}=\frac{c_{AgNO_3}V_{AgNO_3}}{m_s\times\frac{20}{250}}\times\frac{M_{Cl}}{1000}\times100\% \qquad M_{AgNO_3}=169.88\ g\cdot mol^{-1}$$

六、思考题

1. 莫尔法测定 Cl^- 时，为什么溶液的 pH 应控制为 6.5 ~ 10.5？
2. 以 K_2CrO_4 作指示剂时，其浓度太大或太小对测定有何影响？

实验 19　银合金中银含量的测定（佛尔哈德法）

一、实验目的

1. 掌握佛尔哈德法的原理和应用。
2. 巩固沉淀滴定法的操作。

二、实验原理

将银合金溶于 HNO_3 中制成溶液①，以铁铵钒为指示剂，用 NH_4SCN 标准溶液滴定。当 AgSCN 定量沉淀后，稍过量的 SCN^- 与 Fe^{3+} 生成红色络合物 $FeSCN^{2+}$，即为终点。滴定反应为

$$Ag^+ + SCN^- = AgSCN\downarrow（白色） \qquad K_{sp}(AgSCN)=1.0\times10^{-12}$$

$$Fe^{3+} + SCN^- = FeSCN^{2+}\downarrow（红色） \qquad K_{形}=138$$

通过消耗 NH_4SCN 的体积和浓度计算试样中银的含量。

三、试剂

0.10 $mol\cdot L^{-1}$ NH_4SCN 溶液（称取 NH_4SCN 固体 3.8 g，溶于 500 mL 水中，摇匀备用），1∶2 HNO_3 溶液；400 $g\cdot L^{-1}$ 铁铵钒溶液（40 g $NH_4Fe(SO_4)_2\cdot12H_2O$ 溶于适量水中，然后用 0.1 $mol\cdot L^{-1}$ HNO_3 溶液稀释至 100 mL），0.100 0 $mol\cdot L^{-1}$ $AgNO_3$ 标准溶液（配制及标定方法见实验 18）。

① 滴定应在酸性介质中进行，如果在中性或碱性介质中，则指示剂水解而析出 $Fe(OH)_3$ 沉淀，Ag^+ 在碱性溶液中会生成 Ag_2O 沉淀；滴定时 HNO_3 的浓度应控制在 0.2 ~ 0.5 $mol\cdot L^{-1}$ 为宜。

四、实验步骤

1. NH_4SCN 标准溶液的标定

准确移取 20 mL $AgNO_3$ 标准溶液 3 份，置于 3 个锥形瓶中，各加 1∶2 HNO_3 溶液 4 mL，铁铵钒指示剂 1 mL；在充分摇动下用 NH_4SCN 溶液滴定至溶液呈稳定的浅红色，轻轻振摇后仍不褪色，即为终点。记录所消耗 NH_4SCN 标准溶液的体积，计算 NH_4SCN 溶液的准确浓度。

2. 试样中银含量的测定

准确称取两份 0.3 g 左右银合金试样，置于锥形瓶中，各加入 1∶2 HNO_3 溶液 10 mL，慢慢加热溶解后，加水 50 mL，煮沸除去氮的氧化物，冷却，加入铁铵矾指示剂 2 mL，在充分剧烈摇动下，用 NH_4SCN 标准溶液滴定至溶液呈稳定的浅红色，轻轻摇动后颜色不消失，即为终点。根据试样质量和消耗的 NH_4SCN 标准溶液体积，计算试样中银的质量分数。

五、数据处理

1. NH_4SCN 标准溶液浓度计算

$$c_{NH_4SCN}=\frac{c_{AgNO_3}V_{AgNO_3}}{V_{NH_4SCN}}$$

2. 试样中银含量计算

$$w_{Ag}=\frac{c_{NH_4SCN}V_{NH_4SCN}}{m_s\times\frac{20}{250}}\times\frac{M_{Ag}}{1\ 000}\times100\% \qquad M_{Ag}=107.9\ g\cdot mol^{-1}$$

六、思考题

1. 用佛尔哈德法测定 Ag^+，滴定时必须剧烈摇动，为什么？
2. 佛尔哈德法能否使用 $FeCl_3$ 作指示剂？
3. 用返滴定法测定 Cl^- 时，能否剧烈摇动？为什么？

实验 20 离子交换树脂交换容量的测定

一、实验目的

1. 了解离子交换树脂的交换容量的意义。
2. 掌握离子交换树脂总交换容量和工作交换容量的测定原理及方法。

二、实验原理

离子交换树脂的交换容量是指每克干燥树脂所能交换的离子（离子的基本单元为$\frac{1}{n}M^{n+}$）的物质的量（mmol），用 mmol · g^{-1}表示。它取决于树脂网状骨架内所含有可被交换基团（活性基团）的数目。离子交换树脂的交换容量是树脂的重要特性，是衡量树脂性能的重要指标。交换容量通常有总交换容量，工作（实际）交换容量及穿透交换容量之分。总交换容量是树脂内所有可交换基团全部发生交换时的交换容量，也称极限交换容量。一般使用的树脂其交换容量为3 ~ 6 mmol · g^{-1}。树脂的工作交换容量是表示离子交换树脂在一定工作条件下所具有的交换能力，通常是指单位体积的湿树脂所能交换离子的物质的量。

本实验用酸碱滴定法测定强酸性的阳离子交换树脂 RH 的总交换容量和工作交换容量。

用动态法测定工作交换容量时，将一定量 H 型树脂装入交换柱中，用 Na_2SO_4 溶液以一定的流量通过交换柱时，Na^+与 RH 发生交换反应，交换下来的 H^+用 NaOH 标准溶液滴定。反应为

$$RH + Na^+ \xlongequal{} RNa + H^+$$

$$H^+ + OH^- \xlongequal{} H_2O$$

根据所消耗 NaOH 标准溶液的浓度和体积即可求出离子交换树脂的工作交换容量。

用静态法测定总交换容量时，向一定量的 H 型阳离子交换树脂（RH）加入一定过量的 NaOH 标准溶液浸泡。静态放置一定时间，当交换反应达到平衡时：

$$RH + NaOH \xlongequal{} RNa + H_2O$$

用 HCl 标准溶液滴定过量的 NaOH，即可求出树脂的总交换容量。

三、仪器与试剂

1. 仪器

离子交换柱可用 25 mL 酸式滴定管代用，732 型强酸性阳离子交换树脂，玻璃棉。

2. 试剂

4 mol · L^{-1} HCl 溶液，0.5 mol · L^{-1} Na_2SO_4 溶液，0.10 mol · L^{-1} HCl 标准溶液，0.10 mol · L^{-1} NaOH 标准溶液，2 g · L^{-1}酚酞乙醇溶液。

四、实验步骤

1. 动态法测定树脂的工作交换容量

(1) 树脂的预处理

市售的阳离子交换树脂一般为 Na 型,使用前须将其用酸处理成 H 型。称取 20 g 732 型阳离子交换树脂于烧杯中,加 100 mL 4 $mol \cdot L^{-1}$ HCl 搅拌,浸泡 1~2 天,以溶解除去树脂中的杂质,并使树脂充分溶胀。若浸出的溶液呈较深的黄色、应换新鲜的 4 $mol \cdot L^{-1}$ HCl 再浸泡 12 h。倾出上层 HCl 清液,然后用蒸馏水漂洗树脂至中性,抽滤,装于培养皿中于 105℃ 下干燥(首次干燥 1 h,再次干燥 0.5 h)至恒重为止,即得到 H 型阳离子交换树脂。

(2) 装柱

用长玻璃棒将润湿的玻璃棉塞在交换柱的下部,使其平整,加 10 mL 蒸馏水,将洗净的树脂连水加入柱中,要防止混入气泡,为防止加试液时,树脂被冲起,在上面铺一层玻璃棉。在装柱和以后的使用过程中,必须使树脂层始终浸泡在液面以下约 1 cm 处。柱高约 15~20 cm,用蒸馏水洗树脂至流出液为中性,放出多余的蒸馏水。

(3) 交换

向交换柱不断加入 0.5 $mol \cdot L^{-1}$ Na_2SO_4 溶液,用 250 mL 容量瓶收集流出液,调节流量为 2 $mL \cdot min^{-1}$,流过 100 mL Na_2SO_4 溶液后,经常检查流出液的 pH,直至流出液的 pH 与加入的 Na_2SO_4 溶液 pH 相同时,停止交换。将收集液稀释至 250 mL,摇匀。

用移液管移取 20.00 mL 流出液于 250 mL 锥形瓶中,加入 2 滴酚酞指示剂。用 0.10 $mol \cdot L^{-1}$ NaOH 标准溶液滴至微红色半分钟不褪色即为终点,记下消耗的 NaOH 标准溶液体积,平行测定 3 份。

$$\text{工作交换容量} = \frac{c_{\text{NaOH}} V_{\text{NaOH}}}{m_{\text{树脂}} \times \dfrac{20.00}{250.0}} (\text{mmol} \cdot \text{g}^{-1})$$

式中 $m_{\text{树脂}}$ 为树脂的质量(g)。实验完毕后,将使用过的树脂回收到烧杯中,以便统一进行再生处理,取出玻璃棉。

2. 静态法测定树脂的总交换容量

准确称取已干燥恒重的 H 型阳离子交换树脂 1.000 g 于 250 mL 干燥的磨口锥形瓶中,准确加入 100 mL 0.10 $mol \cdot L^{-1}$ NaOH 标准溶液,盖好磨口瓶盖,放置 24 h,使之达到交换平衡。用移液管移取上层已交换后的清液 20.00 mL,置于 250 mL 锥形瓶中,加入 2 滴酚酞指示剂,用 0.10 $mol \cdot L^{-1}$ HCl 标准溶液滴至红色刚好褪去为终点,记录消耗的 HCl 标准溶液的体积,平行测定 3 份。

$$总交换容量=\frac{c_{NaOH}V_{NaOH}-c_{HCl}V_{HCl}}{m_{树脂}\times\frac{20.00}{250.0}}(mmol\cdot g^{-1})$$

实验完毕后，将使用过的树脂回收到烧杯中，以便统一进行再生处理，取出玻璃棉。

五、注释

1. 当树脂层存留有气泡时，溶液将不是均匀地流过树脂层，而是顺着气泡流下，发生“沟流现象”，使得某些部位的树脂没有发生离子交换，使交换、洗脱不完全，影响分离效果。如果树脂层中混入气泡，可用细玻璃棒搅树脂以逐出气泡，如果仍不奏效，就应重新装柱。

2. 装柱和后面的交换过程中，不能出现树脂床流干的现象。否则将会形成固－气相，造成交换不能进行。出现树脂床流干的现象时，须重新装柱。

六、思考题

1. 什么是离子交换树脂的交换容量？两种交换容量的测定原理是什么？
2. 为什么树脂层中不能存留有气泡？若有气泡如何处理？
3. 怎样处理树脂？怎样装柱？应分别注意什么问题？
4. 根据强酸性阳离子交换树脂交换容量的测定原理，试设计强碱性阴离子交换树脂交换容量的实验测定方法。

实验 21　硼镁矿中硼的离子交换分离和含量的测定

一、实验目的

1. 掌握硼镁矿中硼的离子交换分离的原理。
2. 学习利用酸碱滴定法测定极弱酸（硼酸）的原理及方法。
3. 学习离子交换分离的操作方法。
4. 了解离子交换分离在定量分析中的作用。

二、实验原理

硼镁矿的主要成分是硼酸镁，还含有硅酸盐和铁、铝的氧化物。欲测定硼镁矿中的硼，先用 NaOH 熔融法分解矿样，用盐酸溶解熔块，硼以硼酸形式存在，铁、铝等则以阳离子形式存在，硅酸盐成为不溶残渣。然后以阳离子交换柱，交换除去各种阳离子，硼以硼酸形式进入流出液中。

因为硼酸酸性极弱($K_a = 5.8 \times 10^{-10}$),不能直接用碱标准溶液滴定,需加入甘油或甘露醇等多羟基化合物与之作用形成一种酸性较强的络合酸。在甘露醇浓度为 0.1 ~ 0.5 mol · L^{-1}条件下,络合酸的 K_a 为 $1 \times 10^{-6} \sim 3 \times 10^{-5}$。因此,可用碱标准溶液滴定,终点 pH 约为 9,选用酚酞作指示剂。

三、仪器和试剂

1. 仪器

离子交换柱(以 25 mL 酸式滴定管代用),732 型阳离子交换树脂,玻璃棉。

2. 试剂

1∶1、1∶9 HCl 溶液,200 g · L^{-1} NaOH 溶液,0.050 mol · L^{-1} NaOH 标准溶液,1 g · L^{-1}甲基红的乙醇溶液,2 g · L^{-1}酚酞的乙醇溶液,甘露醇。

四、实验步骤

1. 阳离子交换柱的准备

见实验 20 实验步骤 1。

2. 试样的分解

准确称取硼镁矿试样(已研磨并过筛至全部通过 120 目)0.20 ~ 0.25 g 置于底部置有少许粒状 NaOH 的银坩埚(或镍坩埚)中,上面再覆盖 NaOH,上下层共计约 2 ~ 3 g。将坩埚置于高温炉中,慢慢升温至 700℃,待整个熔融物澄清后,再加热约 20 min,然后取出冷却,用 20 mL 1∶1 HCl 溶液分数次溶解熔块,用水洗净坩埚,溶液置于 100 mL 容量瓶中,用水稀释至刻度,摇匀。

3. 离子交换和测定

准确移取上述溶液 20.00 mL 于 100 mL 烧杯中,用 200 g · L^{-1} NaOH 溶液中和,以 pH 试纸试之,至溶液刚呈碱性,再以 1∶9 HCl 酸化溶液至 pH 2 ~ 3①(检验溶液酸度时,每次加碱或酸后要将溶液不断搅拌均匀)。将溶液以 10 mL · min^{-1}的流量通过离子交换柱,流出液收集于 250 mL 烧杯中,并用 100 mL左右的蒸馏水洗涤交换柱,洗涤液一并收集于烧杯中。

于流出液中加入 2 滴甲基红指示剂,滴加 200 g · L^{-1} NaOH 溶液至溶液刚呈黄色,然后滴入 1∶9 HCl 溶液至刚呈红色,再用 0.050 mol · L^{-1} NaOH 标准溶

---

① 流经阳离子交换柱的试液 pH 应为 2 ~ 3,若酸度过高,交换不完全,将使结果偏高。

液滴定溶液至红色刚褪去而呈稳定的橙黄色，此时溶液 pH 约为 5～6[①]。加入 1 g甘露醇，充分搅拌后，再加酚酞指示剂 10 滴，以 0.050 mol·L^{-1} NaOH 标准溶液滴定，此时开始计量，滴定至呈粉红色，再加入 0.5 g 甘露醇，如红色褪去，继续以 NaOH 标准溶液滴定，直至加入甘露醇后，红色在半分钟不褪，即为终点，平行测定 2～3 次，结果以 B_2O_3 的质量分数表示。

五、思考题

1. 简述离子交换法分离硼镁矿试液中硼的原理。
2. 离子交换前，为什么要将强酸性的含硼试液调节至 pH 2～3？怎样调节？
3. 为什么要将离子交换后的流出液的 pH 调节至 5～6？如何调节 pH？
4. 硼酸是极弱酸，本实验为什么可用 NaOH 标准溶液滴定经离子交换分离后的硼？

实验 22　纸色谱法分离和鉴定氨基酸

一、实验目的

1. 了解纸色谱法分离、鉴定氨基酸的原理。
2. 掌握纸色谱法的操作技术和比移值的测定方法。
3. 学习如何根据组分的比移值来鉴别未知试样中的不同组分。

二、实验原理

纸色谱法（纸上层析法）是以滤纸为载体，利用滤纸吸附的水分作固定相，以有机溶剂为流动相（展开剂）的一种平板色谱分离方法。

当氨基酸混合试样在滤纸上点样后，试样溶解于固定相中，采用上行法（即流动相沿滤纸自下而上移动）将滤纸末端浸入展开剂（正丁醇、冰醋酸和水的混合物）中，由于滤纸的毛细管作用，流动相沿着滤纸上行，试样中各种氨基酸组分在固定相和流动相中不断地进行分配，由于它们的分配系数不同，不同溶质随流动相移动的速度也不相同。形成距原点（点样处）距离不等的斑点，从而达到彼此分离的目的。各组分的比移值 R_f 为

$$R_f=\frac{\text{原点至斑点中心的距离}}{\text{原点至溶剂前沿的距离}}=\frac{a}{b}$$

---

① 试液通过 H 型阳离子交换树脂后，由于各种阳离子被交换上去，而 H^+ 交换下来，故流出液的酸度增大。在滴定前必须将此部分酸中和，当流出液 pH 调至 5～6 时，硼以硼酸形式存在于溶液中未被中和。

比移值 R_f 是用纸色谱进行定性分析的依据。它随被分离化合物的结构、固定相与流动相的性质、温度等因素不同而异。当温度、滤纸、流动相等实验条件固定时，它只与被分离化合物的结构有关。即在一定条件下，不同物质的 R_f 是一定的，可以据此进行物质的定性分析。但影响 R_f 的因素较多，为此，应用各组分相应的标准试样同时作对照试验。

本实验进行胱氨酸、甘氨酸和酪氨酸的分离和鉴定，其 R_f 依次增大。

氨基酸本身无色，鉴定氨基酸常用茚三酮显色剂显色。即在层析后需在纸上喷洒显色剂茚三酮，斑点呈蓝紫色。氨基酸被水合茚三酮氧化分解放出醛、氨、二氧化碳，水合茚三酮则被还原为还原茚三酮：

$$\underset{\text{氨基酸}}{R{-}\underset{\displaystyle NH_2}{\underset{|}{CH}}{-}COOH} + \underset{\text{水合茚三酮}}{C_6H_4(CO)_2C(OH)_2}$$

$$= R{-}CHO + NH_3 + CO_2\uparrow + \underset{\text{还原茚三酮}}{C_6H_4(CO)_2C(H)(OH)}$$

与此同时，还原茚三酮和 NH_3、茚三酮缩合成新的有色化合物而使斑点呈紫色，反应式为

$$C_6H_4(CO)_2C(H)(OH) + NH_3 + \underset{\text{茚三酮}}{C_6H_4(CO)_2C{=}O} =$$

$$C_6H_4(CO)_2C(H){-}N{=}C(CO)_2C_6H_4 + 2H_2O$$

本法较灵敏,可以检出以微克计的痕量氨基酸。

三、仪器和试剂

1. 仪器

层析筒 150 mm×300 mm($\phi \times h$),毛细管,喷雾器,层析纸:中速色谱滤纸裁成 90 mm×240 mm 条状。

2. 试剂

展开剂(正丁醇:冰醋酸:水 =4:1:2),氨基酸标准溶液(胱氨酸、甘氨酸、酪氨酸均为 5 $g \cdot L^{-1}$ 水溶液),氨基酸混合溶液(由上述三种氨基酸标准溶液等量混合而成),2 $g \cdot L^{-1}$ 茚三酮正丁醇溶液。

四、实验步骤

1. 点样

于层析纸条一端 3 cm 处用铅笔轻轻画一条水平横线,在横线上做四个记号作为原点,原点间距离为 2 cm,分别用毛细管将三种氨基酸标准溶液及氨基酸混合试液依次点在四个原点处,斑点直径为 2 ~2. 5 mm。在滤纸另一端 2 cm 处中间穿一根棉线,晾干。

2. 展开分离

在干燥的层析筒中加入 60 mL 展开剂,把点好样的纸条挂在层析筒盖上,层析纸下端浸入展开剂约 0. 5 cm,但原点必须离开液面①,盖上层析筒,当溶剂前沿上升到距滤纸上端 2 ~3 cm,即可取出②层析纸,用铅笔画出溶剂前沿位置,记录展开停止时间。

3. 显色

将展开后的层析纸悬挂在空气中自然晾干或烘干后,用喷雾器将茚三酮溶液均匀喷洒在滤纸上,稍干后,放入烘箱中(90 ℃左右)烘 3 ~5 min,滤纸上即显出红紫色斑点。

4. 用尺量出各组分的 a、b 值,计算出它们相应的 R_f,通过对测得的混合试样中氨基酸的 R_f 与标准的氨基酸的 R_f 相比较,可定性地鉴定混合物试样中氨基酸的组成。

---

① 实验时纸条应挂的平直,原点应离开液面,纸条应与展开剂接触。

② 注意手指印含有一定量的氨基酸(皮肤分泌有氨基酸),不能用手指直接接触分析用的滤纸和滤纸条,要用镊子钳夹滤纸边。

五、思考题

1. 利用纸色谱法分离氨基酸的原理是什么？

2. 实验时，用手指直接拿取滤纸条中部，对实验结果有何影响？

3. 将点好样的滤纸条挂在层析筒内，若原点也浸入到展开剂中，实验结果会怎样？

4. 为什么在纸色谱中要采用标准品对照鉴别未知试样？讨论 R_f 和 ΔR_f 在纸色谱分离和鉴定中的意义。

实验23　偶氮苯和对硝基苯胺的薄层色谱分离

一、实验目的

1. 了解薄层色谱法分离偶氮苯和对硝基苯胺的基本原理和方法。

2. 掌握薄层色谱法分离的操作技术。

二、实验原理

薄层色谱属于液－固吸附色谱。其固定相是在玻璃板（或铝箔或塑料板）上涂布的吸附剂，使之成为一均匀薄层，将要分析的试液滴在薄层板的一端，待干后将其放到盛有适当展开剂的层析缸（或层析筒）中。用流动相（展开剂）进行展开（设备、操作技术与纸上色谱法相似）。即利用固定相的毛细作用使流动相不断上移，同时带动试样中的组分在两相间不断进行吸附和解吸，从而也向上迁移。由于不同组分在吸附剂上的吸附能力的差异，造成它们在薄层上迁移速度上的差别，从而得到分离。本实验用硅胶 G 薄层板分离有色的偶氮苯和对硝基苯胺混合物，斑点移动直观，无需使用显色剂显色。同样，可以用比移值 R_f 来定量表征各组分在薄层上的分离情况，进行定性鉴别。

三、仪器和试剂

1. 仪器

玻璃层析筒 150 mm × 300 mm（$\phi \times h$），玻璃层析板 100 mm × 240 mm，毛细管。

2. 试剂

展开剂（环已烷: 乙酸乙酯 = 72∶8），硅胶 G，5 g · L^{-1} 羧甲基纤维素（CMC）水溶液（称取 0.5 g CMC，在搅拌下加入 100 mL 热水中溶解），5 g · L^{-1} 偶氮苯的苯溶液,5 g · L^{-1}对硝基苯胺的苯溶液,偶氮苯和对硝基苯胺混合试液取偶氮苯溶液和对硝基苯胺溶液等量混合。

四、实验步骤

1. 薄层板的制备

薄层板制备的好坏直接影响色谱分离的结果。薄层应尽量均匀且厚度要固定。称取 4 g 硅胶 G 于 100 mL 烧杯中,加入 14 mL CMC 溶液,用玻璃棒仔细搅拌5 min。然后将配制好的浆料铺在洁净的层析玻璃板上,用玻璃棒涂布均匀并借助震动使糊状物平整,使其表面均匀平滑,水平放置一天晾干。

将晾干后的薄层板反面写上实验者姓名,放入烘箱中加热活化,活化条件根据需要而定。硅胶板一般在烘箱中渐渐升温,维持 105 ~ 110℃ 活化 1 h。取出,放在干燥器中冷却备用。

2. 点样

在薄层板下端约 2 cm 处,用铅笔轻轻画一横线作为起始线,在横线上做三个记号为原点,原点间距离为 2 cm。用毛细管分别蘸取偶氮苯、对硝基苯胺、混合试液依次在三个原点处点样,使斑点的直径约为 2 mm,晾干。

3. 展开分离

薄层色谱的展开,需要在密闭容器中进行。移取 72 mL 环己烷和 8 mL 乙酸乙酯于洁净的层析筒中,混匀,即配成展开剂。将点好样的薄层板放入层析筒内,使点有试样的一端浸入展开剂中,但原点一定要在液面上方,另一端斜搁在层析筒壁上,盖上筒盖,直至溶剂前沿达到薄层板全程的 2/3 左右时,取出薄层板,画出溶剂前沿位置、晾干。

4. 画出斑点移动位置,量出各组分相应的 a、b 值,计算 R_f 并进行比较。

五、注释

1. 最好提前一周制板晾干备用。
2. 玻璃板应干净且不被手污染,吸附剂在玻璃板上应均匀平整。
3. 点样不能戳破薄层板面,各斑点间距 2 cm,斑点直径不应太大。

六、思考题

1. 薄层色谱与纸色谱所用的显色剂有何异同?
2. 展开时,若层析筒盖不严密,对薄层分离有无影响? 为什么?
3. 如果展开时间过长或过短,对混合物的分离有何影响?
4. 展开剂的高度若超过了点样线,对薄层色谱有何影响?

实验24 学生设计方案实验

一、实验目的

分析化学是一门实践性很强的学科,相关的理论知识为其实践应用奠定了基础并起着指导作用。分析化学实验按照理论课的体系和进度,安排了与之对应的系列基础实验,使学生达到理论与实践相结合的目的,在了解分析化学的典型应用实例的同时,学习并掌握分析化学的基本操作和分析步骤。

在完成了基础分析化学实验中化学分析法的全部实验后,我们安排了学生自拟方案的设计性实验。其目的是为了激发学生的探索、研究精神,培养学生独立分析、解决问题的能力,也是对前一阶段教学效果的一次检验。

基础实验基本上是验证性实验,要求学生完全按照给定的方法和步骤进行操作,同时也包含了对某些实验技能的训练。因为是针对初学者设定的,所以一般实验现象清楚,容易判断,加之分析试样比较简单,成分单一,因此只要按照操作规程进行,基本都能得到较准确的结果。而设计性实验是在学生已经具备了一定的理论知识和实践能力的基础上进行的。面对有一定难度的选题,考察的是学生应用知识的灵活性;训练学生考虑问题的全面性,完成实验的严谨性,从而提高学生的综合素质和能力,加深对分析化学知识的理解。对于实验结果的要求则可以根据试样的难易程度而定。

二、实验准备

1. 查阅文献资料,对选题后的初步构想进行解惑、求证和落实,确定分析方法。

2. 进行预备实验的目的是探索和确定某些实验条件,包括掩蔽或分离的方法、条件和效果;确定取样量的范围和标准溶液的浓度。

3. 按教材中实验包含的内容和模式,写出完成选题的初步方案,并在规定的时间交给指导老师,经相互交流后进行修改。

三、实验实施

按照确定的方案进行并完成实验。在此过程中,注意一方面验证自己的方案,另一方面发现问题或不足,并考虑如何改进。实验操作要规范,准确记录实验现象和原始数据。

四、实验报告

在初步方案的基础上修改完善,写出实验报告。其中应具备下述内容。

1. 实验目的

选题的意义,可以达到的教学目标。

2. 实验原理

实验原理是为了说明实验方案的合理性(理论依据)和实践的可行性。根据选题首先确定分析方法,可以是一种或几种分析方法的联合运用。

设计性实验包含一个分析方案的全过程。由于采用的是滴定分析法,因此实验原理中应包括以下内容:

① 试样的前处理:将试样制备成最后用于测定的试液,要注意取样的代表性,并保证待测组分能全部进入试液中。

② 必要的分离方法(主要是沉淀分离法)及掩蔽剂,相应的使用条件。

③ 采用的分析方法:如果是滴定分析法,则需保证准确滴定或分步滴定的可行性。

④ 标准溶液的配制和标定:说明滴定剂的浓度,基准试剂,标定反应的条件,滴定反应的条件(酸度,缓冲溶液,为提高准确度采取的措施及所用试剂,指示剂及其在终点颜色的变化),标定、滴定反应的反应式。

3. 仪器与试剂

全部所需仪器的种类和规格;试剂的种类、规格、浓度、用量和配制方法。

4. 实验步骤

实验要详细和完整,特别是一些关键性的、应注意的操作步骤,条件的控制,实验现象,颜色的变化等。

5. 数据处理

准确、完整、实事求是地记录实验数据,列出计算关系式,计算测定结果(平均值,相对平均偏差)并列表表示之。

6. 讨论与思考

对整个设计方案完成的情况,包括对分析结果的准确度和精确度进行评价,写出心得体会和改进措施。

7. 注释

有关实验内容的补充说明和注意事项等。

8. 参考资料

按上述步骤完成较全面的设计性实验的实验报告后,按时交给指导教师。教师可以组织学生交流并讨论,以达到提升教学效果的目的。

完成整个设计性实验的指导思想是安全、环保、简便和节约，这也是同学们在今后的学习和工作中应首先考虑的问题。

五、实验选题

1. $NaH_2PO_4-Na_2HPO_4$ 混合物（液）中各组分含量（浓度）的测定。
2. $HCl-H_3PO_3$ 混合液中各组分浓度的测定。
3. $NaOH-Na_3PO_4$ 混合物中各组分浓度的测定。
4. $HCl-NH_4Cl$ 混合液中各组分浓度的测定。
5. $H_3BO_3-NaB_4O_7$ 混合物中各组分含量的测定。
6. Ca（Mg）-EDTA 溶液中各组分浓度的测定。
7. EDTA 含量的测定。
8. 用二甲酚橙为指示剂（在 CTMAB 存在下）测定试样中的钙、镁含量。
9. 铜合金中铜含量的测定（置换滴定法）。
10. 黄铜中铜、锌含量的测定（或 $Cu^{2+}-Zn^{2+}$ 溶液中各组分浓度的测定）。
11. $HNO_3-Pb(NO_3)_2$ 各组分浓度（含量）的测定。
12. $Al^{3+}-Pb^{2+}$ 溶液中各组分浓度的测定。
13. $Al_2O_3-Fe_2O_3$ 混合物（或 $Al^{3+}-Fe^{3+}$ 溶液）中各组分含量（浓度）的测定。
14. $HCl-MgCl_2-FeCl_3$ 溶液中各组分浓度的测定。
15. $H_2SO_4-H_2C_2O_4$ 溶液中各组分浓度的测定。
16. 石灰石或白云石中钙含量的测定（高锰酸钾法）。
17. 化学需氧量（COD）的测定。
18. 食品中还原糖的测定（高锰酸钾法）。
19. $HCl-H_2SO_4$ 溶液中各组分浓度的测定。
20. $HAc-H_2SO_4$ 溶液中各组分浓度的测定。
21. 含 NaCl 杂质的 $FeCl_3$ 试样中各组分浓度的测定。
22. 酱油中氯化钠含量的测定（佛尔哈德法）。
23. $HCl-NaCl-MgCl_2$ 溶液中各组分浓度的测定。
24. 钢铁中镍含量的测定。
25. 硅酸盐水泥中 Fe_2O_3、Al_2O_3、CaO 和 MgO 含量的测定。

第二篇

仪 器 分 析

第一章　仪器分析实验的基本知识

第一节　仪器分析实验的基本要求

仪器分析实验是实验化学和仪器分析课程的重要内容。它是学生在教师指导下,以分析仪器为工具,亲自动手获得所需物质化学组成和结构等信息的教学实践活动。通过仪器分析实验,使学生加深对有关仪器分析方法基本原理的理解,掌握仪器分析实验的基本知识和技能;学会正确地使用分析仪器;合理地选择实验条件;正确处理数据和表达实验结果;培养学生严谨求是的科学态度、勇于科技创新和独立工作的能力。为了达到以上教学目的,对仪器分析实验提出以下基本要求。

1. 仪器分析所用的仪器一般较昂贵,同一实验室不可能购置多套同类仪器,仪器分析实验通常都采用大循环方式组织教学。因此,学生在实验前必须做好预习工作,仔细阅读仪器分析实验教材,了解分析方法和分析仪器工作的基本原理、仪器主要部件的功能、操作程序和应注意的事项。

2. 学会正确使用仪器。要在教师指导下熟悉和使用仪器,勤学好问,未经教师允许不得随意开动或关闭仪器,更不得随意旋转仪器旋钮、改变仪器工作参数等。详细了解仪器的性能,防止损坏仪器或发生安全事故。应始终保持实验室的整洁和安静。

3. 在实验过程中,要认真地学习有关分析方法的基本技术。要细心观察实验现象和仔细记录实验条件和分析测试的原始数据;学会选择最佳实验条件;积极思考、勤于动手,培养良好的实验习惯和科学作风。

4. 爱护实验的仪器设备。实验中如发现仪器工作不正常,应及时报告教师处理。每次实验结束,应将所用仪器复原,清洗好用过的器皿,整理好实验室。

5. 认真写好实验报告。实验报告应简明扼要,图表清晰。实验报告的内容包括实验名称、完成日期、方法原理、仪器名称及型号、主要仪器的工作参数、主要实验步骤、实验数据或图谱、实验中出现的现象、实验数据分析和结果处理、问题讨论等。认真写好实验报告是提高实验教学质量的一个重要环节。

第二节 实验数据处理和结果的表达

一、评价分析方法和分析结果的基本指标

一个好的分析方法应该具有良好的检测能力,易获得可靠的测定结果,有广泛的适用性。此外,操作方法应尽可能简便。检测能力用检出限表征,测定结果的可靠性用准确度和精密度表示,适用性用标准曲线的线性范围和抗干扰能力来衡量。一个好的分析结果应该是随机误差小,又没有系统误差。随机误差影响测定结果的精密度,用标准偏差或相对标准偏差表征;系统误差影响测定结果的准确度,用误差或相对误差表征。获得一个同等精密度和准确度的分析结果,对不同的分析操作人员所花费的劳动是有差异的,所花费的劳动代价用测定次数表征。

(一) 检出限和灵敏度

分析方法的检出限是指能以适当的置信水平(通常取置信水平 99.7%)检测出被测组分的最低浓度或最小质量。检出限 D 由最低检测信号值与空白噪声计算,最低检出浓度和最小检出质量的单位分别为 $\mu g \cdot mL^{-1}$, $ng \cdot mL^{-1}$ 和 μg, ng, pg 表示。

$$D = \frac{X_L - \overline{X}_b}{S} = \frac{3s_b}{S} \qquad (2-1-1)$$

式中 X_L 是可被检测的最小分析信号值;$\overline{X}_b$ 是对空白进行多次测量所得空白信号平均值;s_b 为空白信号的标准偏差;S 是低浓度区标准曲线的斜率,它表示被测组分浓度改变一个单位时分析信号的变化程度,即分析方法的灵敏度。

在仪器分析中,分析方法的灵敏度直接依赖于检测器的灵敏度与仪器的放大倍数。随着灵敏度的提高,噪声也随之增大,而信噪比 S/N 和分析方法的检测能力不一定会改善和提高。如果只给出灵敏度,而不给出获得此灵敏度的仪器条件,则各分析方法之间的检测能力没有可比性。由于灵敏度没有考虑到测量噪声的影响,因此,现在已不用灵敏度而推荐用检出限来表征分析方法的检测能力。

(二) 准确度

准确度是指在一定实验条件下测定值 x 与真值或标准值 μ 符合的程度。它表征系统误差的大小,以误差或相对误差 E_r 表示。误差或相对误差越小,准确度越高。

$$E_r = \frac{x - \mu}{\mu} \times 100\% \qquad (2-1-2)$$

在实际工作中，通常用标准物质或标准方法进行对照试验，在无标准物质或标准方法时，常用加入被测定组分的纯物质进行回收试验来估计与确定准确度，即测定其回收率。值得注意的是，用回收率来估计测定的准确度，只适用于系统误差随浓度改变的情况。

在误差较小时，多次平行测定的平均值 $\bar{x}$ 接近于真值 μ，故在实际工作中常将 $\bar{x}$ 作为 μ 的估计值使用。

（三）精密度

精密度是指使用同一方法，对同一试样进行多次平行测定所得测定值彼此间相符合的程度，表征测定过程中随机误差的大小，又称重复性，常用标准偏差 s 或相对标准偏差 s_r 表示，其数学表达式为

$$s = \left[\frac{1}{n-1}\sum(x_i - \bar{x})^2\right]^{1/2} \qquad (2-1-3)$$

$$s_r = \frac{s}{\bar{x}} \times 100\% \qquad (2-1-4)$$

式中 x_i 是单次测定值，$\bar{x}$ 是 n 次测定的平均值；n 是重复测定次数。

（四）适用性

一个分析方法的适用性，包括对测量组分含量或浓度的适用范围和对不同类型试样的适用性。含量或浓度的适用性用标准曲线的线性范围来衡量，线性范围越宽，适用性越好。试样类型的适用性，一般测定抗干扰能力，即加入不同的干扰物质，测定回收率，用回收率来表示分析方法的抗干扰能力和确定干扰物质所允许存在的量。在各种干扰物质之间不存在交互效应的情况下，可用这种方法来评价分析方法的抗干扰能力。

二、分析数据和结果的表达

（一）测量值的读数与表达

在仪器分析中，一般都是仪器把与化学信息有关的原始信号转换成电信号，经放大，在显示仪表的刻度盘上用指针示值或扫描记录，或者用数字直接显示。为保证测量的准确性，对显示出的信号必须正确读数。

指针式显示仪表，如电表，读数时应把眼睛的视线通过指针与表盘的刻度线垂直，读取指针所对准的刻度值。扫描记录式显示仪器，如记录仪，则是通过记录笔的线位移记录信号大小，信号数值可以从记录纸上的印格读出，也可用米尺

测读。读数时,应该读出所显示的全部有效数字,它包括准确数和可疑数两部分。准确数是指仪表能被读出的最小分度值,可疑数是指最小分度值十分位的估计值。记录的数据与表示结果的数值所具有的精确度应与所使用的测量仪器和工具的精确度相一致。在数据处理时,应遵守有效数字的修约和运算规则。

(二)分析数据和结果的表达

分析数据和分析结果的表示法主要有列表法、图解法和数学方程表示法,其基本要求是准确、清晰和便于应用。

1. 列表法

列表法是以表格形式表示数据,直观、简明,记录实验数据多用此法。列表需标明表名,表的纵列一般为试验编号或因变量,横列为自变量。行首或列首应写上名称及量纲。名称尽量用符号表示,单位的写法采用斜线制,如该列数据表示温度 T,则该列首应写成“T/K”。记录数据应符合有效数字的规定。书写时应整齐统一,小数点要上下对齐,以利于数据的比较分析。表中的某个数据需要特殊说明时,可在数据上作一标记,如 *,在表的下方加注说明。

2. 图解法

将实验数据按自变量与因变量的对应关系绘成图形,能够把变量间的变化趋向更直观地显示出来,便于分析研究和从图上找出所需数据。在各种测量仪器中广泛使用记录仪直接获得测量图形,便于快速得到分析结果。常用的图解法有标准曲线法求未知物浓度、连续标准加入法作图外推求痕量组分含量、用滴定曲线的折点(一次微商的极大)求电位滴定的终点及用图解积分法求色谱峰面积等。正确绘制图形应注意以下几点:

(1) 坐标纸的选择

一般情况下选用直角毫米坐标纸,有时也用对数和半对数坐标纸。电位法中连续标准加入法则要用特殊的格氏(Gran)计算图纸作图求解。

(2) 坐标标度的选择

用 x 轴代表可严格控制的自变量(如浓度),y 轴代表因变量(仪器响应值)。坐标轴应标明名称和单位,单位的写法采用斜线制。坐标轴的分度要与使用仪器的精度一致,以便于从图上读取任一点的数据为原则。直角坐标的两个变量全部变化范围在两轴上表示的长度应该相近,以便正确反映图形特征,直线图应处在坐标分角线附近(45°)。常不必拘泥于以坐标原点作为分度的零点。若一张图上要绘几条曲线时,各组数据点应选用不同符号代表,如×、·、△等,需要标注时,尽量用简明的阿拉伯数字、字母标注。在图的下方标明图名和必要的图注。如果变量之间的关系为非线性的,尽可能通过数据变换将其变为线性关系。

3. 数学方程表示法

在仪器分析中，绝大多数情况下都是相对测量，需用标准曲线进行定量分析，由于测量误差不可避免，所有的数据点都处在同一条直线上是不多见的。特别是测量误差较大时，用简单的方法很难绘出合理的标准曲线。这种情况下以数学方程表示法来描述自变量与因变量之间的关系较为妥当。

标准曲线是依据标准系列的浓度（或含量）和相应的响应信号测量值来绘制的。由于存在着随机误差，即单次测量值（x 或 y）与 n 次测量平均值（$\bar{x}$ 或 $\bar{y}$）存在着平均偏差 $\bar{d}$。根据最小二乘法原理，研究因变量与自变量之间关系的方法称为回归分析。如果只有一个自变量，称为一元线性回归分析法。设浓度分别为 $x_1, x_2, \cdots, x_i, \cdots, x_n$ 的标准系列，其响应信号的测量值为 $y_1, y_2, \cdots, y_i, \cdots, y_n$。如果各点对某一直线的偏差平方和 $\sum d^2$ 为最小或为零，则该直线即为最佳一元回归直线。根据这一原理，设一元线性方程

$$y = bx + a \qquad (2-1-5)$$

求解式（2-1-5）一元回归线性方程，得

$$b = \frac{\sum_{i=1}^{n}(x_i - \bar{x})(y_i - \bar{y})}{\sum_{i=1}^{n}(x_i - \bar{x})^2} \qquad (2-1-6)$$

$$a = \bar{y} - b\bar{x} \qquad (2-1-7)$$

其中 $\bar{x} = \sum_{i=1}^{n} x_i/n, \bar{y} = \sum_{i=1}^{n} y_i/n$。由式（2-1-5）和（2-1-7）可知，当 $x=0$ 时，$y=a$；当 $x=\bar{x}, y=\bar{y}$。过（0，a）和（$\bar{x}$，$\bar{y}$）两点在 x 浓度范围内作直线，此直线就是给定的数据组（x_i，y_i）所确定的一条最佳标准曲线。

判断此标准曲线线性关系是否成立，具有实际意义，可用相关系数 r 来检验，r 是表征变量之间相关程度的一个统计参数。

$$r = \pm\frac{\sum_{i=1}^{n}(x_i - \bar{x})(y_i - \bar{y})}{\left[\sum_{i=1}^{n}(x_i - \bar{x})^2 \sum_{i=1}^{n}(y_i - \bar{y})^2\right]^{1/2}} \qquad (2-1-8)$$

r 值在 +1 ~ -1 之间，当 $|r| = 1$ 时，y 与 x 之间存在着严格的线性关系，所有 y 值都在一条直线上；当 $r=0$ 时，y 与 x 之间不存在线性关系；当 $0 < |r| < 1$ 时，y 与 x 之间有一定的线性关系。$|r|$ 越接近 1，y 与 x 的相关性越好。

一元线性回归的计算可用BASIC语言编写的执行程序处理。详细说明参考有关书籍。

第三节　光谱分析仪器的结构及使用

一、721型分光光度计

（一）性能与结构

721型分光光度计是在可见光谱区域内使用的一种单光束型仪器，工作波长范围为360～800 nm，以钨丝白炽灯为光源，棱镜单色器，采用自准式光路，用GD－7型真空光电管作为光电转换器，以场效应管作为放大器，微电流用微安表显示。721型分光光度计的结构如图2－1－1所示。

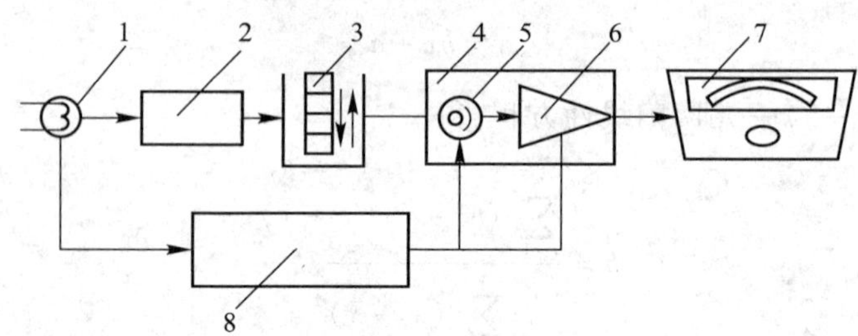

图2－1－1　721型分光光度计结构示意图

1—光源　2—单色器　3—吸收池　4—光电管暗盒

5—光电管　6—放大器　7—微安表　8—稳压器

（二）仪器操作步骤

721型分光光度计的面板功能如图2－1－2所示。

1. 检查微安表指针是否指“0”，若不在零位可调节零点校正螺丝，使指针位于“0”刻线上。

2. 接通电源开关，立即打开试样室盖，预热20 min。

3. 调节波长旋钮，使波长读数盘的刻线对准选用的单色光波长，并选择合适的灵敏度挡。旋转调“0”旋钮，使微安表指针位于透射比“0”处。

4. 将参比溶液和待测溶液分别装入选定的吸收池中，然后将它们依次置于试样室中的吸收池架上，通常把盛放参比溶液的吸收池放在第一格内。

5. 将试样室盖轻轻地合上，即打开光闸，使参比溶液位于光路上，光线透过参比溶液照射在光电管上。调节100%光量调节旋钮，使微安表指针指在透射比“100%”处。重复几次调节透射比“0”和“100%”，直至稳定不变。

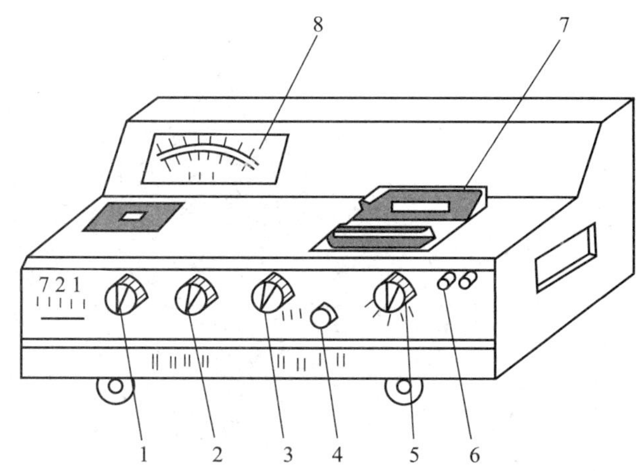

图 2-1-2　721 型分光光度计面板功能图

1—波长调节旋钮　2—调“0”电位器　3—光量调节器　4—吸收池座架拉杆
5—灵敏度选择　6—电源开关　7—试样室盖　8—微安表

6. 将待测溶液推入光路，即可在微安表上直接读出溶液的吸光度或透射比。

（三）注意事项

1. 若连续测定时间过长，光电管会疲劳造成读数漂移。因此，每次读数后应随手打开试样室盖（光闸自动关闭）。

2. 仪器灵敏度选择原则。在一定波长下，当参比溶液处于光路时，能够调节光量使透射比达 100% 即可。该仪器的放大灵敏度分为五挡，从 1 到 5 逐挡增加，在保证能使参比溶液顺利调到透射比 100% 的情况下，尽可能采用较低挡，使仪器有更高的稳定性。

二、722 型光栅分光光度计

（一）性能与结构

722 型分光光度计是以碘钨灯为光源，衍射光栅为色散元件的单光束、数显式仪器。工作波长范围为 330～800 nm，波长精度为 ±2 nm，光谱带宽为 6 nm，吸光度显示范围为 0～1.999。仪器的光学系统如图 2-1-3 所示。

碘钨灯发出的连续光谱经滤光片选择（消除二级光谱）和聚光镜聚焦后投向单色器的入射狭缝。再通过平面反射镜反射到凹面镜的准直部分，变成平行光射向光栅，通过光栅色散按一定波长顺序排列的单色光谱，再经凹面镜聚焦成像在出射狭缝上。调节波长调节器可获得所需带宽的单色光，通过透镜将单色光聚焦在待测溶液中心，透过光经光门射到端窗式光电管上，产生的电流经放大

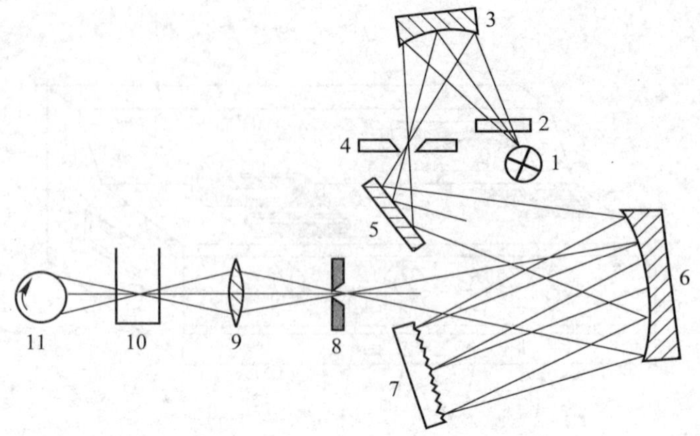

图 2－1－3　722 型分光光度计的光学系统

1—碘钨灯　2—滤光片　3—聚光镜　4—入射狭缝　5—反射镜　6—凹面镜
7—光栅　8—出射狭缝　9—聚光透镜　10—吸收池　11—光电管

由数字显示器直接读出吸光度 A 或透射比 T。722 型分光光度计的结构如图 2－1－4所示。

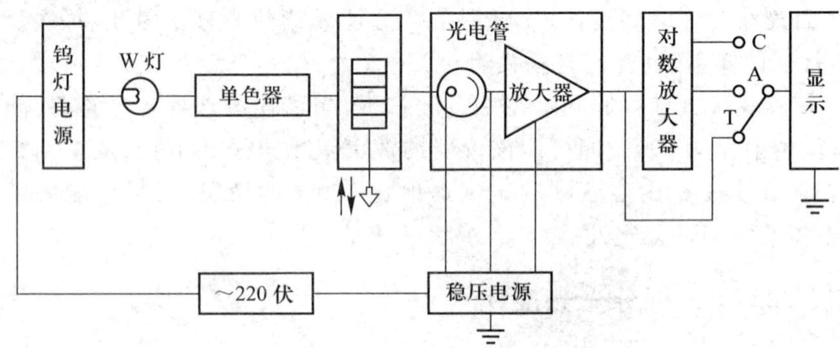

图 2－1－4　722 型分光光度计结构示意图

（二）仪器操作步骤

722 型分光光度计的面板功能如图 2－1－5 所示。

1. 将灵敏度调节旋钮置于“1”挡（信号放大倍率最小），选择开关置于“T”。
2. 按下电源开关，指示灯亮，调节波长旋钮，使所需波长对准标线。
3. 调节 100% T 旋钮，使透射比为 70% 左右，仪器预热 20 min。
4. 待数字显示器显示数字稳定后，打开试样室盖（光门自动关闭）；调节 0% T 旋钮，使数字显示为“000. 0”。

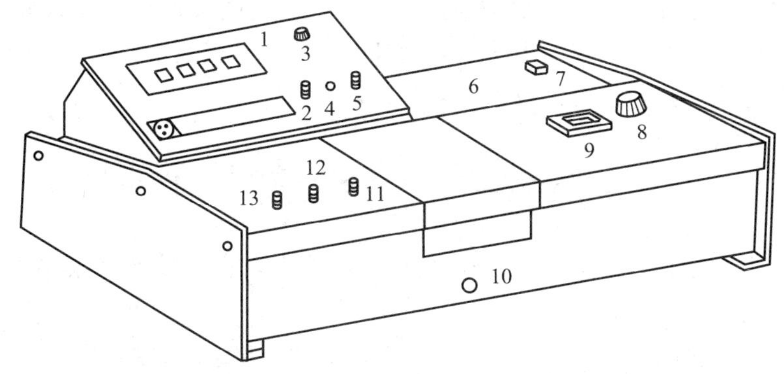

图 2-1-5 722 型分光光度计面板功能图

1—数字显示器 2—吸光度调零旋钮 3—选择开关 4—斜率电位器 5—浓度旋钮 6—光源室 7—电源开关 8—波长旋钮 9—波长刻度盘 10—吸收池架拉杆 11—100% T 旋钮 12—0% T 旋钮 13—灵敏度调节

5. 将盛有参比溶液和待测溶液的吸收池分别置于试样架的第一格和第二格内，盖上试样室盖（光门打开）。将参比溶液置于光路中，调节 100% T 旋钮使数字显示为“100.0”，（若显示不到“100.0”，则应适当增加灵敏度挡），然后再调节 100% T 旋钮，直到显示为“100.0”。

6. 重复操作 4 和 5，直到显示稳定。

7. 将选择开关置于“A”挡（即吸光度），调节吸光度调零旋钮，使数字显示为“.000”。将待测溶液置于光路中，显示值即为被测溶液的吸光度。

8. 若测量浓度，将选择开关置于“C”，将已知浓度的溶液置于光路中，调节浓度旋钮，使数字显示为标准值；将待测溶液移入光路，显示值即为待测溶液的浓度。

9. 测量完毕，打开试样室盖，取出吸收池，洗净擦干。然后关闭仪器电源，待仪器冷却后，盖上试样室盖，罩上仪器罩。

三、UV-2450 型分光光度计

（一）性能与结构

UV-2450 型分光光度计为双光束紫外-可见分光光度计，测试波长范围在 190～900 nm，可用于紫外和可见光区的分光光度测量。仪器使用光源为 50 W 卤钨灯和氘灯，内置光源位置自动调整机构，采用单单色器，使用高性能闪耀全息衍射光栅，像差校正型切尔尼特尔纳装置。双光束分光光度计由单色器送出的光束被斩光镜（斩波器）分成等强度的两束光，交替通过试样吸收池和参比吸收池,然后再汇聚到检测系统的受光器上,通过电学系统的比较和放大,测定试样溶液的吸收值。双光束分光光度计减少了由于光源程序输出的不稳定或检测系统灵敏度的变化而导致的测量误差。

(二) 仪器操作步骤

1. 开启仪器(按钮在仪器左侧),打开电脑,双击“UVProbe”图标,打开仪器控制软件。

2. 点击“连接”后,仪器开始自检,15 min 左右自检完成,然后点击“确定”。

3. 吸收光谱的绘制

(1) 方法设置

在仪器工作界面上点击“光谱扫描”图标,将界面切换到光谱扫描(开机若是此界面,则无需切换),选择“编辑”—“方法”— “波长范围”,设置扫描的波长范围,在“开始”框和“结束”框中分别输入相应的波长值,其他参数选仪器默认值,然后点击“确定”。

(2) 基线校正

绘制吸收曲线之前要进行基线校正,参比和待测比色皿中都装入空白试样(试样体积为比色皿的 3/4),将比色皿表面擦拭干净后,放入吸收池中(靠近里面的吸收池放置参比比色皿),盖好仪器盖,然后点击“基线”按钮,开始基线校正,待界面下方控制按钮全部变亮后,表明基线校正完成,即可进行下一步操作。

(3) 吸收光谱绘制

基线校正完成后,参比池保持不变,试样池换为待测试样,点击“开始”按钮,进行吸收曲线的绘制。控制按钮全部变亮后表明吸收曲线绘制完成。点击“操作”—“峰值检测”,即可查看最大吸收波长 λ_{max}。

4. 标准曲线的绘制及未知样的测定

(1) 标准曲线的绘制

在仪器工作界面上点击“光度测定”图标将界面切换到光度测定界面,选择“文件”—“新建”—“编辑”—“方法”,建立测定方法,输入 λ_{max},其余参数为系统默认值,点击 “完成”,出现“光度测定方法”窗口,点击“关闭”,即可开始测定试样。在标准表中输入“试样 ID”和 “浓度值”,点击“读取”,2 s 后会显示吸光度值,依次将所有标样测定完后,系统会显示标准曲线。

(2) 未知试样的测定:将界面转换到试样表,在试样表中输入“试样 ID”,点击“读取”,测出未知样的吸光度值和相应浓度值。

5. 关闭仪器:点击“断开”,然后关闭窗口,关闭电脑,关闭仪器开关。

(三) 注意事项

1. 在仪器进行自检的时候,不要对仪器进行任何操作。

2. 在基线校正的时候，确保试样和参比光束上无任何障碍物，并且试样室中无试样。

3. 更换试样时比色皿需用待测溶液润洗 2 ~ 3 次。且避免液滴洒在仪器上，造成仪器污染。

四、Nexus 470 傅里叶变换红外光谱仪

（一）性能与结构

Nexus 470 傅里叶变换红外（FT - IR）光谱仪的测定光谱范围为 350 ~ 4 000 cm^{-1}，波数精度优于 0.01 cm^{-1}，分辨率优于 0.1 cm^{-1}，标准线性度优于 0.07%，信噪比优于 45 000∶1。可用于有机物功能团鉴定、分子结构推断及定量分析，固、液试样均可测试。

（二）FT - IR 原理

FT - IR 光谱仪没有色散元件，主要由光源（硅碳棒、高压汞灯）、Michelson 干涉仪、检测器和计算机系统组成。其工作原理是将光源发出的红外辐射，经干涉仪转变成干涉图，通过试样后得到含试样信息的干涉图，由计算机采集，并经过快速傅里叶变换，得到吸收强度或透光度随频率或波数变化的红外光谱图。

仪器的核心部分是 Michelson 干涉仪，其光路示意图如图 2 - 1 - 6 所示。M_1 和 M_2 为两块平面镜，它们相互垂直放置，M_1 固定不动，M_2 则可沿图示方向做微小的移动，称为动镜。在两镜轴线交叉处放置一呈 45°的半透膜光束分裂器 BS（beam - splitters），可使 50% 的入射光透过，其余部分被反射。当光源发出的入射光进入干涉仪后就被 BS 分成两束光 - 透射光 1 和反射光 2，其中透射光 1 穿过 BS 被动镜反射，沿原路回到 BS 并被反射到达检测器 D，反射光 2 则由

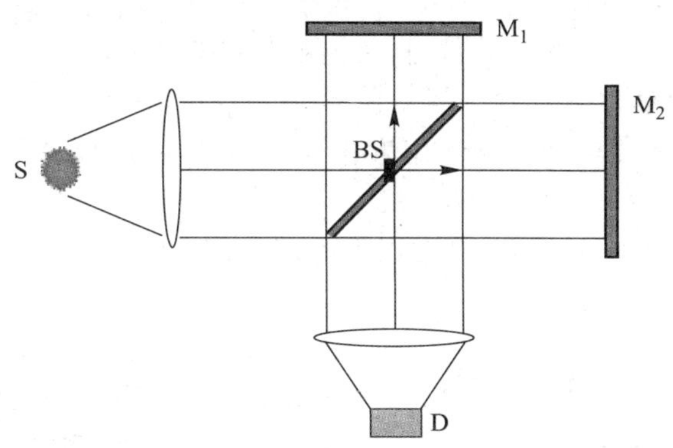

图 2 - 1 - 6　Michelson 干涉仪的光路示意图

M_1 沿原路反射回来通过 BS 到达检测器 D。这样,在检测器 D 上所得到的光 1 和光 2 是相干光。光 1 和光 2 的光程差为波长的整数倍时,为相长干涉;分数倍时为相消干涉。动镜连续移动即可获得干涉图。

(三) 仪器操作步骤

1. 开机

首先打开仪器的外置电源,稳定 30 min,使仪器能量达到最佳状态。开启电脑,打开仪器操作平台 OMNIC 软件。

2. 仪器参数设置

点击"Collect"—"Experiment setup"对实验参数进行设置。

3. 红外光谱图的扫描

将制好的 KBr 薄片轻轻放在锁式试样架内,插入试样池并拉紧盖子,在软件设置好的模式和参数下测试红外光谱图。先后采集试样信号和背景信号,随后获得经傅里叶变换的红外光谱图。

4. 红外光谱图的处理

(1) 自动基线校正

点击"Process"—"Absorbance"—"Process"—"Automatic baseline"—"Correct"—"Process"—"Transmittance",进行自动基线校正。

(2) 自动标峰

点击"Analyse"—"Find peaks",将参考线点在适当的位置,使基团特征频率区的峰都在参考线之下,然后点击"Replace"。

(3) 手动标峰

点击屏幕下方工具栏 T 字形按钮可以对上一步中漏标的峰进行标注,并将堆叠在一起的峰拖开。

(4) 根据需要,打印或者保存红外光谱图。

5. 关机:先关闭 OMNIC 软件,再关电脑和仪器电源。

(四) 注意事项

1. 为防止仪器受潮而影响使用寿命,红外实验室应保持干燥(相对湿度应在 65% 以下)。

2. 红外分光光度计需预热 1 h 以上方可使用,让系统处于稳定状态有利于实验结果的准确。

五、F－4500 荧光光谱仪

(一) 性能与结构

F－4500 荧光光谱仪以氙灯为光源,发射 200～730 nm 波长范围的连续光谱,可用于荧光、磷光和生物/化学发光的测定。具有高灵敏度、快速的波长扫描,实用的预扫描功能,独特的光栅和水平狭缝光路设计,适用于高灵敏度的荧光痕量分析。其基本结构如图 2-1-7 所示。

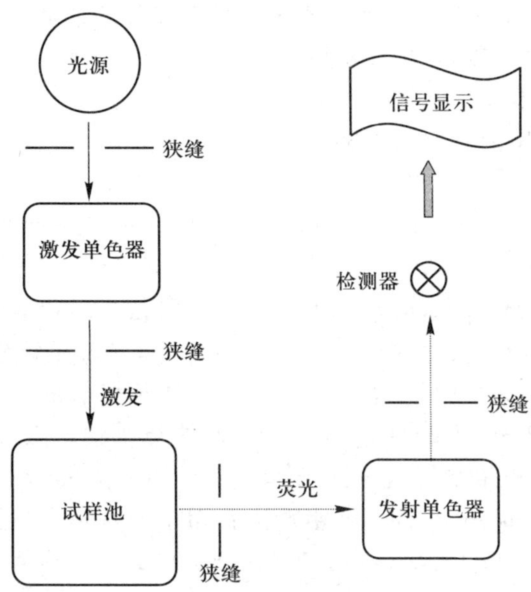

图 2-1-7　F-4500 型荧光光谱仪基本结构示意图

(二) 操作规程

1. 插上电源插头,打开“Power”,点击“Xe Lamp”打开氙灯,再打开“Main”,预热 20 min。

2. 荧光光谱扫描

打开电脑,双击桌面“FL Solution”图标,进入主窗口。点击右侧“method ”按钮,打开“Analysis Method”对话框,对话框中包含内容:General、Instrument、Monitor、Processing、Report。

(1) General

Measurement 项选 Wavelength scan,左下方 Use sample table 前方的复选框选中。

(2) Instrument

Scan mode 项选“Emission”,Data mode 项选“Fluorescence”,在下面的EX WL 文本框中输入激发波长数值,EM Start WL 文本框中输入发射波长扫描范围的最小数值,EM End WL 文本框中输入发射波长扫描范围的最大数值;右侧上面的 EX Slit,EM Slit,PMT Voltage 三个选项中分别输入激发光与发射光的狭缝宽度和相应的光电倍增管电压值,光电倍增管电压值设置用于调节灵敏度,剩余选项使用默认值。

（3）Monitor，Processing 项下使用默认值，Report 项下是报告打印相关内容。

参数设好之后，如果要保存该方法，回到 General 项下，点击右侧的 Save 或 Save as。在设定仪器参数之前如果要调出已保存过的仪器方法则可按 Load 按钮。设定完所有参数之后，点击确定。

3. 激发光谱扫描

在"Analysis Method"对话框中，设定如下：

（1）General

Measurement 项选 Wavelength scan，左下方 Use sample table 前方的复选框选中。

（2）Instrument

Scan mode 项选"Excitation"，Data mode 项选"Fluorescence"，在下面的 EM WL文本框中输入发射波长数值，EX Start WL 文本框中输入激发波长扫描范围的最小数值，EX End WL 文本框中输入激发波长扫描范围的最大数值；右侧上面的 EX Slit，EM Slit，PMT Voltage 三个选项中分别输入激发光与发射光的狭缝宽度和相应的光电倍增管电压值，剩余选项使用默认值。

（3）Monitor，Processing 项下使用默认值，Report 项下是报告打印相关内容。

参数设好之后，如果要保存该方法，回到 General 项下，点击右侧的 Save 或 Save as。在设定仪器参数之前如果要调出已保存过的仪器方法则可按 Load 按钮。设定完所有参数之后，点击确定。

4. 测荧光光度值

在"Analysis Method"对话框中，设定如下：

（1）General

Measurement 项选 Photometry，左下方 Use sample table 前方的复选框选中。

（2）Quantitation

Quantitation 项的下拉框中选 Wavelength，Calibration 项后选 1st，表示标准曲线为一次函数。

（3）Instrument

Data mode 项选"Fluorescence"，Wavelength 项选"Both WL Fixed"，在下面的 EX 与 EM 项下设置激发光与发射光的波长；右侧上面的三个选项中分别输入激发光与发射光的狭缝宽度和相应的电压值，用于调节灵敏度。

（4）Monitor 项下使用默认值，Report 项下是报告打印相关内容。

参数设好之后，如果要保存该方法，回到 General 项下，点击右侧的 Save 或 Save as。在设定仪器参数之前如果要调出已保存过的仪器方法则可按 Load 按钮。设定完所有参数之后，点击确定。

5. 点击右侧“Sample”按钮，设定要测定的试样数量及实验数据存储路径，点击 OK 键。

6. 测定

点击右侧“Measure”按钮，之后按提示操作即可，结果即在测定数据窗口中自动显示。

7. 关机

退出软件，关闭氙灯，再关闭仪器主机“Main” 与“Power”开关，关电脑及相关电源。当电源开关关闭后 5 s，再次接通 10 min，目的是仅让风扇工作（使灯室散热），最后再关闭电源。

（三）注意事项

1. 开仪器主机时，应该在开“Power”之后，“Main”之前点击“Xe Lamp”打开氙灯，如果在打开“Main”之后，则氙灯不能打开。

2. 光谱仪的内部使用了高压电路，为了防止电击，在操作时，不要打开盖子。

六、iCAP 6300 原子发射光谱仪

（一）性能与结构

iCAP 6300 是使用中阶梯光栅分光元件及电荷注入式装置（CID）固态检测器的 ICP－AES 全谱直读光谱仪。它的基本组成包括：供气和进样系统、高频发生器、ICP 炬管、耦合线圈、分光系统、检测系统、计算机控制及数据处理系统。图 2－1－8 为 ICP－AES 全谱直读光谱仪结构示意图。

（二）操作步骤

1. 开机预热

① 确认有足够的氩气用于连续工作。

② 确认废液收集桶有足够的空间用于收集废液。

③ 打开稳压电源开关，检查电源是否稳定，观察约 1 min。

④ 打开氩气并调节分压在 0.60～0.65 MPa。保证仪器驱气 1 h 以上。

⑤ 打开计算机。

⑥ 若仪器处于停机状态，打开主机电源。仪器开始预热。

⑦ 待仪器自检完成后，双击“iTEVA”图标，启动 iTEVA 软件，进入操作软件主界面，仪器开始初始化。检查联机通讯情况。

（若仪器一直处于开机状态，应保持计算机同时处于开机状态）

2. 编辑分析方法

① 选择元素及谱线。

② 设置参数。

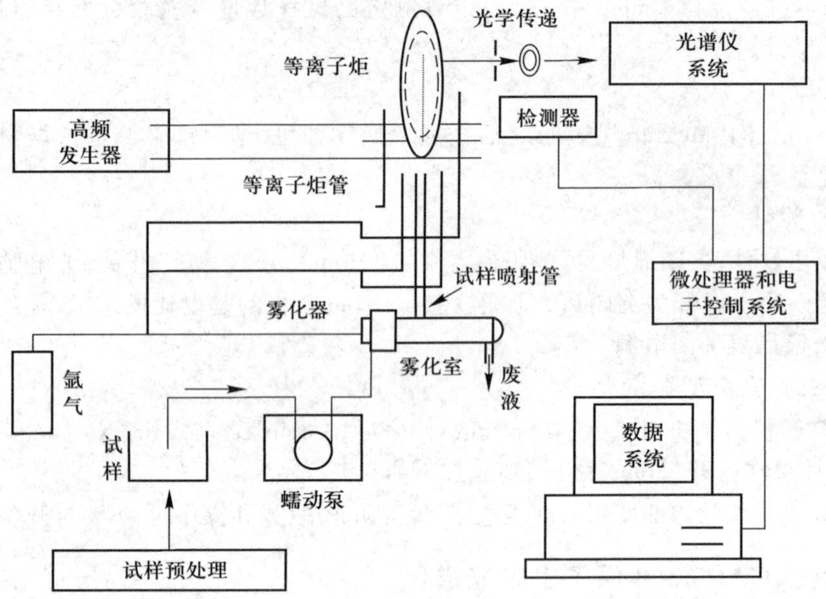

图 2－1－8 ICP－AES 全谱直读光谱仪结构示意图

③ 设置工作曲线参数。

3. 点燃 ICP 炬

① 再次确认氩气储量和压力，并确保驱气时间大于 1 h，以防止 CID 检测器结霜，造成 CID 检测器损坏。

② 光室温度稳定在 38 ±0.2℃。CID 温度小于 －40℃。

③ 检查并确认进样系统（炬管、雾化室、雾化器、泵管等）是否正确安装。

④ 夹好蠕动泵夹，把试样管放入蒸馏水中。

⑤ 开启通风。

⑥ 开启循环冷却水。

⑦ 打开 iTEVA 软件中“等离子状态”对话框，查看连锁保护是否正常，若有红灯警示，需做相应检查，若一切正常点击“等离子体开启”，点燃 ICP 炬。

⑧ 待等离子体稳定 15 min 后，即可开始测定试样。

4. 绘制标准曲线并分析试样。

5. 关闭 ICP 炬

① 分析完毕后，将进样管放入蒸馏水中冲洗进样系统 10 min。

② 在“等离子状态”对话框，点击“等离子关闭”，关闭 ICP 炬。

③ 关闭 ICP 炬 5～10 min 后，关闭循环水，松开泵夹及泵管，将进样管从蒸馏水中取出。

④ 关闭排风。

⑤ 待 CID 温度升至 20℃以上时,驱气 20 min 后,关闭氩气。

七、WFX－130 型原子吸收分光光度计

(一) 性能与结构

WFX－130 型分光光度计是单道双光束型原子吸收光谱仪,采用氘灯背景校正及自吸效应背景校正技术。该仪器可以作火焰和石墨炉原子吸收分析。计算机实时数据处理,可以显示吸光度、浓度、标准偏差和相对标准偏差,并能显示及打印工作曲线和瞬时信号图形。WFX－130 型原子吸收分光光度计光学系统如图 2－1－9 所示。

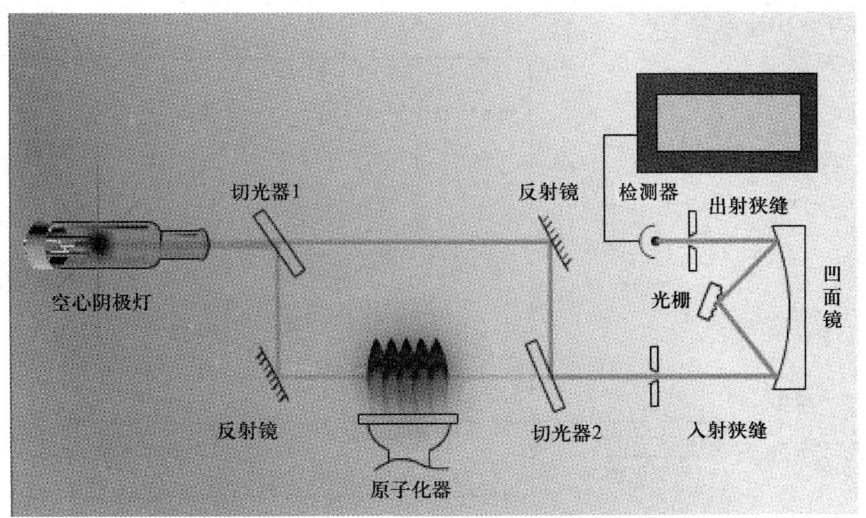

图 2－1－9　WFX－130 型原子吸收分光光度计光学系统

(二) 操作步骤

1. 打开吸风罩和实验室排气风扇,通风 10 min,打开空气压缩机。
2. 安装空心阴极灯。
3. 打开主机电源和计算机电源,启动控制软件进行自检。
4. 打开乙炔钢瓶总阀,开启减压阀至 0.5 MPa。
5. 在控制软件界面选择“新建”分析项目。
6. 点击“寻峰”按钮,等待仪器寻找最强辐射所对应的波长。细调灯位,使辐射强度最大。
7. 调节乙炔流量至适宜值,按“点火”按钮点燃火焰。
8. 点击“自动增益”使空心阴极灯的能量接近 100%。

9. 点击“数据”按钮,进空白溶液清零,进试样溶液读数。其余按界面提示进行操作。

10. 测量完毕后关闭乙炔,熄灭火焰,关闭空气压缩机,关闭计算机和主机电源。

八、TAS－990型原子吸收分光光度计

(一) 性能与结构

TAS－990型原子吸收分光光度计是单道单光束型原子吸收光谱仪。结构简单,操作方便,能满足一般分析的基本要求。仪器主要由光源系统、原子化系统、分光系统和检测系统组成。TAS－990型原子吸收分光光度计光学系统如图2－1－10所示。

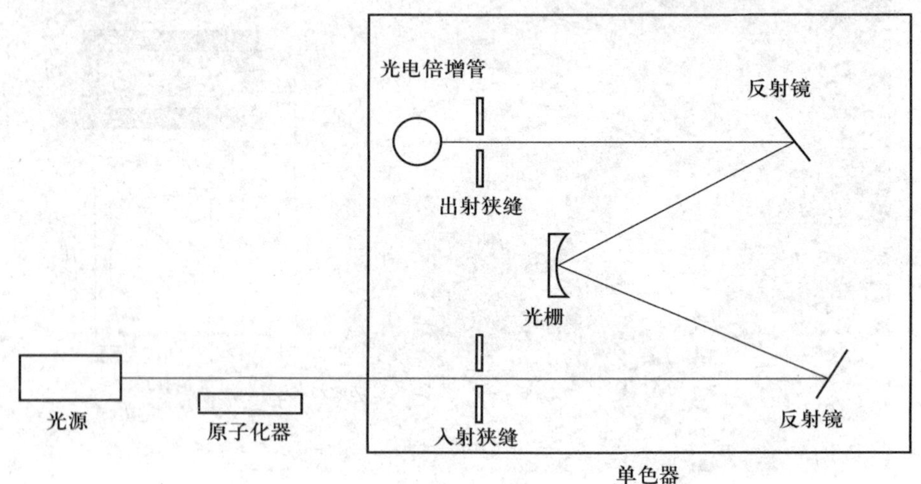

图2－1－10 TAS－990型原子吸收分光光度计光学系统

(二) 操作步骤

1. 接通电源,打开电脑。
2. 安装空心阴极灯。
3. 打开主机电源。
4. 打开操作软件,仪器初始化。
5. 设置实验条件,执行寻峰操作。
6. 检查排水装置。
7. 开空气压缩机,调节出口压力为0.22 MPa。
8. 开乙炔钢瓶,调出口压力为0.05 MPa。
9. 点火,待火焰稳定后测定试样。

10. 结束工作，按相反顺序关机。

（三）注意事项

1. 点火时排风装置必须打开，操作人员应位于仪器正面左侧执行点火操作，且仪器右侧及后方不能有人，点火之后不能关闭空气压缩机。

2. 火焰法熄火时一定要最先关乙炔，待火焰自然熄灭后再关空气压缩机。

九、AFS－830 型原子荧光光度计

（一）性能与结构

原子荧光光度计分为色散型和非色散型。色散型仪器主要部件包括光源、原子化器、单色器和检测器等。非色散型仪器主要包括光源、原子化器和检测器等。在原子荧光光度计中，为了避免发射光谱对荧光信号的干扰，将光源与检测器置于相互垂直的位置。原子荧光光度计的结构如图 2－1－11 所示。

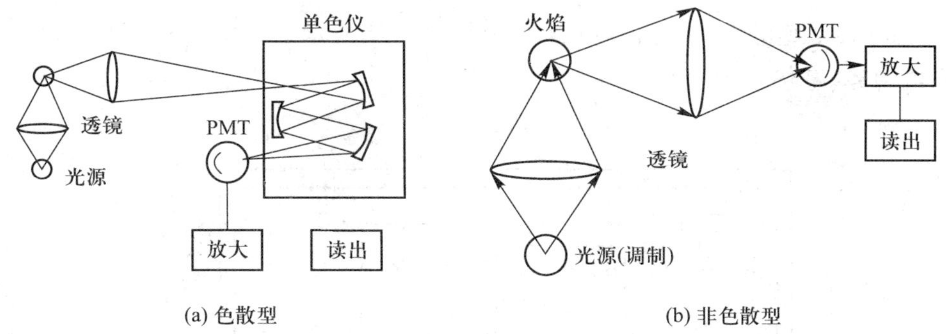

(a) 色散型　(b) 非色散型

图 2－1－11　色散型和非色散型原子荧光光度计结构示意图

（二）操作步骤

1. 开机顺序

打开通风系统，检查仪器是否水封；打开氩气钢瓶总阀和减压阀，调节压力为 0.2～0.3 MPa；打开主机和计算机电源，开启间歇泵电源，双击 AFS－830 程序图标，进入 AFS 操作软件，仪器自检完成后进入测量主菜单。

2. 测量步骤

（1）点击“元素表”，完成元素灯识别选择。

（2）点击“仪器条件”和“测量条件”，进行仪器条件和测量条件的设置。

（3）点击“间歇泵”，设置间歇泵程序为仪器默认值。

（4）点击“标准系列”，分别在 A 道或 B 道输入标准试样的浓度，之后再选定每个标样的位置。

(5) 点击“试样参数”,进行试样参数设置,其中“添加试样”中“起始编号”即为试样的编号。

(6) 点击“点火”,点燃火焰,观察元素灯是否点亮。

(7) 点击“测量窗口”,进行标准溶液和试样溶液的测定。

(8) 测量完成后,将还原液及载流液均换成二次水,冲洗仪器 30 min。

3. 关机顺序

点击“熄火”熄灭火焰,退出操作软件,依次关闭间歇泵电源、主机电源和计算机,关闭氩气,最后关闭通风系统。

第四节 电化学分析仪器的结构及使用

一、pHS-2 型酸度计

pHS-2 型酸度计的面板功能如图 2-1-12 所示。本仪器可用于测量 pH 和电动势(毫伏)。

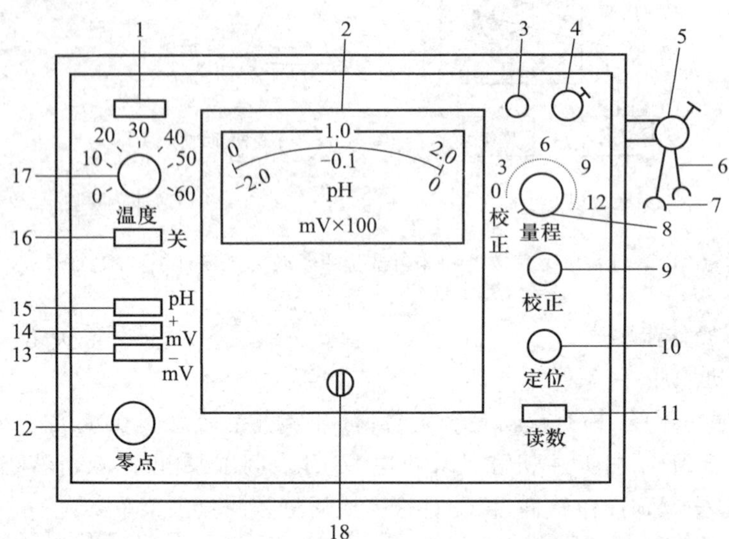

图 2-1-12 pHS-2 型酸度计的面板功能图

1—指示灯 2—读数电表 3—甘汞电极接线柱 4—玻璃电极插孔 5—电极夹固紧螺钉 6—玻璃电极夹 7—甘汞电极夹 8—量程选择及校正 9—校正旋钮 10—定位旋钮 11—读数开关 12—零点调节旋钮 13—-mV 按键 14—+mV 按键 15—pH 按键 16—电源开关按键 17—温度补偿旋钮 18—电表调零螺丝

（一）测量电动势（+mV）的操作

1. 预热

接通电源，根据电极的连接情况，按下 +mV 键（14），将量程选择开关 8 旋至“0”，用调节旋钮 12 使电表指针指在表头 pH“1”处。

2. 校正

将量程选择开关 8 旋至“校正”位置，调节校正旋钮 9，使指针指在 pH“2”处，再将量程选择开关 8，旋至“0”处，完成校正工作，反复校正 2～3 次。

3. 测量

拔出负极插头，按下读数开关 11，调节定位旋钮 10 使指针指在刻度“0”处，将玻璃电极和参比电极插入溶液中，调节量程选择开关 8，使指针指在刻度范围内，按下读数开关键 11，此时电表读数乘 100 加上量程选择开关 8 所指的读数乘 100 即为所测电动势值（mV）。

pH 玻璃电极和饱和甘汞电极如图 2-1-13 和图 2-1-14 所示。

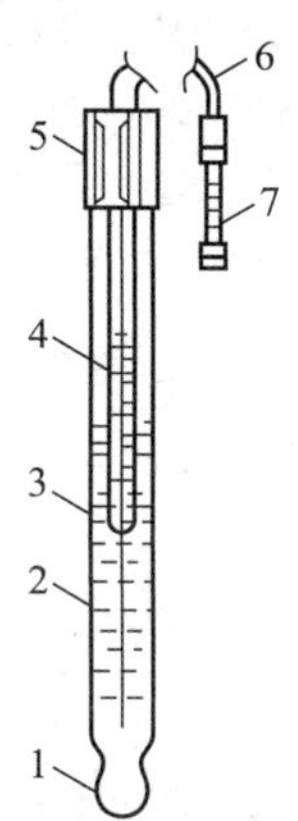

图 2-1-13　pH 玻璃电极

1—玻璃膜　2—玻璃外壳

3—0.1 mol·L^{-1} HCl 溶液

4—银-氯化银电极　5—绝缘套

6—电极引线　7—电极插头

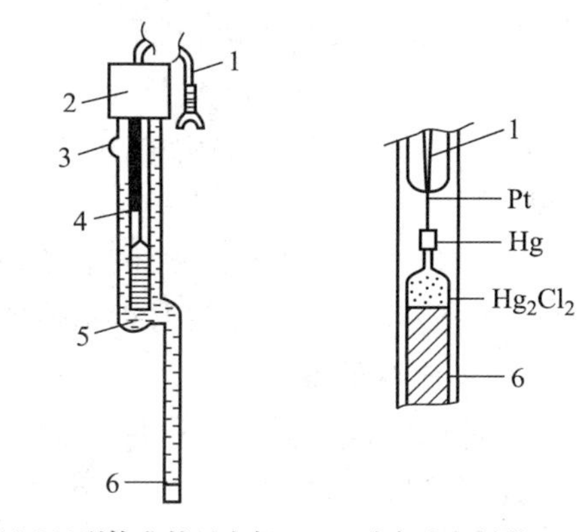

(a) 232型饱和甘汞电极　(b) 内部电极结构

图 2-1-14　饱和甘汞电极

1—导线　2—绝缘帽　3—加液口　4—内部电极

5—饱和 KCl 溶液　6—多孔性物质

（二）测量电动势（-mV）的操作

电极的接法同 +mV 的测量。按下 -mV 键 13，校正方法同 +mV 的操作，不同的是拔出负极插头后，调节定位旋钮 10 使电表指针在右边“0”处（-mV 在下列刻度读数），测量时依上法读数，所得结果为 -mV 值。

（三）溶液 pH 测定操作

1. 安装电极

将玻璃电极插头插入插孔 4，甘汞电极引线接在接线柱 3 上。安装玻璃电极时，下端玻璃球泡必须比甘汞电极陶瓷芯端稍高些，以免被碰破。

2. 预热

接通电源，按下 pH 键开关 15，指示灯 1 亮，预热半小时左右。

3. 校正

将温度补偿器 17 旋至被测溶液的温度值处。拔出玻璃电极插头，将量程选择开关 8 旋至 6，调节零点调节旋钮 12 使指针指在 pH 为 1 处，转动校正调节旋钮 9，使指针指在 pH 为 2 的位置，如此重复上述调节至校正好为止（一般 2 ~ 3 次）

4. 定位

将量程选择开关 8 旋至适当位置，其值为标准缓冲溶液的 pH 减 2。在小烧杯中加入标准缓冲溶液，在被测溶液与标准缓冲溶液温度相同的情况下，查出该温度下的标准溶液的 pH。把参比电极及玻璃电极浸入溶液中，轻轻摇动烧杯，按下读数开关 11，调节定位调节旋钮 10 使指针指在标准缓冲溶液的 pH 的数值。放开读数开关 11，撤去溶液，淋洗电极。此时应特别注意当定位工作结束后，不得再转动定位调节旋钮 10，否则应重新进行校正。

5. 测量

将电极浸入被测试液中，按下读数开关 11，轻轻摇动烧杯，调节选择开关 8 至能读出指示值，选择开关的指示值加上指针的指示值即为被测溶液的 pH。

（四）注意事项

1. 玻璃电极的插口必须保持清洁，不使用时应将电极插头插入，以防止灰尘及湿气浸入。

2. 甘汞电极在使用时，必须注意内电极和陶瓷芯之间是否有气泡停留，如有气泡则必须排除。

3. 玻璃电极球泡有裂纹或老化，则应调换新的电极。新电极在使用前需要用蒸馏水浸泡 24 h。

4. 当玻璃电极插口中已插入电极插头，而电极未浸入溶液；或未插入电极插头，但按住 pH 挡，而量程选择开关不是在 6 处；或按住 mV 挡，而量程选择开关不是在 0 处的情况下，绝对不要按下读数开关，否则出现指针打针现象。

二、ZD－2 型自动电位滴定仪

ZD－2 型自动电位滴定仪整机结构如图 2－1－15 所示，它是由“ZD－2 型自动电位滴定计”和“DZ－1 型滴定装置”组成。

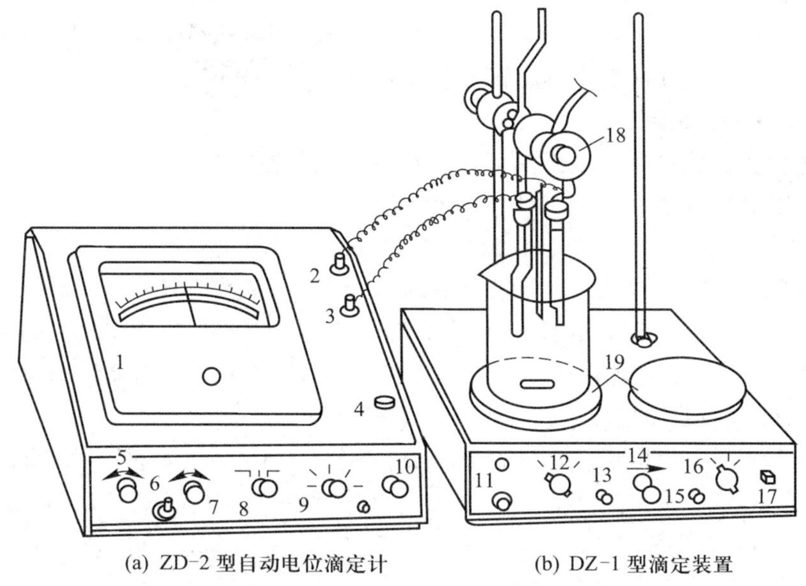

(a) ZD-2 型自动电位滴定计　(b) DZ-1 型滴定装置

图 2－1－15　ZD－2 型自动电位滴定仪

1—指示电表　2—玻璃电极插孔（－）　3—甘汞电极接线柱（＋）　4—读数开关　5—预控制调节器　6—滴液开关　7—预定终点调节器　8—选择器　9—温度补偿调节　10—校正器　11—搅拌开关及指示灯　12—电磁阀选择开关　13—滴定指示灯　14—搅拌转速调节器　15—终点指示灯　16—工作开关　17—滴定开始按键　18—电磁阀　19—磁力搅拌器

（一）准备工作

把“ZD－2 型自动电位滴定计”和“DZ－1 型滴定装置”按图 2－1－15 装配，仪器后面用双头插塞线连接。玻璃电极接插孔 2，甘汞电极接仪器插孔 3。滴定管内倒入滴定剂，滴定管的下端与电磁阀 18 的橡胶管上端连接，橡胶管的下端与玻璃毛细管连接。注意毛细管出口高度应比指示电极（如玻璃电极）略高些，使滴出液可从毛细管流出。

1. pH 滴定的校正

把 2 个电极浸在标准缓冲溶液中，将温度补偿调节器 7 置于实际温度位置，开动搅拌器，按下读数开关 4。调节校正器 6，使指针刚好指在校正温度下的标准缓冲溶液的 pH 位置上，再次按读数开关 4，使之松开，指针应退回至 pH 为 7 处。

2. 电位(mV)滴定的校正

松开玻璃电极插孔的电极,按下读数开关4,根据测量范围 -700 mV ~0 mV ~ +700 mV 或0 mV ~ ±1 400 mV 的不同要求,用校正器6调节电表指针在 ±700 mV 或0 mV 处。校正后,不得再旋转校正器6。

(二) 手动滴定

1. 把烧杯放在左边电磁阀下,把 DZ-1 型的电磁选择开关扳向1。

2. 把 DZ-1 型工作开关12 扳向手动。

3. 把 ZD-2 型的选择器8 转向"测量 mV"或"测量 pH"挡。按下 ZD-2 型的读数开关4,指针的位置表示被测液的起始电位或起始 pH。

4. 读取滴定剂起始体积数,按下读数开关4,工作开关12 指在"滴定",按下滴定开关13,终点指示灯14 亮,滴定指示灯15 亮或时亮时暗。放开滴定开关13,则标准溶液停止流入试液,两指示灯都熄灭。

5. 每加入一定体积的标准溶液,记录一次 V ~ mV 或 V ~ pH,直到超过化学计量点为止。

(三) 自动滴定

1. 把工作开关12 指向"滴定"。

2. 把选择器8 转向"终点"处,按下读数开关4,转动终点调节器9,使指针指在终点电位或终点 pH 上。

3. 将选择器8 旋向"pH 滴定"或"mV 滴定",指针所指的值即起始 pH 或起始电位值。

4. 比较起始电位(或 pH)与终点电位(或 pH)的大小,若前者小于后者,滴液开关10 指向"-",否则,指向"+"。

5. 按下滴定开始键13 约2 s,终点指示灯亮,滴定指示灯时熄时亮,滴定自动进行。滴液速度可由预控调节器5 调节,向左旋动滴速快,向右旋动则慢。

6. 当电表指针到终点值时,滴定指示灯灭,随即终点指示灯也熄灭,滴定结束。

最后,先放开读数开关,把电极从溶液中取出。关闭全部电路开关,放松电磁阀的支头螺丝,实验完毕。

三、CHI 660D 电化学工作站

(一) 性能与结构

CHI 660D 电化学工作站为通用电化学测量系统。内含快速数字信号发生器,高速数据采集系统,电位电流信号滤波器,多级信号增益,iR 降补偿电路,以

及恒电位仪/恒电流仪。电位范围为 10 V，电流范围为 250 mA。电流测量下限低 50 pA。可直接用于超微电极上的稳态电流测量。

CHI 660D 电化学工作站集成了几乎所有常用的电化学测量技术，包括恒电位，恒电流，电位扫描，电流扫描，电位阶跃，电流阶跃，脉冲，方波，交流伏安法，流体力学调制伏安法，库仑法，电位法，以及交流阻抗等。不同实验技术间的切换十分方便。图 2－1－16 是 CHI 660D 电化学工作站的后面板示意图。

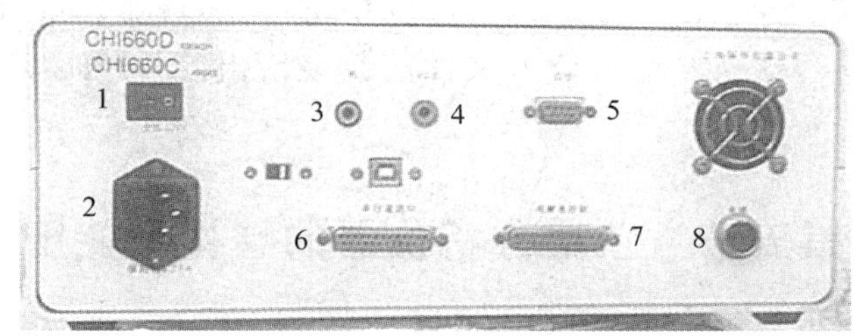

图 2－1－16　CHI660D 电化学工作站后面板

1—电源开关　2—电源插座　3—接地　4—旋转电极控制（RDE）　5—信号　6—电解池控制　7—串行通讯口　8—电极

（二）操作规程

将电极夹头夹到实际电解池上，设定实验技术和参数后，便可进行实验。实验中如果需要电位保持或暂停扫描（仅对伏安法而言），可用 Control 菜单中的 Pause/Resume 命令。此命令在工具栏上有对应的键。如果需要继续扫描，可再按一次该键。对于循环伏安法，如果临时需要改变电位扫描极性，可用 Reverse（反向）命令，在工具栏也有相应的键。若要停止实验，可用 Stop（停止）命令或按工具栏上相应的键。如果实验过程中发现电流溢出（Overflow），经常表现为电流突然成为一水平直线或得到警告），可停止实验，在参数设定命令中重设灵敏度（Sensitivity）。数值越小越灵敏（1.0e－006 要比 1.0e－005 灵敏）。如果溢出，应将灵敏度调低（数值调大）。灵敏度的设置以尽可能灵敏而又不溢出为准。如果灵敏度太低，虽不致溢出，但由于电流转换成的电压信号太弱，模数转换器只用了其满量程的很小一部分，数据的分辨率会很差，且相对噪声增大。对于 600 和 700 系列的仪器，在 CV 扫速低于 0.01 V/s 时，参数设定时可设自动灵敏度控制（Auto Sens）。此外，TAFEL，BE 和 IMP 都是自动灵敏度控制的。实验结束后，可执行 Graphics 菜单中的 Present Data Plot 命令进行数据显示，这时实验参数和结果（例如峰高，峰电位和峰面积等）都会在图的右边显示出来，你可做各种显示和数据处理。很多实验数据可以用不同的方式显示。在 Graphics 菜单的 Graph Option 命令中可找到数据显示方式的控制,例如 CV 可允许你选择任意段的数据显示,CC 可允许 $Q-t$ 或 $Q-t^{1/2}$ 的显示,ACV 可选择绝对值电流或相敏电流(任意相位角设定),SWV 可显示正反向或差值电流,IMP 可显示波德图或奈奎斯特图,等等。

要存储实验数据,可执行 File 菜单中的 Save As 命令。文件总是以二进制(Binary)的格式储存,用户需要输入文件名,但不必加 .bin 的文件类型。如果你忘了存数据,下次实验或读入其他文件时会将当前数据抹去,若要防止此类事情发生,可在 Setup 菜单的 System 命令中选择 Present Data Override Warning。这样,以后每次实验前或读入文件前都会给出警告(如果当前数据尚未存的话)。

第五节 色谱分析仪器的结构及使用

一、GC-2010 plus 气相色谱仪

(一) 仪器组成

气相色谱仪由气路系统、进样系统、分离系统、温控系统和检测记录系统组成。载气由高压钢瓶中流出,经减压阀降压到所需压力后,通过净化干燥管使载气净化,再经稳压阀和转子流量计后,以稳定的压力、恒定的速度流经汽化室与汽化的试样混合,将试样气体带入色谱柱中进行分离。分离后的各组分随着载气先后流入检测器,然后载气放空。检测器将物质的浓度或质量的变化转变为一定的电信号,经放大后在记录仪上记录下来,就得到色谱流出曲线。其工作流程如图 2-1-17 所示。

根据色谱流出曲线上得到的每个峰的保留时间,可以进行定性分析,根据峰面积或峰高的大小,可以进行定量分析。

(二) 操作步骤

1. 开机步骤

(1) 打开气源,载气(N_2/He):0.7 MPa,H_2:0.2~0.3 MPa,空气:0.3~0.4 MPa。

(2) 打开 GC,计算机的电源。

(3) 在计算机桌面上打开 Real Time Analysis 快捷键,进入实时分析窗口。

(4) 打开 System Configuration 进行自动进样器、进样口、色谱柱、检测器的配置,在此窗口需设置载气、尾吹气种类;柱参数(柱长、内径、膜厚、最高使用温度)输入及色谱柱的选择;样品瓶(4 mL,1.5 mL)、进样针(10 μL,50 μL,250 μL)

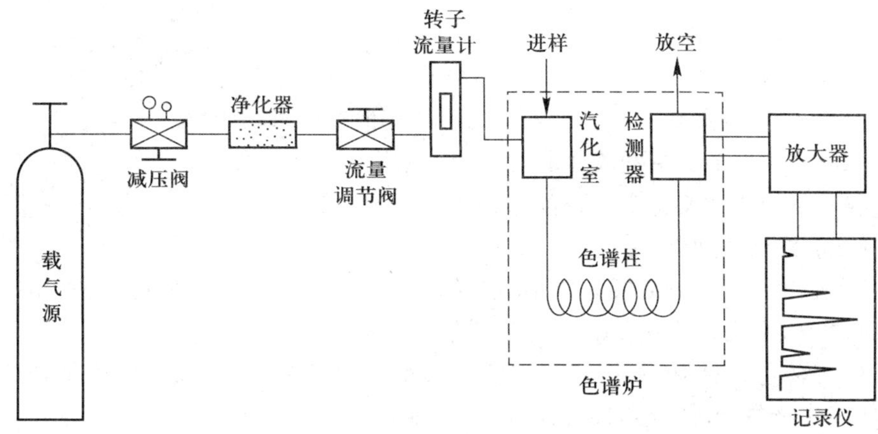

图 2-1-17　气相色谱仪工作流程图

大小的选择。设定完毕，回到 System Configuration 窗口，点击 SET 键确认。

(5) 仪器参数的设定：先设柱温(可做程序升温)，再设定进样口温度、柱流量及分流比、检测器温度、H_2 和 Air 流量。(通常 H_2 47 mL · min^{-1}，空气 400 mL · min^{-1})。

(6) 用鼠标点 File 菜单找到 Save Method File As，输入你想保存的方法文件名(如果硬件配置相同的话，可以直接调用此方法)。

(7) 如沿用上次关机前的配制，直接在 3 步的窗口下用鼠标点 File 菜单找到 Open Method File 打开需要的方法文件名。

(8) 点击 Download Parameters，再点击 System On。

(9) 等 FID 检测器温度升到 160℃以上时，点击 Flame On 点火。

(10) 等仪器稳定后，进行 Slope Test，出现对话框点 OK 即可。

(11) 没配备自动进样器的直接点 Single Run—Sample Login，出现试样注册对话框，样品名、数据文件名、样品重量等输完后，点确定键。再点一下 Start 键，等数据采集窗口上面出现 Ready(Standby)之后，即可进样，再按 GC Start 键进行数据采集。

(12) 配备自动进样器的直接点 Batch Processing 进行批处理编写，批处理必须要输入试样瓶号、试样名称、试样类型、方法文件、数据文件，保存批处理文件。点 Start 键即可自动运行。

2. 关机步骤

(1) 点一下 System Off，等柱温低于 50℃，检测器温度低于 100℃以后，退出 Real Time Analysis 窗口，关闭计算机。

(2) 关闭气源,载气(N_2/He)、H_2、空气。

(3) 关闭 GC 电源开关。

3. 注意事项

(1) H_2 比较危险,一定要经常检漏,不用时要立即关上。

(2) 柱子要老化后再接上检测器,以免流失造成喷嘴堵。

(3) 不使用的检测器、进样口最好在 OFF 状态。

(三) 注意事项

1. 进样口要定期更换进样垫,进样口内的玻璃衬管要定期清洗,不用的进样口和检测器要用堵头堵好。

2. 安装色谱柱时,毛细柱两端切口要平齐,长时间不用或新的毛细柱两头要切掉 2 cm 左右,再分别接进样口、检测器。

3. 最好用程序升温老化色谱柱,老化的最高温度要高于平时使用温度 20℃以上而低于柱子的最高使用温度。老化时间不低于 1.5 h。载气流速应与测定试样时保持一致。

二、LC－20 AT 高效液相色谱仪

(一) 仪器结构和工作原理

高效液相色谱仪主要包括高压输液系统、进样系统、分离系统、检测系统四个主要部分。此外,还有梯度洗脱、在线脱气、自动进样及数据处理系统等辅助装置。其工作流程如图 2－1－18 所示。

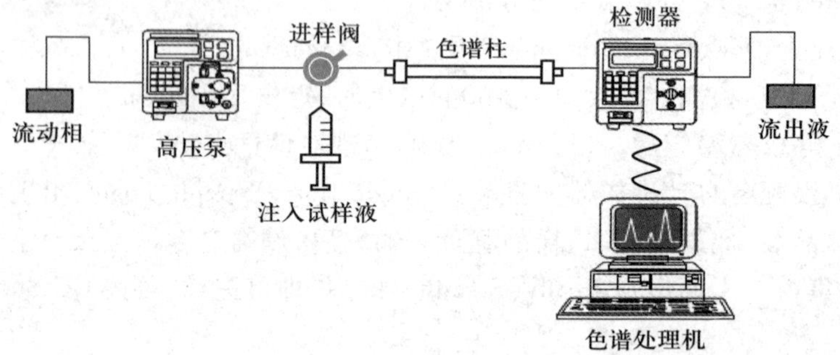

图 2－1－18　液相色谱仪工作流程图

高压输液系统:其作用是提供足够恒定的高压,迫使流动相以稳定的流量快速渗透通过固定相。高压输液系统由流动相储液器、高压泵、脱气器和梯度洗脱装置组成,其核心部件是高压泵,一般使用不锈钢和聚四氟乙烯做泵的材质。

进样系统：在高效液相色谱中，一般采用旋转式高压六通阀进样。

分离系统：色谱柱是高效液相色谱的核心部件，包括柱管和固定相两部分。柱管一般采用内壁抛光的优质不锈钢管或铝、铜等金属材质。常规色谱柱长为 5 ~ 25 cm，内径为 4 ~ 5 mm。色谱柱固定相一般是粒径为 3 ~ 5 μm 的填料。

检测系统：HPLC 常用的检测器有紫外检测器、二极管阵列检测器（DAD）、荧光检测器、示差折光检测器、蒸发光散射检测器和质谱检测器。二极管阵列检测器对大部分有机化合物有响应；荧光检测器可以检测产生荧光的物质，对如多环芳烃、维生素 B、黄曲霉素、卟啉类化合物、农药、药物、氨基酸、甾类化合物等有响应；蒸发光散射检测器对碳氢化合物、表面活性剂、聚合物、脂肪酸和氨基酸、油和挥发性低于流动相的任何试样、不含发色团的化合物有响应。

（二）操作步骤

1. 开机

打开 LC－20AT 溶液传输单元（泵）、真空脱气机、系统控制器、所选用的检测器、自动进样器、柱温箱的电源开关。打开计算机，双击色谱工作站，使计算机与仪器连接。

2. 分析方法的编辑

在仪器运行参数设置界面，根据试样运行时间设置采样时间和检测的起始时间。泵的模式选择等度淋洗（isocratic flow）或梯度淋洗（low pressure gradient），输入总流速和流动相比例，最大压力根据色谱柱的最大压力进行设置。DAD 检测器根据分析物的光学性质选择光源，一般未知物同时选择氘（D_2）灯和钨（W）灯，输入开始和结束时的波长。分别设置柱温箱和自动进样器的参数。当仪器稳定，基线稳定后，下载方法，进行试样的分析。

3. 运行

进行单次运行时，点击 Single Run 按钮，输入试样名称，选择方法文件、数据文件存储路径、进样量、试样盘编号等参数，单击确定可以进行试样的分析。

进行序列处理时，点击 Batch Processing 按钮，首先建立空序列表，在空序列表中输入各项信息（自动进样架上的瓶号、自动进样架号、试样名、方法名、文件名、进样量等），保存已建好的序列表。选中全部或部分序列表，单击 Start，仪器开始序列进样采集分析。

4. 关机

试样分析完毕后，按照要求对色谱柱进行冲洗。冲洗完后，单击 Instrument On/Off 按钮，再依次关闭各个界面，退出色谱工作站，最后关闭仪器电源开关。

5. 积分

打开后处理界面，找到已经完成的数据，提取所要波长下的色谱峰。在积分页面，选择面积选项进行自动积分。也可以选择积分页面的程序，进行手动积分。结果在视图中峰表内查看。

6. 绘制标准曲线

外标法定量：打开化合物表向导窗口，选择峰面积、要标定的峰，选择外标法。输入浓度，识别，选择时间窗或者时间带。定义峰的名字和标样的浓度，保存方法。打开已经建立的方法，然后将各个标样图谱拖动到右边空白处生成序列表，修改序列表信息。保存序列表，单击开始按钮，则自动生成标准曲线。

内标法定量：定量方法为内标法，确定内标物的峰。

7. 利用标准曲线计算试样的浓度

打开需要计算的谱图，选择需要加载的方法参数，查看峰表可以看结果。

8. 报告编辑

单击报告模板，拖动到报告模板中即可。将相应的数据拖动到报告模板中即显示报告。

（三）注意事项

1. 高压恒流泵的密封圈是最易磨损的部件，密封圈的损坏可引起系统的许多故障，要注意保养和定期更换。

2. 必须使用 HPLC 级或相当于该级别的流动相，并先经 0.45 μm 薄膜过滤。过滤后的流动相必须经过充分脱气，以除去其中溶解的气体 O_2 等，如不脱气易产生气泡、基线噪声增加、灵敏度下降，甚至无法分析。

3. 为了延长检测器灯的使用寿命，在暂时不使用时可在不关机的情况下，只把灯关掉（最好在需要关灯时间 4 h 以上才关灯，因为频繁的开关灯，同样会缩短灯的使用寿命）。

三、BECKMAN P/ACE MDQ 毛细管电泳仪

（一）工作原理和性能

毛细管电泳也称作高效毛细管电泳，是一类以毛细管为分离通道、以高压直流电场为驱动力的新型液相分离技术。BECKMAN P/ACE MDQ 系统的基本结构包括进样、填灌/清洗、电流回路、毛细管/温度控制、检测/记录/数据处理等部分，如图 2-1-19 所示。

进样系统：由于毛细分离通道十分细小，只需消耗数纳升的样品。为了提高分离效率，实验过程需要无死体积进样。首先让毛细管直接与试样接触，然后由

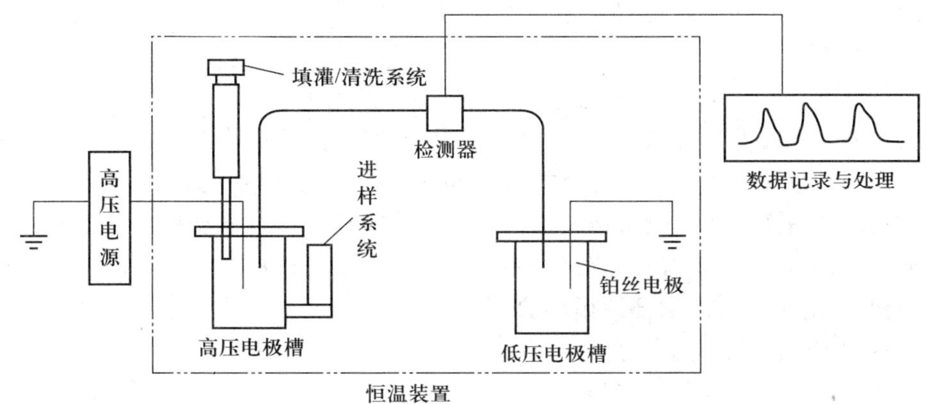

图 2-1-19 高效毛细管电泳仪结构示意图

重力、电场力或者其他动力驱动试样流入管中。通常进样方式包括电动进样,压力进样或者扩散进样。

填灌/清洗系统:装填缓冲液和清洗毛细管是保持自由溶液 CE 高效和重现分离的重要条件。通常采用正、负压助推流动,所需机构和压力进样机构类似,包括位置控制、压力控制和计时控制等部分,此机构要求系统具有一定的密闭性。

电流回路:毛细管电泳的电流回路系统,通常包括直流高压电源、电极、电极槽、导线和电解质缓冲液。缓冲液内含有电解质,充填于电极槽和毛细管中,通过电极、导线与电源连通,是分离室中的导体。

毛细管/温度控制系统:理想的毛细管必须是电绝缘、紫外/可见光透性和富有弹性的。在电泳过程中,毛细管内会因焦耳热效应而产生径向温度梯度,引起迁移速度分布,降低分离效率。因此,需要将毛细管置于温度可调的恒温环境中。主要采用风冷(强制空气对流)和液冷两种方式,其中液冷效果较好,但是风冷控制系统简单。

检测/记录/数据处理系统:CE 有许多潜在的检测方法,比如光吸收法、电化学法、电导法以及化学发光、磷光、荧光、质谱等法,其中紫外吸收已经非常成熟,是绝大多数商品仪器的主力检测手段。毛细管电泳的数据记录、处理和谱图显示方法与色谱是一样的。可以采用记录仪、积分仪、计算机等不同的手段对谱图进行记录和处理。定性定量的数据测定和运用方法也与色谱相同。

(二)操作步骤

1. 开机

接通电源,打开毛细管电泳仪开关,打开计算机,点击桌面 32 Karat 操作软件图标，点击 DAD 检测器图标，进入毛细管电泳仪控制界面。

2. 放样

将分别装有 0.1 mol · L^{-1}盐酸、1 mol · L^{-1}氢氧化钠、运行缓冲液 A、重蒸水依次放入左边缓冲液托盘(Inlet)，并记录对应的位置；然后将装有运行缓冲液 A 及空的缓冲液瓶放入右边缓冲液托盘(Outlet)，记录对应的位置；将装有待检测样品的缓冲液瓶放入左侧试样托盘，记录对应的位置；检查卡盘和试样托盘是否正确安装；关好托盘盖，注意直接控制图像屏幕上是否显示卡盘和托盘盖已安装好；此时应能听到制冷剂开始循环的声音。

3. 冲洗毛细管

在直接控制屏幕上点击压力区域，出现对话框；设置 Pressure、Duration、Direction、Pressure Type、Tray Positions 等参数；点击 OK，瓶子移到指定的位置，开始冲洗；冲洗完成后，毛细管已处理好，毛细管中充满运行缓冲液。

4. 方法编辑

先进入 32 Karat 主窗口，用鼠标右键单击所建立的仪器，选择 Open Offline，几秒钟后会打开仪器离机窗口，从文件菜单选择 File/Method/New，在方法菜单选择 Method/Instrument Setup 进入方法的仪器控制和数据采集模块；选择其中一个为“Initial Condition”(初始条件)的选项卡，进入初始条件对话框；在这个对话框中输入用于仪器开始方法运行时的参数。

5. 建立序列

从仪器窗口选择 File/Sequence/New，打开序列向导，按要求选择；点击 Finish，出现新建的序列表。

6. 系统运行

在系统运行前，检查仪器的状态；检测器配置是否正确；灯是否点着；样品和缓冲液是否放置正确；从菜单选择 Control/Single Run 或点击图标，打开单个运行对话框。在仪器窗口的工具条上点击绿色的双箭头，打开运行序列对话框。

7. 关机

关闭氘灯，点击 Load，使托盘回到原始位置；打开托盘盖，待冷凝液回流后关闭控制界面；关闭毛细管电泳仪开关，关闭计算机，切断电源。

(三) 注意事项

1. 运行同一缓冲液时只需用该缓冲液冲洗 3 min，否则需用高纯水冲洗后再用缓冲液冲洗；

2. 关机淋洗后，进出口均用蒸馏水封住；长期不使用仪器，需吹干毛细管后，用空瓶封住；

3. 仪器运行过程中产生高压，严禁打开托盘盖。

四、Metrohm 861 型离子色谱仪

（一）性能与结构

Metrohm 861 型离子色谱仪是一种双抑制型离子色谱仪，自带电导检测器。也可外接紫外可见检测器（UV/Vis）、二极管阵列检测器（DAD）、伏安检测器（VA）和脉冲安培检测器（PAD），还可以和等离子体光谱/质谱（ICP - AES/MS）联用。采用不同的离子交换柱，可以对试样中的阳离子或阴离子进行分离，并可根据离子色谱峰的峰高或峰面积进行定量分析。

（二）操作步骤

1. 打开系统

双击桌面离子色谱软件图标，进入操作软件。

2. 预热准备

打开系统窗口，在系统窗口中点击“系统—更改”，更改系统为“阴离子系统平衡”，点击“控制—开始测定”（确认每过 10 min 抑制器切换后有一水负峰）。预热 30 ~ 60 min 直至基线平衡，点击“控制—停止测定”。

3. 准备试样

标样可采用一次性注射器直接进样，试样需用 0.45 μm 孔径过滤膜过滤后进样，未知试样还需先稀释 100 ~ 1 000 倍后再进样，确保浓度不会太高进而污染系统。

4. 开始测定

预热结束后，在系统窗口中点击“系统—更改”，更改系统为“阴离子试样分析”。点击“控制—开始测定”，在弹出的对话框中输入试样信息及校正水平（试样为 0，标样为 1、2、3…）。点击“确定”，将试样通过注射器注入定量环（注意下一次进样前不要取下注射器。若想更改采样时间，可点击“方法—属性”，输入采样时间。多个试样测定重复上述步骤。

若中间有预计一个小时以上的休息时间，请将系统方法切换到“阴离子系统平衡”，否则抑制器会饱和。

5. 关闭系统

测定结束后，在系统窗口中点击“控制—关闭硬件”，关闭整个系统，最后关闭计算机和离子色谱仪电源。

（三）注意事项

1. 配制淋洗液：使用分析纯 $NaHCO_3$，Na_2CO_3 和电阻率大于 18.2MΩ 超纯水，配制成浓度为 1.8 mmol · L^{-1} Na_2CO_3，1.7 mmol · L^{-1} $NaHCO_3$ 混合液 2 L，使用 0.45 μm 孔径过滤膜抽滤后灌入淋洗液瓶。淋洗液保存时间为 2 周左右，

需定期更换淋洗液并做工作曲线进行校正。

2. 再生液：取分析纯浓 H_2SO_4 约 5 mL，使用电阻率大于 18.2 MΩ 经过滤的超纯水稀释到 1 L 后使用。

3. 冲洗水：电阻率大于 18.2 MΩ 经过滤的超纯水。

4. 生石灰：2 ~ 3 个月更换一次淋洗液瓶盖上的生石灰（每次只能添约一半体积），天气潮湿时需增加更换频率以保证淋洗液浓度不改变。

5. 仪器维护：建议一周至少开机一次，让仪器走“阴离子系统平衡”。

6. 色谱柱长时间不用时，用堵头螺丝堵住两头，放冰箱冷藏。

第二章　仪器分析实验

实验 1　邻二氮菲分光光度法测定铁

一、实验目的

1. 了解分光光度计的结构和正确的使用方法。
2. 学习如何选择分光光度分析的实验条件。
3. 学习利用分光光度法进行定量分析及络合物组成测定。

二、实验原理

邻二氮菲是测定微量铁的较好试剂。在 pH = 2 ~ 9 的溶液中,试剂与 Fe^{2+} 生成稳定的红色络合物,其反应式如下:

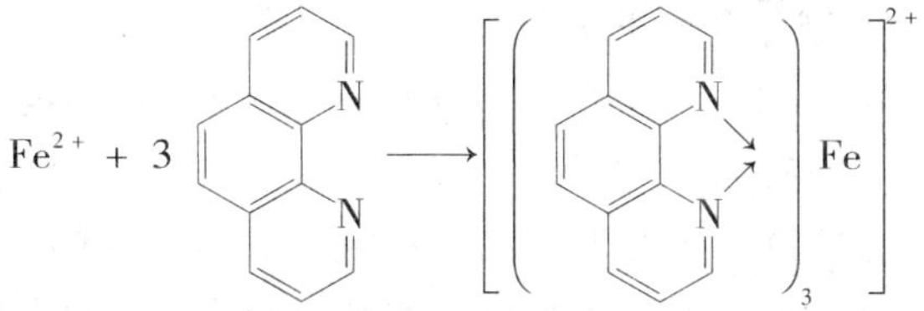

络合物的最大吸收峰在 510 nm 波长处,$\lg K_{稳} = 21.3$,摩尔吸收系数 $\kappa = 1.1 \times 10^4$ L · mol^{-1} · cm^{-1}。试样中的 Fe^{3+} 需用盐酸羟胺或抗坏血酸还原为 Fe^{2+},才能显色测定。

$$2Fe^{3+} + 2NH_2OH \cdot HCl = 2Fe^{2+} + N_2\uparrow + 2H_2O + 4H^+ + 2Cl^-$$

本方法的选择性很强,相当于含铁量 40 倍的 Sn^{2+},Al^{3+},Ca^{2+},Mg^{2+},Zn^{2+},SiO_3^{2-};20 倍的 Cr^{3+},Mn^{2+},V(Ⅴ),PO_4^{3-};5 倍的 Co^{2+},Cu^{2+} 等均不干扰测定。

三、仪器和试剂

1. 仪器

721 型分光光度计或 722 型光栅分光光度计。

2. 试剂

(1) 1.0×10^{-3} mol·L^{-1}铁标准溶液

准确称取 0.392 1 g $NH_4Fe(SO_4)_2\cdot6H_2O$ 置于烧杯中,用 50 mL 1∶1 HCl 溶液溶解,然后转移至 1 000 mL 容量瓶中,用水稀释至刻度,摇匀,供条件试验和测络合物组成用。

(2) 0.1 mg·mL^{-1}铁标准溶液

准确称取 0.702 0 g $NH_4Fe(SO_4)_2\cdot6H_2O$ 置于烧杯中,加入 20 mL 1∶1 HCl 溶液和少量水,溶解后,定量转移到 1 000 mL 容量瓶中,用水稀释至刻度,摇匀,供制作标准曲线用。

(3) 100 g·L^{-1}盐酸羟胺水溶液

用时现配。

(4) 邻二氮菲(1.5 g·L^{-1},1.0×10^{-3} mol·L^{-1}) 水溶液

避光保存,溶液颜色变暗时即不能使用。

(5) 1.0 mol·L^{-1}乙酸钠溶液。

(6) 0.1 mol·L^{-1}氢氧化钠溶液。

四、实验步骤

1. 条件实验

(1) 吸收曲线的制作和测量波长的选择

用吸量管吸取 0.0 mL,1.0 mL 1.0×10^{-3} mol·L^{-1}铁标准溶液,分别注入两个 50 mL 容量瓶(或比色管)中,各加入 1 mL 盐酸羟胺溶液,摇匀后放置 2 min,再各加入 1.5 g·L^{-1}邻二氮菲溶液 2 mL,乙酸钠溶液 5 mL,用水稀释至刻度,摇匀。放置 10 min 后,用1 cm比色皿,以试剂空白溶液(即 0.0 mL 铁标准溶液试样)为参比溶液,在 440~560 nm,每隔 10 nm 测一次吸光度,在最大吸收峰附近,每隔 5 nm测定一次吸光度。在坐标纸上,以波长 λ 为横坐标,吸光度 A 为纵坐标,绘制吸收曲线,从而选择测定铁的最大吸收波长。

(2) 溶液适宜酸度范围的确定

在 9 只 50 mL 容量瓶(或比色管)中各加入 2.0 mL 1.0×10^{-3} mol·L^{-1}铁标准溶液和 1.0 mL 盐酸羟胺溶液,摇匀后放置 2 min。各加 1.5 g·L^{-1}邻二氮菲溶液 2 mL,然后分别加入 0.1 mol·L^{-1} NaOH 溶液 0 mL,1.00 mL,2.00 mL,3.00 mL,4.00 mL,5.00 mL,6.00 mL,8.00 mL,10.00 mL,摇匀,以水稀释至刻度,摇匀。用精密 pH 试纸或酸度计测量各溶液的 pH。以水为参比,在选定波长下,用 1 cm 吸收池测量各溶液的吸光度。绘制 A－pH 曲线,确定适宜的 pH 范围。

（3）显色剂用量的确定

在 7 只 50 mL 容量瓶（或比色管）中，各加入 2.0 mL 1.0×10^{-3} mol·L^{-1} 铁标准溶液和 1.0 mL 盐酸羟胺溶液，摇匀后放置 2 min。分别加入 1.5 g·L^{-1} 邻二氮菲溶液 0.2 mL，0.4 mL，0.6 mL，0.8 mL，1.0 mL，2.0 mL，4.0 mL，再加入乙酸钠溶液 5.0 mL，以水稀释至刻度，摇匀。以水为参比，在选定波长下测量各溶液的吸光度。以显色剂邻二氮菲的体积为横坐标、相应的吸光度为纵坐标，绘制吸光度 - 显色剂用量曲线，确定显色剂的用量。

（4）显色时间及络合物稳定性

在一只 50 mL 容量瓶（或比色管）中，加入 2.0 mL 1.0×10^{-3} mol·L^{-1} 铁标准溶液和 1.0 mL 盐酸羟胺溶液，摇匀后放置 2 min。再加入 1.5 g·L^{-1} 邻二氮菲溶液 2.0 mL，乙酸钠溶液 5.0 mL，以水稀释至刻度，摇匀。立即用 1 cm 比色皿，以水为参比溶液，在选定波长下测量吸光度。然后依次测量放置 5 min，10 min，30 min，60 min，120 min 后的吸光度。以时间 t 为横坐标，吸光度 A 为纵坐标，绘制 $A-t$ 曲线。得出铁与邻二氮菲显色反应完全所需要的时间及适宜测量时间。

2. 试样中铁含量的测定

（1）标准曲线的制作

在 6 只 50 mL 容量瓶（或比色管）中，用吸量管分别加入 0.0 mL，2.0 mL，4.0 mL，6.0 mL，8.0 mL，10.0 mL 0.1 mg·mL^{-1} 铁标准溶液，分别加入 1 mL 盐酸羟胺溶液，摇匀后放置 2 min，再各加入 1.5 g·L^{-1} 邻二氮菲溶液 2 mL、乙酸钠溶液 5 mL，以水稀释至刻度，摇匀。用 1 cm 比色皿，以试剂空白溶液（即 0.0 mL铁标准溶液试样）为参比，在所选择的波长下，测量各溶液的吸光度。以铁含量为横坐标，吸光度 A 为纵坐标，绘制标准曲线。

（2）铁含量的测定

试样溶液按制作标准曲线的步骤显色后，在相同条件下测量吸光度，由标准曲线计算试样中微量铁的含量（μg·mL^{-1}）。

3. 络合物组成的测定

取 9 只 50 mL 容量瓶（或比色管），各加入 1.0×10^{-3} mol·L^{-1} 铁标准溶液 1.0 mL，盐酸羟胺溶液 1.0 mL，摇匀，放置 2 min。依次加入 1.0×10^{-3} mol·L^{-1} 邻二氮菲溶液 1.0 mL，1.5 mL，2.0 mL，2.5 mL，3.0 mL，3.5 mL，4.0 mL，4.5 mL，5.0 mL，然后各加乙酸钠溶液 5 mL，以水稀释至刻度，摇匀。在 510 nm 处，用 1 cm 吸收池，以水为参比，测定各溶液的吸光度 A。以 A 对 c_L/c_M 作图，根据曲线上前后两部分延长线的交点位置确定 Fe^{2+} 与邻二氮菲反应的络合比。

五、思考题

1. 用邻二氮菲测定铁时，为什么要加入盐酸羟胺？其作用是什么？该法是否可以用于铁的价态分析？

2. 根据有关实验数据，计算邻二氮菲 – Fe(Ⅱ)络合物在选定波长下的摩尔吸收系数。

3. 在有关条件实验中，均以水为参比，为什么在测绘标准曲线和测定试液时，要以试剂空白溶液为参比？

4. 在什么条件下，才可以使用摩尔比法测定络合物的组成？

实验 2　混合物中铬、锰含量的同时测定

一、实验目的

1. 进一步熟悉分光光度计的结构和正确的使用方法。

2. 学习分光光度法进行多组分同时测定。

二、实验原理

在 H_2SO_4 介质中，以 $AgNO_3$ 为催化剂，混合液中 Cr^{3+} 和 Mn^{2+} 可被过量氧化剂 $(NH_4)_2S_2O_8$ 氧化成具有较强吸收的 $Cr_2O_7^{2-}$ 和 MnO_4^-。但因 $Cr_2O_7^{2-}$ 和 MnO_4^- 的吸收光谱重叠，两组分彼此相互干扰测定，只能利用吸光度的加和性原理：

$$\begin{cases} A_{\lambda_1} = A_{x,\lambda_1} + A_{y,\lambda_1} = \kappa_{x,\lambda_1} bc_x + \kappa_{y,\lambda_1} bc_y \\ A_{\lambda_2} = A_{x,\lambda_2} + A_{y,\lambda_2} = \kappa_{x,\lambda_2} bc_x + \kappa_{y,\lambda_2} bc_y \end{cases}$$

分别在 $Cr_2O_7^{2-}$ 和 MnO_4^- 的最大吸收波长 440 nm 和 545 nm 处测定混合显色液的吸光度，联立方程，然后根据由标准溶液测得的 $Cr_2O_7^{2-}$ 和 MnO_4^- 分别在 440 nm 和 545 nm 处的摩尔吸收系数，解联立方程求出混合液中 Cr^{3+} 和 Mn^{2+} 的浓度。

三、仪器与试剂

1. 仪器

721 型分光光度计或 722 型光栅分光光度计。

2. 试剂

(1) 1.0 $mg \cdot mL^{-1}$ 铬标准溶液

准确称取 3.734 g 分析纯铬酸钾（预先在 105 ~ 110℃ 烘烧 1 h），溶于适量水中，定量转移至 1 000 mL 容量瓶中，用水稀释至刻度，摇匀。

(2) 1.0 $mg \cdot mL^{-1}$ 锰标准溶液

准确称取 2.749 g 分析纯硫酸锰（预先在 400 ~ 500℃ 灼烧至恒重），溶于适量水中，定量转移至 1 000 mL 容量瓶中，用水稀释至刻度，摇匀。

(3) $H_2SO_4-H_3PO_4$ 混合酸,$H_2SO_4:H_3PO_4:H_2O$(体积比)=15:15:70。

(4) 0.5 $mol \cdot L^{-1}$ $AgNO_3$ 溶液。

(5) 150 $g \cdot L^{-1}$ $(NH_4)_2S_2O_8$ 溶液(用时现配)。

四、实验步骤

1. 测绘 Cr^{3+} 和 Mn^{2+} 标准溶液的吸收曲线

在两只 100 mL 容量瓶中,分别加入 5.00 mL Cr^{3+} 标准溶液和 1.00 mL Mn^{2+} 标准溶液,然后依次加入 30 mL 蒸馏水,10 mL $H_2SO_4-H_3PO_4$ 混酸,2 mL 150 $g \cdot L^{-1}$ $(NH_4)_2S_2O_8$ 和 10 滴 0.5 $mol \cdot L^{-1}$ $AgNO_3$ 溶液,沸水浴中加热,保持微沸 3 min 左右。待溶液颜色稳定后,冷却,以水稀释至刻度,摇匀。用 1 cm 吸收池,以蒸馏水为参比,在 420 ~ 560 nm 范围内,每隔 10 nm 测定一次各溶液的吸光度(在吸收峰附近每隔 5 nm 测定一次),分别绘制 Cr^{3+} 和 Mn^{2+} 的吸收曲线,确定各自的最大吸收波长 λ_{max}。

2. Cr^{3+} 和 Mn^{2+} 含量的同时测定

在 1 只 100 mL 容量瓶中,加入 1.0 mL 试样溶液,然后依次加入 30 mL 蒸馏水,10 mL $H_2SO_4-H_3PO_4$ 混酸,2 mL 150 $g \cdot L^{-1}$ $(NH_4)_2S_2O_8$ 和 10 滴 0.5 $mol \cdot L^{-1}$ $AgNO_3$ 溶液,沸水浴中保持微沸 3 min 左右,待溶液颜色稳定后,冷却,稀释至刻度,摇匀。用 1 cm 吸收池,以蒸馏水为空白,分别在 440 nm 和 545 nm 波长处测定其吸光度。

3. 结果处理

(1) 从两吸收曲线上查出波长 440 nm 和 545 nm 处 Cr^{3+}、Mn^{2+} 标准溶液的吸光度值,根据标准溶液的浓度,由 $A=\kappa bc$ 关系式,分别计算出 Cr^{3+} 和 Mn^{2+} 在两个波长下的摩尔吸收系数 κ。

(2) 建立试样溶液显色后分别在 440 nm 和 545 nm 处测得的吸光度的联立方程组,将(1) 所得的摩尔吸收系数 κ 值代入,求出试液中 Cr^{3+},Mn^{2+} 的浓度。

五、思考题

1. 为什么可用分光光度法同时测定混合液中铬和锰?

2. 根据吸收曲线,本实验可以选择测定波长为 420 nm 和 500 nm 吗?为什么?

3. 如何改进实验方法以提高同时测定混合液中铬和锰的准确度?

4. 分光光度法是否可以同时对三个以上组分进行测定?你能否利用计算机进行数据处理?

实验 3 铬天青 S 分光光度法测定微量铝

一、实验目的

1. 学习铬天青 S 分光光度法测定微量铝的方法。
2. 通过比较,加深对三元络合物体系的认识。

二、实验原理

光度法测定铝的显色剂较多,其中以铬天青 S 为最佳。铬天青 S 简写为 CAS,是一种酸性染料,其结构式为

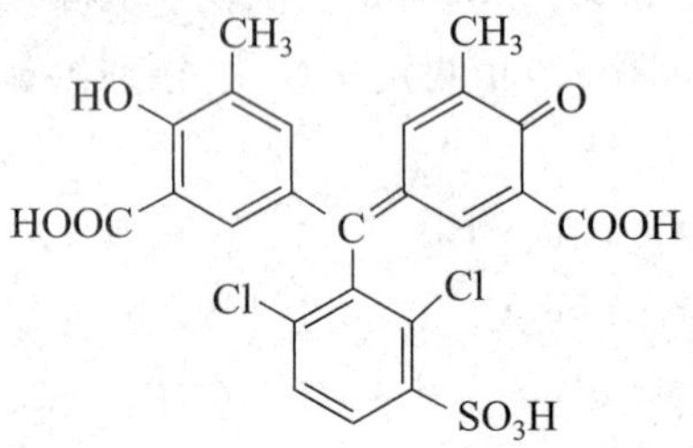

Al^{3+} 和铬天青 S 在弱酸性溶液中生成红色的二元络合物,最大吸收波长为 545 nm,摩尔吸收系数 $\kappa=4\times10^{4}\ L\cdot mol^{-1}\cdot cm^{-1}$。$Al^{3+}$ 与铬天青 S 反应时,若加入含有长碳链的有机表面活性剂,如溴化十六烷基三甲基铵(CTAB),则可形成三元络合物,其最大吸收波长向长波方向移动(红移),摩尔吸收系数增大 2 ~ 3 倍,测定灵敏度显著提高。

三、仪器与试剂

1. 仪器

721 型分光光度计或 722 型光栅分光光度计。

2. 试剂

(1) 0.1 $g\cdot L^{-1}$ 铝标准储备液

准确称取硫酸铝钾 $[KAl(SO_4)_2\cdot 12H_2O]$ 1.758 g 于小烧杯中,加入 6 $mol\cdot L^{-1}$ HCl 溶液 2 mL,用少量水溶解后,定量转移至 1 000 mL 容量瓶中,以水稀释至刻度,摇匀。

(2) 2 $\mu g\cdot mL^{-1}$ 铝标准溶液

取上述铝标准储备液 20.00 mL 于 1 000 mL 容量瓶中,以水稀释至刻度,

摇匀。

(3) 0.5 $g\cdot L^{-1}$铬天青S溶液(用1∶1乙醇溶液配制)。

(4) 0.4 $g\cdot L^{-1}$溴化十六烷基三甲基铵(CTAB)水溶液。

(5) $HAc-NH_4Ac$缓冲溶液(pH=6.3)。

(6) 1∶3 HCl溶液。

四、实验步骤

1. Al^{3+} - CAS二元络合物吸收曲线的测绘

在2只50 mL容量瓶中分别加入2 $\mu g\cdot mL^{-1}$ Al^{3+}标准溶液0.0 mL和5.0 mL,铬天青S溶液2 mL,1∶3 HCl溶液6滴,$HAc-NH_4Ac$缓冲溶液5 mL,以水稀释至刻度,摇匀。用1 cm吸收池,以试剂空白溶液为参比,在500～620 nm范围内,每隔10 nm测定一次溶液的吸光度(在吸收峰附近每隔5 nm测定一次)。以波长为横坐标,以吸光度为纵坐标,绘制吸收曲线,确定最大吸收波长λ_{max}并计算摩尔吸收系数。

2. Al^{3+} - CAS - CTAB三元络合物吸收曲线的测绘

在2只50 mL容量瓶中分别加入2 $\mu g\cdot mL^{-1}$的Al^{3+}标准溶液0.0 mL和5.0 mL,铬天青S溶液2 mL,$HAc-NH_4Ac$缓冲溶液5 mL,CTAB溶液5 mL,以水稀释至刻度,摇匀。用1 cm吸收池,以试剂空白溶液为参比,在500～620 nm范围内,每隔10 nm测定一次溶液的吸光度(在吸收峰附近每隔5 nm测定一次),绘制吸收曲线,确定最大吸收波长λ_{max}并计算摩尔吸收系数,并与二元络合物的λ_{max}及摩尔吸收系数进行比较。

3. Al^{3+} - CAS - CTAB三元络合物标准曲线的制作

在6只50 mL容量瓶中,分别加入2 $\mu g\cdot mL^{-1}$的Al^{3+}标准溶液0.0 mL,1.0 mL,2.0 mL,3.0 mL,4.0 mL和5.0 mL,各加入铬天青S溶液2 mL,$HAc-NH_4Ac$缓冲溶液5 mL,CTAB溶液5 mL,用1 cm吸收池,以试剂空白溶液为参比,在选定波长下,测定各溶液的吸光度并绘制标准曲线。

4. 试样中微量铝含量的测定

移取5 mL待测试样溶液于50 mL容量瓶中,以下操作同3。在选定波长下,测定溶液的吸光度,并利用标准曲线计算试样中Al^{3+}的质量浓度。

五、思考题

1. Al^{3+} - CAS - CTAB三元络合物具有哪些特点?
2. 为什么应用三元络合物进行铝含量测定可以提高灵敏度?

3. 如何计算吸光物质的摩尔吸收系数?
4. 你能否就如何提高光度分析的灵敏度提出思路?

实验4 考马斯亮蓝染色法测定蛋白质含量

一、实验目的

1. 学习考马斯亮蓝 G－250 染色法测定蛋白质含量的原理和方法。
2. 了解分光光度法在生化分析中的应用。

二、实验原理

考马斯亮蓝 G－250 测定蛋白质含量属于生化分析中常用的染色法之一。考马斯亮蓝 G－250(Coomassie brilliant blue G－250)染料在游离状态下呈红色,最大吸收波长为488 nm。在酸性溶液中染料的最大吸收波长为465 nm,与蛋白质中的碱性氨基酸(特别是色精氨酸)和芳香族氨基酸残基相结合后,最大吸收峰变为595 nm,溶液的颜色由棕黑色变为蓝色,其蓝色溶液的吸光度与蛋白质含量成正比,因此可用于蛋白质的定量测定。蛋白质与考马斯亮蓝 G－250 结合在2 min左右的时间内达到平衡,完成反应十分迅速;其结合物在室温下1 h内保持稳定。该法1976年由Bradford建立,测定蛋白质浓度范围为0～1 000 $\mu g \cdot mL^{-1}$,是一种常用的微量蛋白质快速测定方法。

三、材料、主要仪器和试剂

1. 实验材料

新鲜绿豆芽。

2. 主要仪器

紫外－可见分光光度计。

3. 试剂

(1) 乙醇(90%),磷酸(85%)。

(2) 牛血清白蛋白标准溶液

准确称取100 mg牛血清白蛋白(经微量凯氏定氮法测定其纯度),溶于100 mL蒸馏水中,即为1 000 $\mu g \cdot mL^{-1}$蛋白质标准溶液。

(3) 考马斯亮蓝 G－250 溶液(蛋白染色剂)

称取100 mg考马斯亮蓝 G－250,溶于50 mL 90%乙醇中,加入85%(质量分数)的磷酸100 mL,最后用蒸馏水定容到1 000 mL。此溶液在常温下可放置一个月。

四、操作步骤

1. 标准曲线的绘制

取 7 支干净的具塞试管，分别加入 0 mL，0.1 mL，0.2 mL，0.4 mL，0.6 mL，0.8 mL 和 1.0 mL 蛋白质标准溶液，补加水至体积均为 1 mL，然后各加入 5 mL 蛋白染色剂，充分振荡混合，2 min 后于 595 nm 测定吸光度值。以蛋白质浓度为横坐标，吸光度值为纵坐标，绘制标准曲线。

2. 试样中蛋白质含量的测定

（1）待测试样制备

称取新鲜绿豆芽下胚轴 2 g 放入研钵中，加 2 mL 蒸馏水研磨成匀浆，转移到离心管中，再用 6 mL 蒸馏水分次洗涤研钵，洗涤液收集于同一离心管中，放置 0.5 ~ 1 h 以充分提取，然后在 4 000 $r \cdot min^{-1}$ 离心分离 20 min，将上清液转入 10 mL容量瓶，并以蒸馏水定容至刻度，即得待测试样提取液。

（2）测定

另取 3 支 10 mL 具塞试管，按以下剂量取样。吸取提取液 0.1 mL，各补加水 0.9 mL，然后各加入 5 mL 蛋白染色剂，充分振荡混合，2 min 后于 595 nm 测定吸光度值。由标准曲线计算试样提取液和试样中蛋白质含量。

五、注释

1. Bradford 法由于染色方法简单迅速，干扰物质少，灵敏度高，现已广泛应用于蛋白质含量的测定。

2. 一些阳离子，如 K^+、Na^+、Mg^{2+}、$(NH_4)_2SO_4$ 和乙醇等物质不干扰测定。但 Tris、乙酸、2 - 巯基乙醇、蔗糖、甘油、EDTA 及表面活性剂有少量颜色干扰，用适当的缓冲液对照很容易除掉。

3. 测定中，蛋白 - 染料复合物会有少部分吸附于比色皿壁上，测定完后可用乙醇将蓝色的比色皿洗干净。

六、思考题

1. 当有少量干扰存在时，应如何操作以消除干扰？

2. 除牛血清白蛋白外是否可以采用其他蛋白质制作标准曲线？

3. 测定结果是试样中所含牛血清白蛋白的含量吗？

4. 考马斯亮蓝法与测定蛋白质的其他方法比较有何特点？

实验5 食品中NO_2^-含量的测定

一、实验目的

1. 学习盐酸萘乙二胺光度法测定亚硝酸盐的原理和方法。
2. 了解分光光度法在食品分析中的应用。

二、实验原理

亚硝酸盐作为一种食品添加剂,能够保持腌肉制品等的色香味,并具有一定的防腐性,但同时也具有较强的致癌作用,过量食用会对人体产生危害。因此,食品加工中需严格控制亚硝酸盐的加入量。

在弱酸性溶液中,亚硝酸盐与对氨基苯磺酸发生重氮化反应,生成的重氮化合物与盐酸萘乙二胺偶联成最大吸收波长为540 nm的紫红色偶氮染料:

$$NO_2^- + 2H^+ + H_2N-C_6H_4-SO_3H \longrightarrow N\equiv N^+-C_6H_4-SO_3H + 2H_2O$$

$$N\equiv N^+-C_6H_4-SO_3H + C_{10}H_7-NHCH_2CH_2NH_2\cdot HCl \longrightarrow HO_3S-C_6H_4-N=N-C_{10}H_6-NHCH_2CH_2NH_2\cdot HCl$$

以分光光度法测定生成的偶氮染料,可以对亚硝酸盐进行定量。该法选择性好、灵敏度高,广泛应用于食品、药品和环境等领域的微量亚硝酸盐分析。

三、仪器与试剂

1. 仪器

紫外－可见分光光度计;小型多用食品粉碎机。

2. 试剂

(1) 饱和硼砂溶液

称取25 g硼砂($Na_2B_4O_7\cdot 10H_2O$)溶于500 mL热水中。

(2) 1.0 $mol\cdot L^{-1}$硫酸锌溶液

称取150 g $ZnSO_4\cdot 7H_2O$溶于500 mL水中。

(3) 150 $g\cdot L^{-1}$亚铁氰化钾水溶液。

（4）4 g·L^{-1}对氨基苯磺酸溶液

称取0.4 g对氨基苯磺酸溶于20%盐酸溶液中，配成100 mL溶液，避光保存。

（5）2 g·L^{-1}盐酸萘乙二胺溶液

称取0.2 g盐酸萘乙二胺溶于100 mL水中，避光保存。

（6）0.2 g·L^{-1} $NaNO_2$标准溶液

准确称取0.100 0 g干燥24 h的分析纯$NaNO_2$，用水溶解后定量转入500 mL容量瓶中，加水稀释至刻度并摇匀。使用时准确移取上述标准溶液5.0 mL于100 mL容量瓶中，加水稀释至刻度，摇匀，作为操作液（10 μg·mL^{-1}）。

（7）活性炭。

四、实验步骤

1. 试样处理

（1）肉制品（如香肠）

称取5 g经绞碎均匀的试样置于50 mL烧杯中，加入硼砂饱和溶液12.5 mL，搅拌均匀，用70 ℃以上的热水150～200 mL将烧杯中的试样全部洗入250 mL容量瓶中，置于沸水浴中加热15 min①，取出。在轻轻摇动下滴加$ZnSO_4$溶液2.5 mL沉淀蛋白质。冷却至室温后，加水稀释至刻度，摇匀，放置10 min，撇去上层脂肪，清液用滤纸或脱脂棉过滤，弃去最初10 mL滤液，承接其后无色透明滤液50 mL用于测定。

（2）水果、蔬菜罐头

将罐头开启，内容物全部转至搪瓷盘中，切成小块混合均匀，用四分法取出200 g。将试样置于食品粉碎机的大杯内加水200 mL，捣碎成匀浆后全部移入500 mL烧杯中备用。称取匀浆40 g于50 mL烧杯中，用70℃以上的热水150 mL分4～5次将其全部洗入250 mL容量瓶中，加入饱和硼砂溶液6 mL，摇匀。再加入经处理的活性炭2 g，摇匀。然后加入$ZnSO_4$溶液2 mL和亚铁氰化钾溶液2 mL，振摇3～5 min，最后加水稀释至刻度，摇匀后用滤纸过滤，弃去最初的10 mL滤液，承接其后滤液50 mL左右用于测定。

2. 测定

（1）标准曲线的绘制

准确移取$NaNO_2$操作液（10 μg·mL^{-1}）0 mL，0.4 mL，0.8 mL，1.2 mL，1.6 mL，2.0 mL分别置于50 mL容量瓶中，各加水30 mL，然后分别加入对氨基苯磺酸溶液2 mL，摇匀。静置3 min后，分别加入盐酸萘乙二胺溶液1 mL，加水

① 亚硝酸盐容易氧化为硝酸盐，处理试样时加热的时间和温度均要注意控制，另外，配制的标准储备液不宜久存。

稀释至刻度，摇匀。放置 15 min，用 2 cm 吸收池，以试剂空白为参比，于波长 540 nm处测定各试液的吸光度，以 $NaNO_2$ 溶液的加入量为横坐标，相应的吸光度为纵坐标，绘制标准曲线。

（2）试样的测定

准确移取经过处理的试样滤液 40 mL 于 50 mL 容量瓶中，以下按绘制标准曲线的操作，加入试剂进行测定。根据测得的吸光度，从标准曲线上查出相应的 $NaNO_2$ 的质量。最后计算试样中 $NaNO_2$ 的质量分数（以 $mg \cdot kg^{-1}$ 表示）①。

五、思考题

1. 试样处理制备试液时，为什么要弃去最初的 10 mL 滤液？
2. 也可利用盐酸萘乙二胺光度法对试样中的硝酸盐进行测定，你能否设计一个同时测定硝酸盐和亚硝酸盐的分析方案？
3. 你是否了解亚硝酸盐在食品中的允许限量？
4. 可查阅有关文献，对盐酸萘乙二胺光度法测定亚硝酸盐的方法进行评价。

实验 6　3,5－二硝基水杨酸光度法测定还原糖和总糖

一、实验目的

1. 学习光度法测定还原糖和总糖的原理和方法。
2. 进一步加深了解分光光度法的广泛应用。

二、实验原理

还原糖的测定是糖类定量测定的基本方法。在碱性条件下加热 3,5－二硝基水杨酸将还原糖氧化成糖酸，自身则被还原为棕红色的 3－氨基－5－硝基水杨酸。反应方程式如下：

COOH, OH, O_2N, NO_2 + 还原糖 $\xrightarrow[\text{碱性}]{\text{加热}}$ COOH, OH, O_2N, NH_2 + 糖酸

3，5-二硝基水杨酸(黄色)　　　　3-氨基-5-硝基水杨酸(棕红色)

① 本法测量中不包括试样中硝酸盐的含量。

在一定范围内,还原糖的量与棕红色物质颜色的深浅成正比关系,利用分光光度计,在 540 nm 波长下测定,便可求出试样中还原糖的含量。

还原糖是指含有自由醛基或酮基的糖类,单糖都是还原糖,双糖和多糖不一定是还原糖,其中乳糖和麦芽糖是还原糖,蔗糖和淀粉是非还原糖。利用糖类的溶解度不同,可将植物试样中的单糖、双糖和多糖分别提取出来,对没有还原性的双糖和多糖,可用酸水解法使其降解成有还原性的单糖进行测定,再分别求出试样中还原糖和总糖的含量(还原糖以葡萄糖含量计)。

三、实验材料、主要仪器和试剂

1. 实验材料

小麦面粉。

2. 主要仪器

紫外 - 可见分光光度计。

3. 试剂

(1) 葡萄糖标准液(1 mg · mL^{-1})

准确称取 100 mg 分析纯无水葡萄糖(105℃干燥至恒重),用少量蒸馏水溶解后,定量转移到 100 mL 容量瓶中,定容摇匀。

(2) 3,5 - 二硝基水杨酸溶液

称取 3,5 - 二硝基水杨酸 6.3 g,加入到 500 mL 含有 185 g 酒石酸钾钠的热水溶液中,加入 2 mol · L^{-1} NaOH 溶液 262 mL,再加入 5 g 结晶酚和 5 g 亚硫酸钠,搅拌溶解,冷却后加蒸馏水定容至 1 000 mL,储于棕色瓶中备用。

(3) 6 mol · L^{-1}盐酸溶液。

(4) 2 mol · L^{-1} NaOH 溶液,6 mol · L^{-1} NaOH 溶液。

(5) 碘 - 碘化钾溶液

称取 5 g 碘、10 g 碘化钾溶于 100 mL 蒸馏水中。

(6) 酚酞指示剂。

四、实验步骤

1. 葡萄糖标准曲线的绘制

取 7 支 20 mL 具塞刻度试管,分别加入浓度为 1 mg · mL^{-1}的葡萄糖标准液 0 mL,0.2 mL,0.4 mL,0.6 mL,0.8 mL,1.0 mL 和 1.2 mL,补加水至体积均为 2 mL,然后各加入 3,5 - 二硝基水杨酸溶液 1.5 mL,混合均匀,在沸水浴中加热 5 min,取出后立即用冷水冷却到室温,用蒸馏水定容至 20 mL,摇匀。以试剂空白为参比,于 520 nm 波长处测吸光度 A 值。以葡萄糖质量为横坐标,吸光度值为纵坐标，绘制标准曲线。

2. 试样中还原糖和总糖的测定

(1) 还原糖的提取

准确称取3.00 g食用面粉，放入100 mL烧杯中，先用少量蒸馏水调成糊状，然后加入50 mL蒸馏水，搅匀，置于50℃恒温水浴中保温20 min，使还原糖浸出。将浸出液（含沉淀）转移到50 mL离心管中，于4 000 $r \cdot min^{-1}$下离心分离5 min，沉淀可用20 mL蒸馏水洗一次，再离心，将两次离心的上清液收集在100 mL容量瓶中，用蒸馏水定容至刻度，混匀，作为还原糖待测液。

(2) 总糖的水解和提取

准确称取1.00 g食用面粉，放入100 mL锥形瓶中，加蒸馏水15 mL及6 $mol \cdot L^{-1}$盐酸10 mL，置沸水浴中加热水解30 min，取出一、两滴置于白瓷板上，加1滴碘-碘化钾溶液检查水解是否完全（如已水解完全，则不呈现蓝色）。待锥形瓶中的水解液冷却后，加入1滴酚酞指示剂，用6 $mol \cdot L^{-1}$ NaOH溶液中和至微红色，过滤并定容到100 mL。再精确吸取上述溶液10 mL于100 mL容量瓶中，定容到刻度，混匀，作为总糖待测液。

(3) 显色和测定

取7支20 mL具塞刻度试管，一支作为试剂空白，三支各加还原糖待测液1.0 mL，另三支各加总糖待测液1.0 mL，按绘制标准曲线的操作显色并测定。计算试样中还原糖与总糖的百分含量。

五、思考题

1. 参比溶液的作用是什么？该方法测定中，为何要以试剂空白作参比？

2. 你是否可以解释为何3,5-二硝基水杨酸和3-氨基-5-硝基水杨酸具有不同的吸收光谱？

3. 该法以葡萄糖制作标准曲线，测得的是试样中葡萄糖的含量吗？

4. 哪些糖类是还原糖？哪些糖类是多糖？

实验7 有机化合物的紫外吸收光谱及溶剂性质对吸收光谱的影响

一、实验目的

1. 加深理解紫外吸收光谱的产生机理和溶剂对紫外吸收光谱的影响。

2. 学习紫外吸收光谱定性分析方法。

二、实验原理

具有不饱和结构的有机化合物,如芳香族化合物,在紫外区(200～400 nm)有特征的吸收,为有机化合物的鉴定提供了有用的信息。

紫外吸收光谱定性的方法是比较未知物与已知纯样在相同条件下绘制的吸收光谱,或将绘制的未知物吸收光谱与标准谱图(如 Sadtler 紫外光谱图)相比较,若两光谱图的 λ_{max} 和 κ_{max} 相同,则表明它们有可能是同一有机化合物。极性溶剂对有机物的紫外吸收光谱的吸收峰波长、强度及形状有一定的影响。溶剂极性增加,使 $n\rightarrow\pi^*$ 跃迁吸收带蓝移,而 $\pi\rightarrow\pi^*$ 跃迁吸收带红移。

三、仪器与试剂

1. 仪器

紫外－可见分光光度计,带盖石英吸收池 2 只(1 cm)。

2. 试剂

苯,乙醇,正己烷,氯仿,丁酮,异亚丙基丙酮。

四、实验步骤

1. 苯的吸收光谱的测绘

在 1 cm 的石英吸收池中,加入两滴苯,加盖,用手心温热吸收池底部片刻,在紫外－可见分光光度计上,以空白石英吸收池为参比,从 220～360 nm 范围内进行波长扫描,绘制吸收光谱,确定峰值波长。

2. 乙醇中杂质苯的检查

用 1 cm 石英吸收池,以乙醇为参比溶液,在 230～280 nm 波长范围内测绘乙醇试样的吸收光谱,并确定是否存在苯的 B 吸收带。

3. 溶剂性质对紫外吸收光谱的影响

(1) 在 3 支 5 mL 具塞比色管中,各加入 0.02 mL 丁酮,分别用去离子水、乙醇、氯仿稀释至刻度,摇匀。用 1 cm 石英吸收池,以各自的溶剂为参比,在 220～350 nm 波长范围内测绘各溶液的吸收光谱。比较不同溶剂中丁酮吸收光谱的 λ_{max} 的变化,分析溶剂性质对吸收光谱的影响。

(2) 在 3 支 10 mL 具塞比色管中,分别加入 0.20 mL 异亚丙基丙酮,并分别用水、氯仿、正己烷稀释至刻度,摇匀。用 1 cm 石英吸收池,以相应的溶剂为参比,测绘各溶液在 200～350 nm 范围内的吸收光谱,比较不同溶剂中丁酮吸收光谱的 λ_{max} 的变化,分析溶剂性质对吸收光谱的影响。

五、注释

1. 石英吸收池每换一种溶液或溶剂必须清洗干净,并用被测溶液或参比液荡洗三次。
2. 本实验所用试剂均应为光谱纯或经提纯处理。

六、思考题

1. 分子中哪类电子跃迁会产生紫外吸收光谱?
2. 若两个化合物的紫外吸收光谱完全相同就可以认为二者是同一化合物?
3. 为什么极性溶剂有助于 $n\to\pi^*$ 跃迁向短波方向移动? 而 $\pi\to\pi^*$ 跃迁向长波方向移动?
4. 在进行有机化合物定性分析时,如何选择溶剂?

实验 8　紫外吸收光度法测定苯甲酸解离常数

一、实验目的

1. 学习紫外吸收光度法测定苯甲酸解离常数的原理和方法。
2. 熟悉紫外吸收光度法在离子平衡研究中的应用。

二、实验原理

如果一有机弱酸(或碱)在紫外-可见光区有吸收,且吸收光谱与其共轭碱(或酸)不同时,就可以方便地利用分光光度法测定它的解离常数。

例如,一元弱酸 HB 在溶液中有如下解离平衡:

$$HB \rightleftharpoons H^+ + B^-$$

$$K_a = [B^-][H^+]/[HB]$$

$$pK_a = pH + \log([HB]/[B^-])$$

或

$$pH = pK_a - \log([HB]/[B^-])$$

配制三种分析浓度 $c=[HB]+[B^-]$ 相等,而 pH 不同的溶液。第一种溶液的 pH 在 pK_a 附近,此时溶液中 HB 与 B^- 共存;第二种溶液是 pH 比 pK_a 低两个以上单位的酸性溶液,此时弱酸几乎全部以 HB 型体存在;第三种溶液为 pH 比 pK_a 高两个以上单位的碱性溶液,此时弱酸几乎全部以 B^- 型体存在。根据 HB 型体或 B^- 型体的紫外-可见光谱吸收曲线,确定一测定波长,分别测量上述三种溶液的吸光度 A,A_{HB} 和 A_B,则

$$pK_a = pH + \lg[A - A_{B^-}]/[A_{HB} - A]$$

或

$$pH = pK_a - \lg[A - A_{B^-}]/[A_{HB} - A]$$

可以利用上式进行计算得到 pK_a；或测得一系列不同 pH 缓冲溶液的 A，以 pH 对 $\lg[A-A_{B^-}]/[A_{HB}-A]$ 作图，从直线截距得到 pK_a。

三、仪器与试剂

1. 仪器

紫外－可见分光光度计，石英吸收池 2 只（1 cm）；pH 计。

2. 试剂

（1）苯甲酸（C_6H_5COOH）溶液

准确称取 0.120 g 苯甲酸，溶于蒸馏水中，转移至 500 mL 容量瓶中，用蒸馏水稀释至刻度，得到浓度为 1.00 $mmol \cdot L^{-1}$ 溶液。

（2）缓冲溶液（pH = 3.6）

称取 8 g 醋酸钠（$NaAc \cdot 3H_2O$）溶于 100 mL 蒸馏水中，加入 6 $mol \cdot L^{-1}$ 醋酸 134 mL，用蒸馏水稀释至 500 mL。

（3）缓冲溶液（pH = 4.6）

称取 50 g 醋酸钠（$NaAc \cdot 3H_2O$）溶于 100 mL 蒸馏水中，加入 6 $mol \cdot L^{-1}$ 醋酸 85 mL，用蒸馏水稀释至 500 mL。

（4）0.05 $mol \cdot L^{-1}$ 硫酸溶液。

（5）0.1 $mol \cdot L^{-1}$ 氢氧化钠溶液。

四、实验步骤

1. 取 4 只 250 mL 容量瓶，各加入苯甲酸溶液 5.00 mL，再分别加入 0.05 $mol \cdot L^{-1}$ 硫酸 2.5 mL，0.1 $mol \cdot L^{-1}$ 氢氧化钠溶液 2.5 mL，pH = 3.6 缓冲溶液 20 mL 和 pH = 4.6 缓冲溶液 20 mL，用蒸馏水稀释至刻度。

2. 用 pH 计准确测定上述用缓冲溶液配制的苯甲酸溶液的 pH。

3. 在紫外－可见分光光度计上，分别以介质为参比溶液，在波长 230 ~ 300 nm 范围内，对以上配制的 4 种不同介质的苯甲酸溶液进行光谱扫描，绘制其紫外吸收光谱图。选择适当的测量波长，确定各溶液的吸光度值 A_{HB}，A_{B^-}，A（pH = 3.6），和 A（pH = 4.5）。

4. 根据测得的吸光度值和准确测定的 pH，分别计算 pH = 3.6 和 pH = 4.5 条件下苯甲酸的 pK_a，并且计算其解离常数的平均值。

五、思考题

1. 如何才能用紫外吸收光度法准确测得弱酸的解离常数？

2. 测得的弱酸解离常数是否与溶液的 pH 及其他因素有关？

3. 测定过程中,如何选择测定波长?在不同波长下测定,是否会导致解离常数变化?

4. 倘若某弱酸在强酸性介质和强碱性介质中吸收光谱无显著差异,能否用紫外吸收光度法测定其解离常数?

实验9 红外光谱的校正——薄膜法聚苯乙烯红外光谱的测定

一、实验目的

1. 掌握薄膜的制备方法,并用于聚苯乙烯的红外光谱测定。
2. 利用绘制的谱图进行红外光谱的校正。

二、实验原理

在红外吸收光谱法测定中,记录仪每绘制一张谱图,图纸实际安放的位置总有变化,为了完全正确地鉴别峰位,需要校正仪器的波数。常用标准聚苯乙烯薄膜为校正试样,根据记录在谱图上的已知吸收峰位进行波数校正。在聚苯乙烯的结构中,除了亚甲基(—CH_2—)和次甲基(>CH—)外,苯环上还有碳碳双键骨架(—C═C—)和不饱和碳氢基团(═CH—)。它们构成了聚苯乙烯分子中基团的基本振动形式。通常采用的三个校正峰分别在2 851 cm^{-1},1 601 cm^{-1}及907 cm^{-1}处。

薄膜法在高分子化合物的红外光谱分析中被广泛应用。

三、仪器与试剂

1. 仪器

红外分光光度计。

2. 试剂

CCl_4(AR),聚苯乙烯。

四、实验步骤

1. 将标准聚苯乙烯薄膜插入红外分光光度计的试样窗口前,扫描测绘标准膜的红外吸收谱图。查对2 851 cm^{-1},1 601 cm^{-1},及907 cm^{-1}的吸收峰位是否正确,借以校正仪器的波数。

2. 配制质量浓度约 120 $g \cdot L^{-1}$的四氯化碳聚苯乙烯待测溶液，用滴管吸取此溶液于干净的玻璃（或铝箔）上，立即用两端绕有细铜丝的玻璃棒将溶液推平，自然风干约 2 h。然后将玻璃板浸入水中，用镊子小心地揭下薄膜，用滤纸吸去薄膜上的水，置于红外灯下烘干。

3. 将待测聚苯乙烯薄膜安装在固定架上，插入光路中，扫描测绘其红外吸收谱图。

4. 比较标准聚苯乙烯膜与测定的聚苯乙烯膜的谱图，列表讨论它们的主要吸收峰。

五、注释

1. 平板玻璃一定要光滑、干净。
2. 扫谱前应先调整好仪器图纸的实际位置。

六、思考题

1. 为什么必须将制备薄膜的溶剂和水分除去？
2. 指出聚苯乙烯红外谱图中各特征吸收峰属何种基团的什么形式的振动？

实验 10　红外光谱法测定有机化合物的结构

一、实验目的

1. 掌握红外光谱法测定试样的制备方法，以及由红外光谱鉴别官能团并根据官能团确定未知组分主要结构的方法。

2. 学习红外分光光度计的使用。

二、实验原理

红外光谱定性分析，一般采用两种方法。

1. 用已知标准物对照

已知标准物对照应由标准试样和待测试样在完全相同的工作条件下，分别测绘出红外光谱进行对照，图谱相同，则为同一化合物。

2. 标准图谱查对法

标准图谱查对是一种最直接、可靠的方法。根据待测试样的来源、物理常数、分子式及谱图中的特征谱带，查对标准谱图来确定化合物。常用的标准图谱集为萨特勒红外标准图谱集，即 Sadtler catalog of infrared standard spectra。

三、仪器与试剂

1. 仪器

红外分光光度计，手压式压片机，玛瑙研钵，可拆式液体试样池，氯化钠盐片，红外灯。

2. 试剂

苯甲酸，对硝基苯甲酸，苯乙酮，苯甲醛，KBr（AR），无水乙醇（AR），滑石粉。

四、实验步骤

1. 固体试样苯甲酸（或对硝基苯甲酸）的红外吸收谱图的测绘

（1）取干燥的苯甲酸试样 1～2 mg 置于玛瑙研钵中充分磨细，再加入 150 mg 干燥的 KBr 研磨至完全混匀，颗粒粒度约为 2 μm。

（2）取出约 100 mg 混合物装入干净的压膜内，置于压片机上，在 29.4 MPa 压力下压制 1 min，制成透明试样薄片。

（3）将试样薄片装在试样架上，插入红外光谱仪试样池的光路中，用纯 KBr 薄片为参比片。先粗测透射比是否超过 40%，若达到 40%，按仪器操作方法从 4 000 cm^{-1}扫谱至 650 cm^{-1}。若未达到 40% 的透射比，则重新压片。

（4）扫谱结束后，取下试样架，取出薄片，按要求将模具、试样架等擦净收好。

2. 液体试样苯乙酮（或苯甲醛）红外吸收谱图的测绘

（1）可拆式液体试样池的准备

戴上指套，将可拆式液体试样池的两片氯化钠盐片从干燥器中取出，在红外灯下用少许滑石粉混入几滴无水乙醇磨光其表面。用软纸擦净后，滴加无水乙醇 1～2 滴，再用吸水纸擦干净。反复数次，使盐片表面抛光，干净，然后将盐片放置于红外灯下烘干备用。

（2）液体试样的测试

在可拆式液体试样池的金属池板上垫上橡胶圈，在孔中央位置放一盐片，然后滴半滴液体试样于盐片上。将另一盐片平压在上面（不能有气泡），再将另一金属片盖上，谨慎地旋紧对角方向的螺丝，将盐片夹紧形成一层薄的液膜。把此液体池放于红外分光光度计试样池的光路中，以空气为参比，按仪器操作方法从 4 000 cm^{-1}扫谱至 650 cm^{-1}。

（3）扫谱结束后，取下试样池，松开螺丝，套上指套，小心取出盐片。用软纸擦净液体，滴几滴无水乙醇洗去试样。擦干、烘干后，将两盐片收入干燥器中保存。

3. 将扫谱得到的苯甲酸和苯乙酮红外吸收谱图与已知标准谱图进行对照比较，并找出主要吸收峰的归属。

五、注释

1. 固体试样在红外灯下研磨后，仍应防止吸水，否则压出的薄片易沾在模具上。

2. 可拆式液体试样池的氯化钠盐片应保持干燥透明，每次测定前后均应在红外灯下反复用无水乙醇及滑石粉抛光，不能用水冲洗。烘干后保存在干燥器中。

3. 盐片装入可拆式液体试样池架时，螺丝不宜拧得过紧，否则会压碎盐片。

六、思考题

1. 用压片法制样时，为什么要求将固体试样研磨到颗粒粒度在 2 μm 左右？为什么要求 KBr 粉末干燥、避免吸水受潮？

2. 对于高聚物固体材料，很难研磨成细小的颗粒，采用什么制样方法比较可行？

3. 芳香烃的红外特征吸收在谱图的什么位置？

4. 羟基化合物谱图的主要特征是什么？

实验 11　荧光素钠的含量测定

一、实验目的

1. 掌握荧光分析法的基本原理。

2. 了解 F－4500 荧光光谱仪的基本结构、性能与操作方法。

3. 掌握荧光素钠的含量测定方法。

二、实验原理

荧光素钠在碱性溶液中是一种强荧光物质，荧光量子产率高达 0.85。其最大激发波长和最大发射波长分别为 496 nm 和 516 nm。在较低浓度下，其荧光强度(I)与浓度(c)成正比关系：

$$I = Kc$$

式中 K 在一定条件下为常数，根据这种现象，可采用荧光光谱法测定其浓度。

三、仪器和试剂

1. 仪器

F－4500 荧光光谱仪，石英试样池，容量瓶，移液管，洗耳球。

2. 试剂

(1) 1 $mol \cdot L^{-1}$ NaOH 溶液。

(2) 1.0×10^{-5} $mol \cdot L^{-1}$荧光素钠储备液

称取 0.018 8 g 荧光素钠标准试样于小烧杯中，加 1 $mol \cdot L^{-1}$ NaOH 溶液 5 mL 溶解后转入 50 mL 容量瓶中，以蒸馏水稀释至刻度并摇匀。取 1.0 mL 该溶液，转入 100 mL 容量瓶中，加 1 $mol \cdot L^{-1}$ NaOH 溶液 10 mL，以蒸馏水稀释至刻度，摇匀。

(3) 荧光素钠注射液(标示量:0.1 $g \cdot mL^{-1}$)。

四、实验步骤

1. 系列标准溶液的配制

取荧光素钠储备液 0.5 mL、1.0 mL、1.5 mL、2.0 mL、3.0 mL 于 5 只 25 mL 容量瓶中，再分别加入 1 $mol \cdot L^{-1}$的 NaOH 溶液 2.5 mL，以水稀释至刻度，摇匀。

2. 激发光谱与发射光谱的扫描

设定激发狭缝和发射狭缝为 2.5 nm，设定激发波长为 496 nm，在 470 ~ 600 nm的波长范围内扫描发射光谱；设定发射波长为 516 nm，在 440 ~ 540 nm 的波长范围内扫描激发光谱。在激发光谱和发射光谱上分别找出最大激发波长和最大发射波长。

3. 标准溶液的荧光测定

以最大激发波长的光激发样品，对各标准溶液在 470 ~ 600 nm 的波长范围内扫描荧光光谱，记录其在最大发射波长处的荧光强度。每个溶液重复扫描三次，取其平均值。

4. 注射液的浓度测定

取荧光素钠注射液 1.0 mL，转入 1 000 mL 容量瓶中，加入 1 $mol \cdot L^{-1}$的 NaOH 溶液 100 mL，以蒸馏水稀释至刻度并摇匀。移取该溶液 1.0 mL 至 50 mL 容量瓶中，加入 1 $mol \cdot L^{-1}$的 NaOH 溶液 5 mL，以蒸馏水稀释至刻度并摇匀。所得溶液同上法测定其荧光强度。

五、数据处理

1. 将标准溶液的浓度为横坐标，荧光强度为纵坐标，进行线性回归，拟合回归方程。

2. 根据试样的荧光强度，以回归方程计算其浓度，并换算为荧光素钠注射液的含量，将结果与其标示量进行对比。

六、思考题

1. 荧光光谱仪和分光光度计的光路有何区别，为什么？

2. 荧光素钠进行荧光测定前，为何要稀释至极低浓度？

实验12　荧光光谱法测定铝离子

一、实验目的

1. 掌握直接荧光光谱法测定铝离子的基本原理和方法。
2. 熟悉荧光光谱测定、溶剂萃取等基本操作。

二、实验原理

铝离子本身无荧光，无法采取荧光光谱法进行测定，但是它可与8-羟基喹啉反应形成可发射荧光的配合物。该配合物为脂溶性物质，可被氯仿有效地从水相中萃取出来。萃取液以荧光法进行测定，最大激发波长和最大发射波长分别为390 nm和510 nm，依此可建立测定铝离子的直接荧光光谱法。

三、仪器和试剂

1. 仪器

F-4500荧光光谱仪，石英试样池，分液漏斗（125 mL），长颈漏斗，移液管和容量瓶若干。

2. 试剂

（1）2.0 $\mu g \cdot mL^{-1}$铝离子储备液

溶解1.760 g硫酸铝钾[$Al_2(SO_4)_3 \cdot K_2SO_4 \cdot 24H_2O$]于20 mL水中，滴加1∶1硫酸至溶液澄清，移至100 mL容量瓶中，用蒸馏水稀释至刻度并摇匀。准确移取所得溶液2.0 mL至1 000 mL容量瓶中，用蒸馏水稀释至刻度并摇匀。

（2）8-羟基喹啉溶液（2%）

溶解2 g的8-羟基喹啉于6 mL冰醋酸中，用水稀释至100 mL。

（3）缓冲溶液

每升含醋酸铵200 g及浓氨水70 mL。

（4）氯仿（AR）。

四、实验步骤

1. 系列标准溶液的配制

取6只50 mL容量瓶，分别加入0 mL、10.0 mL、20.0 mL、30.0 mL、40.0 mL和50.0 mL铝离子储备液，用水稀释至刻度，摇匀。

2. 荧光配合物的生成与萃取

取6个125 mL分液漏斗(如有漏液现象,依下法配制甘油淀粉糊涂抹活塞:可溶性淀粉9 g,加甘油22 g混匀加热至140℃保持30 min,并不断搅拌至透明,放冷),先各加入水45 mL,再分别加入以上标准溶液各5.0 mL。沿壁往每个漏斗加入8-羟基喹啉溶液和缓冲溶液各2 mL。摇匀反应5 min后,以氯仿萃取2次,每次10 mL。有机相通过干燥脱脂棉滤入50 mL容量瓶中,并以少量氯仿洗涤脱脂棉,洗液并入容量瓶中,以氯仿稀释至刻度并摇匀。

3. 激发光谱和发射光谱的绘制

设定激发狭缝和发射狭缝5 nm,以设定激发波长为390 nm,在450至600 nm间扫描发射光谱;以设定发射波长为510 nm,在330~460 nm的波长范围内扫描激发光谱。在激发光谱和发射光谱上分别找出最大激发波长和最大发射波长。

4. 标准溶液荧光的测量

以最大激发波长的光激发试样,对各标准溶液在450~600 nm的波长范围内扫描荧光光谱,纪录其在最大发射波长处的荧光强度。每种溶液重复扫描三次,取其平均值。

5. 未知试样的测定

取未知试样溶液,按第2步处理后,依照第4步条件测定其荧光强度。

五、数据处理

1. 将标准溶液的浓度为横坐标,荧光强度为纵坐标,进行线性回归,拟合回归方程。

2. 根据未知试样的荧光强度,以回归方程计算其浓度。

六、思考题

1. 氯仿萃取液为何要以干燥脱脂棉过滤?
2. 分液漏斗旋塞处是否可用凡士林处理?为什么?

实验13 电感耦合等离子体原子发射光谱法测定自来水中的多种微量元素

一、实验目的

1. 掌握电感耦合等离子体原子发射光谱(ICP-AES)分析方法的基本原理。

2. 掌握 ICP－AES 同时测定多种元素的分析方法。

3. 掌握 ICP－AES 试样分析中元素检出限的确定方法。

二、实验原理

ICP－AES 分析是将试样在等离子体光源中激发、使待测元素发射出特征波长的辐射，经过分光，测量其强度而进行定量分析的方法。电感耦合等离子体光谱仪主要由高频发生器、ICP 炬管、耦合线圈、进样系统、分光系统、检测系统及计算机控制、数据处理系统构成。由于 ICP 光源具有激发能力强、稳定性好，基体效应小、检出限低等优点，而且光源的自吸效应很小，因此校准曲线的线性范围很宽，可达到几个数量级。可以用校准曲线法、标准加入法及内标法进行试样中待测元素的定量分析，方法简便、快速、准确。

检出限是评价一种分析方法性能的一项重要指标。国际纯粹与应用化学联合会（IUPAC）推荐，分析物的检出限是能以适当的置信水平被检出的最小分析信号测量值所对应的分析物浓度。对于 ICP－AES，检出限可以用下式表示：

$$c_L = K\frac{S_{xb}}{S} = KS_c$$

式中 c_L 为分析元素检出限；K 为置信因子，其值越大置信水平就越高，一般推荐 K 取3，此时的置信水平为 99.6%；S_{xb} 为空白溶液背景信号测量值的标准偏差；S 为灵敏度，即分析校准曲线的斜率；S_c 为测出空白浓度的标准偏差。可见，只要测出 S_c 就可获得元素的检出限。S_c 通常由空白溶液平行测定 21 次统计得到。

三、仪器与试剂

1. 仪器

iCAP 6300 全谱直读光谱仪

高频功率：1 150 W　　冷却气流量：12 L·min^{-1}

辅助气流量：0.5 L·min^{-1}　　载气流量：1.0 L·min^{-1}

蠕动泵转速：50 r·min^{-1}

2. 试剂

1.000 mg·mL^{-1}多元素标准储备液，浓盐酸（AR），高纯水，自来水样。

四、实验步骤

1. 配制浓度为 0.1 μg·mL^{-1}，0.5 μg·mL^{-1}，1.0 μg·mL^{-1}，5.0 μg·mL^{-1}，10.0 μg·mL^{-1}多元素系列标准溶液，所有溶液都要用 5% 的 HCl 高纯水溶液进行定容。自来水样经过过滤和适当酸化处理后备用。

2. 按照 iCAP 6300 全谱直读光谱仪的基本操作步骤完成准备工作，开机及点燃等离子体，等离子体点燃 30 min 后可进行分析。

3. 进行标准化，绘制标准曲线。

4. 以 5% 的 HCl 高纯水溶液为空白溶液，平行测定 21 次，得到 S_c，以计算元素的检出限。

5. 喷入制备好的自来水样，采集测试数据。根据试样数据，进行计算机自动在线结果处理，打印测定结果。

6. 确认所有分析工作完成后，用 5% 的 HCl 高纯水溶液冲洗 5 min，再用高纯水冲洗 5 min，然后熄灭等离子体。5 min 后关冷却水，待 CID 检测器温度升至室温后关闭氩气。最后关闭排风。

7. 报告测定结果。

五、注释

1. 实验过程中要经常观察雾化器雾化是否正常，废液是否流出，雾室中不能有积液。

2. 熄灭等离子体后，等到 CID 温度上升到室温后才能关闭氩气，避免检测器表面结霜。

3. 等离子体发射很强的紫外光，易伤害眼睛，应通过有色玻璃防护窗观察 ICP 炬。

六、思考题

1. ICP－AES 全谱直读光谱法具有哪些优越的分析性能？

2. 为什么 ICP 光源能够提高原子发射光谱分析的灵敏度和准确度？

实验 14 ICP－AES 全谱直读光谱法测定纯锌试样中的杂质元素

一、实验目的

1. 进一步掌握 ICP－AES 分析方法的基本原理和同时测定多种元素的分析方法。

2. 学习固体试样的处理方法。

二、实验原理

中华人民共和国国家标准（GB/T 470—1997）规定锌锭分为 0#、1#、2#、3#四个等级,等级的划分主要是依据锌的含量和杂质总量来进行的。纯锌试样通常含有 Pb、Cd、Fe、Cu、Sn、Al、As、Sb 等多种元素,若采用分光光度法或火焰原子吸收光谱法测定这些元素的含量,既麻烦又耗时。ICP - AES 分析方法具有分析速度快、灵敏度高、稳定性好、线性范围宽、基体干扰小,可多元素同时分析等优点。采用 ICP - AES 分析方法测定纯锌试样中的杂质元素,不仅可以大大提高分析效率,还可以使分析结果更加准确可行。

三、仪器与试剂

1. 仪器

iCAP 6300 全谱直读光谱仪

高频功率:1 150 W　　冷却气流量:12 $L \cdot min^{-1}$

辅助气流量:0.5 $L \cdot min^{-1}$　　载气流量:1.0 $L \cdot min^{-1}$

蠕动泵转速:50 $r \cdot min^{-1}$

2. 试剂

1.000 $mg \cdot mL^{-1}$多元素标准储备液,浓盐酸(AR),高纯水,纯锌试样。

四、实验步骤

1. 纯锌试样溶液的制备

用电子天平准确称取 0.5 g 左右的纯锌试样于 100 mL 烧杯中,加入 10 mL 1∶1 盐酸,盖上表面皿,在电热板上加热溶解。待锌粒溶完后,将溶液蒸发近干,用洗瓶冲洗表面皿和烧杯内壁。冷却后将其转移到 25 mL 容量瓶中,用 5% 的 HCl 高纯水溶液定容,摇匀备用。

2. 配制浓度为 0.1 $\mu g \cdot mL^{-1}$,0.5 $\mu g \cdot mL^{-1}$,1.0 $\mu g \cdot mL^{-1}$,5.0 $\mu g \cdot mL^{-1}$,10.0 $\mu g \cdot mL^{-1}$多元素系列标准溶液,所有溶液都要用 5% 的 HCl 高纯水溶液进行定容。

3. 按照 iCAP 6300 全谱直读光谱仪的基本操作步骤完成准备工作,开机及点燃等离子体,等离子体点燃 30 min 后可进行分析。

4. 进行标准化,绘制标准曲线。

5. 喷入制备好的纯锌试样溶液,采集测试数据。根据试样数据,进行计算机自动在线结果处理,根据测定结果计算杂质元素的质量分数(%)。

$$w_x = \frac{\rho V \times 10^{-6}}{m} \times 100\%$$

式中 ρ 为测定纯锌试样中杂质元素的质量浓度,单位为 $\mu g \cdot mL^{-1}$;V 为溶液的体积,单位为 mL;m 为试样的质量,单位为 g。

6. 确认所有分析工作完成后,用5%的HCl高纯水溶液冲洗5 min,再用高纯水冲洗5 min,然后熄灭等离子体。5 min后关冷却水,待CID检测器温度升至室温后关闭氩气。最后关闭排风。

7. 报告测定结果。

五、注释

1. 溶样过程中要等溶液冷却后再转移到容量瓶中定容,以免定容体积产生误差。

2. 如果试样盐分较高应随时观察雾化情况,防止雾化器口堵塞。试样未完全溶解严禁上机测定。

六、思考题

1. 采用ICP-AES全谱直读光谱法进行多元素分析的优点是什么?

2. 如何选择多元素同时分析仪器的工作参数?

实验15 原子吸收光谱法最佳实验条件的选择

一、实验目的

1. 了解原子吸收分光光度计的构造及使用方法。

2. 掌握原子吸收光谱法最佳实验条件选择的方法。

二、实验原理

在火焰原子吸收光谱分析中,分析方法的准确度和灵敏度在很大程度上取决于实验条件,因此,最佳实验条件的选择非常重要。

在原子吸收光谱分析中,通常选择共振线作为分析线测定具有较高的灵敏度。

使用空心阴极灯时,工作电流不能超过最大允许的工作电流,灯的工作电流过大,易产生自吸现象,热变宽增强,谱线变宽,测定灵敏度降低,工作曲线弯曲,灯寿命短。灯的工作电流小,谱线变宽小,灵敏度高,但灯电流过低,发光强度减弱,发光不稳定,信噪比下降。在保证稳定和适当光强输出的前提下应尽可能选择较低的灯电流。

燃气和助燃气的流量比(燃助比)直接影响测定的灵敏度,燃助比为1∶4的化学计量火焰温度较高,火焰稳定,背景低,噪声小,大多数元素都用这种火焰。燃助比小于1∶6的火焰为贫燃火焰,该火焰燃烧充分,温度较高,用于不易氧化的元素的测定。燃助比大于 1∶3 的火焰为富燃火焰，该火焰温度较低，噪声较大，但其还原性较强，适合测定易形成难解离氧化物的元素。

在不同的火焰高度，被测元素基态原子的浓度分布是不均匀的，故火焰高度不同，基态原子浓度也不同。

本实验以镁元素为例对分析线、灯电流、光谱通带、燃助比和燃烧器高度进行选择。

三、仪器与试剂

1. 仪器

TAS－990 火焰原子吸收分光光度计，镁空心阴极灯，空气压缩机、乙炔钢瓶。

2. 试剂

1.000 $mg \cdot mL^{-1}$镁离子标准储备液，1.0 $\mu g \cdot mL^{-1}$镁标准使用溶液。

四、实验步骤

1. 按操作规程，启动仪器。

2. 最佳实验条件的选择

（1）分析线的选择

在 285.21 nm，280.27 nm，279.55 nm 和 202.58 nm 波长下分别测定 1.0 $\mu g \cdot mL^{-1}$镁标准溶液的吸光度。根据对分析试样灵敏度的要求、干扰情况，选择合适的分析线。试液浓度低时，选择灵敏线，试液浓度高时，选择次灵敏线，并要选择没有干扰的谱线。

（2）灯电流的选择

在（1）选择的波长下，喷雾 1.0 $\mu g \cdot mL^{-1}$镁标准溶液，每改变一次灯电流，记录相应的吸光度信号。每测定一个数值前，必须喷入二次水调零（以下实验均同样操作）。绘制吸光度－灯电流曲线，确定最佳灯电流值。

（3）燃助比的选择

固定其他条件和助燃气流量，喷入 1.0 $\mu g \cdot mL^{-1}$镁标准溶液，改变燃气流量，记录相应的吸光度。绘制吸光度－燃气流量曲线，确定最佳燃助比。

（4）燃烧器高度的选择

喷入 1.0 $\mu g \cdot mL^{-1}$镁标准溶液，改变燃烧器的高度，记录相应的吸光度。绘制吸光度－燃烧器高度曲线，确定最佳燃烧器高度。

（5）光谱通带的选择

用以上选定的条件，喷入 1.0 $\mu g \cdot mL^{-1}$镁标准溶液，改变狭缝宽度，测出相应的吸光度,不引起吸光度值减小的最大狭缝宽度,即为合适的狭缝宽度。

(6) 确定原子吸收光谱法测定镁的最佳实验条件。

五、注释

乙炔为易燃易爆气体,必须严格按照操作步骤工作。在点燃乙炔火焰之前,应先开空气,后开乙炔气;结束或暂停实验时,应先关乙炔气,后关空气。乙炔钢瓶的工作压力一定要控制在所规定的范围内,不得超压工作,保障安全。

六、思考题

1. 简述仪器最佳实验条件对实际测量的意义。
2. 为什么火焰原子吸收光谱法对助燃气与燃气开与关的先后顺序要严格地按操作步骤进行?
3. 使用空心阴极灯时应注意什么事项?

实验16 火焰原子吸收光谱法灵敏度和自来水中镁的测定

一、实验目的

1. 掌握原子吸收光谱法进行元素定量分析(标准曲线法、标准加入法)的基本原理。
2. 掌握原子吸收光谱法特征浓度的计算。
3. 进一步熟悉原子吸收光谱仪的基本操作。

二、实验原理

在使用锐线光源的条件下,基态原子蒸气对共振线的吸收,符合朗伯-比尔定律,即

$$A=\lg(I_0/I_t)=KLN_0$$

式中 A 为吸光度,I_0 为入射光的强度,I_t 为透射光的强度,K 为吸收系数,L 为吸收介质的厚度,N_0 为基态原子的数目。

在试样原子化时,当火焰温度低于 3 000 K 时,对大多数元素来讲,原子蒸气中基态原子的数目 N_0 实际上十分接近原子总数 N。在一定实验条件下,待测元素的原子总数 N 与该元素在试样中的浓度 c 呈正比,则

$$A=kc$$

用 $A-c$ 标准曲线法或标准加入法,可以求算出元素的含量。

采用标准曲线法时,需配制一系列待测元素的标准溶液,分别测出它们的吸光度 A,以 A 对 c 作图,经线性回归得到标准曲线。在与测量标准曲线相同的分析条件下,测出待测试液的吸光度 A_x,由 A_x 在标准曲线下查得待测元素的浓度 c_x。

采用标准加入法时,一般是量取 5 份等量的待测试液,在其中 4 份中分别加入不同量的待测元素的标准溶液,再稀释到同一体积,然后分别测定其吸光度。绘制吸光度对待测元素加入量 c_s 的曲线,将此曲线外推,与浓度坐标的交点即为试样中待测元素的含量。

由原子吸收光谱灵敏度的定义,按下式计算灵敏度 S:

$$S = \frac{c \times 0.004\ 4}{A}(\mathrm{mg \cdot L^{-1}})$$

三、仪器与试剂

1. 仪器

TAS－990 型原子吸收分光光度计,镁空心阴极灯,空气压缩机,乙炔钢瓶。

2. 试剂

1.000 $\mathrm{mg \cdot mL^{-1}}$镁离子标准储备液,1.0 $\mathrm{\mu g \cdot mL^{-1}}$镁标准使用溶液。

四、实验步骤

1. 仪器参数的设置

根据实验 15 确定的测定镁的最佳实验条件设置仪器的工作参数。

2. 标准曲线法

(1) 配制浓度为 0.05 $\mathrm{\mu g \cdot mL^{-1}}$,0.10 $\mathrm{\mu g \cdot mL^{-1}}$,0.20 $\mathrm{\mu g \cdot mL^{-1}}$,0.30 $\mathrm{\mu g \cdot mL^{-1}}$,0.40 $\mathrm{\mu g \cdot mL^{-1}}$镁系列标准溶液,在选定的仪器工作条件下,以二次水为空白,分别测定镁系列标准溶液的吸光度,作出吸光度－镁溶液浓度的标准曲线,计算回归方程,并确定在选定条件下测定镁的线性范围。

(2) 吸取自来水样 2.50 mL 两份,分别置于 100 mL 容量瓶中,用二次水稀释到刻度,摇匀,以二次水为空白,分别测定其吸光度,由标准曲线或回归方程计算镁的含量。

(3) 根据测量数据,计算该仪器测定镁的灵敏度 S。

3. 标准加入法

在 5 只 50 mL 容量瓶中,各加入 0.50 mL 自来水样(根据水样中镁含量的高低,加入自来水样的量可适当调整),再分别加入 1.0 $\mathrm{\mu g \cdot mL^{-1}}$镁标准溶液 0.00 mL,0.50 mL,1.00 mL,1.50 mL 和 2.00 mL,用二次水稀释到刻度。在选定的仪器工作条件下,以二次水为空白,分别测定其吸光度。绘制吸光度对镁加入量的曲线,将此曲线外推,由其与浓度坐标的交点求算镁元素的含量。

4. 实验结束后,用二次水喷洗原子化系统 2 min,按关机程序关机。最后关闭乙炔钢瓶阀门,旋松乙炔稳压阀,关闭空气压缩机。

五、注释

乙炔为易燃易爆气体,必须严格按照操作步骤工作。在点燃乙炔火焰之前,应先开空气,后开乙炔气;结束或暂停实验时,应先关乙炔气,后关空气。乙炔钢瓶的工作压力一定要控制在所规定的范围内,不得超压工作,保障安全。

六、思考题

1. 标准曲线法和标准加入法的适用范围是什么?在使用时各应注意什么问题?
2. 为什么要配制镁标准使用溶液?所配制的镁系列标准溶液可以放置到第二天再继续使用吗?为什么?

实验 17 原子荧光光谱法测定水样中的铅

一、实验目的

1. 了解原子荧光光度计的基本构造和原理。
2. 学习仪器的基本操作。

二、实验原理

原子荧光是原子蒸气受具有特征波长的光源照射后,其中一些自由原子被激发跃迁到较高能态,然后去活化回到某一较低能态(通常为基态)而发射出特征光谱的物理现象。当激发辐射的波长与产生荧光波长相同时,称为共振荧光,它是原子荧光分析中最主要的分析线。另外还有直跃线荧光、阶跃线荧光、敏化荧光、非共振荧光等。各种元素都有其特定的原子荧光光谱,根据原子荧光强度的高低可测得试样中待测元素含量。这就是原子荧光光谱分析。

原子荧光强度 I_f 与试样中待测元素的浓度以及激发光源的辐射强度等参数存在以下函数关系:

$$I_f = \Phi I_0$$

理想情况下:

$$I_f = \Phi I_0 A K_0 l N = Kc$$

式中 I_0 为入射光强度，Φ 为荧光量子效率，A 为入射光照射的有效面积，K_0 为峰值吸收系数，l 为吸收光程长度，N 为吸收辐射的基态原子密度，c 为试样中待测元素的浓度。

三、仪器与试剂

1. 仪器

AFS－830 原子荧光光度计

负高压：260 V　灯电流：60 mA　原子化器高度：8 mm

载气流量：400 mL · min^{-1}　屏蔽气流量：800 mL · min^{-1}　进样量：0.5 mL

2. 试剂

1.000 mg · mL^{-1} 铅离子标准储备液，浓盐酸（AR），硼氢化钾（>98%），草酸（AR），铁氰化钾（AR），高纯水，自来水样。

四、实验步骤

1. 溶液的配制

（1）还原剂和载流液

载流液（2% 盐酸溶液）：取 10 mL 盐酸溶于 500 mL 超纯水中。

还原剂（2% 硼氢化钾）：取 10 g 硼氢化钾，溶于 500 mL 0.5% 的氢氧化钾的水溶液中。

（2）增敏剂和掩蔽剂

10% 铁氰化钾和 2% 草酸溶液的混合溶液。

（3）标准溶液

在 5 只 50 mL 的容量瓶中分别移取 0.20 mL，0.40 mL，0.80 mL，1.00 mL，2.00 mL 的铅标准溶液，然后再分别加入浓盐酸 1.00 mL，加入 10% 铁氰化钾和 2% 草酸溶液的混合溶液 2.00 mL，定容至刻度，摇匀待测。此系列铅标准溶液的浓度相当于 2.00 μg · mL^{-1}，4.00 μg · mL^{-1}，6.00 μg · mL^{-1}，8.00 μg · mL^{-1}，10.00 μg · mL^{-1}，20.00 μg · mL^{-1}。

（4）自来水样经过过滤和适当酸化处理后备用。

2. 分析检测

（1）按照 AFS－830 原子荧光光度计的基本操作步骤完成准备工作，开机及点燃火焰，待元素灯和火焰稳定后即可开始测定。

（2）将配制好的标准溶液分别加入试样管中，上机测定，采集测试数据，绘制标准曲线。

（3）将处理好的自来水样加入试样管中，上机测定，采集测试数据。根据试样数据，进行计算机自动在线结果处理，打印测定结果。

五、注释

1. 配置还原剂时,要先配好0.5%的KOH溶液,然后再加入硼氢化钾。

2. 若检测到的荧光强度很小时可适当增大负高压和灯电流,但不能过大否则仪器的噪声也会相应增大。

六、思考题

1. 简述影响原子荧光测定的因素。

2. 比较原子荧光光度计与原子吸收分光光度计在结构上的异同点,并解释其原因。

实验18 电位法测量水溶液的pH

一、实验目的

1. 了解直接电位法测定水溶液pH的原理。

2. 掌握用酸度计测量pH的方法。

3. 了解用标准缓冲溶液定位的意义和温度补偿装置的作用。

二、实验原理

在进行pH测定时,把玻璃电极与饱和甘汞电极插入试液组成下列电池:

Hg, Hg_2Cl_2 | 饱和 KCl ¦¦ 试液 | 玻璃膜 | 内参比溶液 | $AgCl, Ag$

该电池的电动势

$$E_{emf} = (E_{glass} - E_{ref}) + E_j$$

式中 E_{glass} 表示玻璃电极的电位,它包含待测物质的活度(或浓度)信息。E_{ref} 为参比电极的电位,E_j 是通过盐桥的接触电位。在一定条件下,E_{ref} 和 E_j 为常数,又

$$E_{glass} = k - 0.059\ \mathrm{V\ pH}$$

因此电池的电动势可简写为

$$E_{emf} = K - 0.059\ \mathrm{V\ pH}$$

若上式中 K 值已知,则由测得的 E_{emf} 就能计算出被测溶液的pH,但实际上由于 K 值不易求得,因此,在实际工作中,用已知的标准缓冲溶液作为基准,比较待测溶液和标准溶液两个电池的电动势来确定待测溶液的pH,该方法称为直接比较法。所以,在测定pH时,先用标准缓冲溶液校正酸度计(亦称定位),以消除 K 值的影响。

三、仪器和试剂

1. 仪器

pHS-2F型数字式酸度计,pH玻璃电极,饱和甘汞参比电极。

2. 试剂

广范 pH 试纸，未知 pH 试液。

三种 pH 标准缓冲溶液，配制方法如下：

(1) pH =4.00 标准缓冲溶液

准确称取在 110℃烘干 1 ~2 h 的邻苯二甲酸氢钾($KHC_8H_4O_4$)10.21 g，在烧杯中溶解后转移至 1 000 mL 容量瓶中，稀释至刻度，摇匀(也可用市售标准缓冲溶液试剂，按规定配制)。

(2) pH =6.86 标准缓冲溶液

准确称取磷酸二氢钾(KH_2PO_4)3.39 g 和磷酸氢二钠(Na_2HPO_4)3.53 g 于烧杯中，用水溶解，转移至 1 000 mL 容量瓶中，稀释至刻度，摇匀。

(3) pH =9.18 标准缓冲溶液

准确称取 3.80 g 硼砂($Na_2B_4O_7 \cdot 10H_2O$)，在烧杯溶解后，转移至 1 000 mL 容量瓶中，稀释至刻度(所用蒸馏水需煮沸以除去 CO_2)，摇匀。

四、实验步骤

1. 玻璃电极响应斜率的测定

一支功能良好的玻璃电极，应该有理论上的 Nernst 响应，即在不同 pH 的缓冲溶液中测得的电极电位与 pH 呈直线关系，在 25℃ 其斜率为 59 $mV \cdot pH^{-1}$。测定方法如下。

(1) 接通仪器电源，安装好玻璃电极和甘汞电极，将测量选择开关旋转到 mV 挡。

(2) 在 50 mL 烧杯中加入 20 mL 左右的邻苯二甲酸氢钾缓冲溶液，将电极浸入其中，待液晶屏显示数值稳定后读数，记下数据 E(单位为 mV)。

(3) 用蒸馏水轻轻冲洗电极，用滤纸吸干。在 50 mL 烧杯中加入 20 mL 左右的硼砂缓冲溶液，按上法操作测量 E 值。

(4) 同(3)的操作，更换 pH =6.86 的缓冲溶液，测其 E 值。

2. 试液的 pH 测定

(1) 把测量开关旋转到“pH”挡；

(2) 将电极用水冲洗干净，用滤纸吸干；

(3) 先用广范 pH 试纸初测试液的 pH，再用与试液 pH 相近的标准缓冲溶液校正仪器，即调节“定位”旋钮，使液晶显示屏显示的 pH 与标准缓冲溶液一致。(例如：若测 pH 为 9 左右的试液，应选用 pH =9.18 的标准缓冲溶液定位)。

3. 校正完毕后，不得再转动定位调节旋钮，否则应重新进行校正工作。用蒸馏水冲洗电极，用滤纸吸干后，将电极插入试液中，摇动烧杯，待显示数值稳定后,读取 pH。

4. 取下电极,用水冲洗干净,妥善保存,实验完毕。

五、结果处理

1. 用以上测得的 E 值对 pH 作图,求其直线的斜率。该斜率即为玻璃电极的响应斜率,若电极响应斜率偏离理论值(59 mV · pH^{-1})很多,则此电极不能使用。

2. 记录所测试样溶液的 pH。

六、思考题

1. 测定 pH 时为什么要选用与待测溶液的 pH 相近的标准缓冲溶液来定位?
2. 为什么普通的毫伏计不能用于测量 pH?
3. 使用 pH 玻璃电极时应该注意些什么?

实验 19 氯离子选择性电极对溴离子选择性系数的测定

一、实验目的

1. 了解离子选择性电极选择性系数测定的原理和方法。
2. 掌握混合溶液法测定离子选择性电极选择性系数的实验技术。

二、实验原理

离子选择性电极是一种电化学传感器,它对特定的离子有选择性的响应。但这种选择性并不是绝对专一的,溶液中共存的其他离子对电极的电位也可能会产生一定的“贡献”。换句话说,离子选择性电极对其他某些离子也可能会产生响应。例如,把氯离子选择性电极浸入到只含有 Br^- 的溶液中时,该电极对 Br^- 也会有电位响应。当 Cl^- 和 Br^- 共存于溶液中时,由于 Br^- 的存在必然会对 Cl^- 的测定产生干扰。为了表征共存离子对电位的“贡献”,可用一个经过修正的能斯特公式(Nicolsky 方程)描述:

$$E = K \pm \frac{2.303RT}{nF}\lg(a_{\mathrm{i}} + K_{\mathrm{i,j}}a_{\mathrm{j}}^{n/m})$$

式中 i 为被测离子;j 为干扰离子;n 和 m 分别为被测离子和干扰离子的电荷数;$K_{\mathrm{i,j}}$为电位选择系数。

从上式可以看出,电位选择性系数越小,电极对被测离子的选择性越好。

测定 $K_{\mathrm{i,j}}$的方法可以用分别溶液法或混合溶液法测定,本实验采用混合溶

液法测定 $K_{i,j}$。

实验时,配制一系列含有固定活度的干扰离子(j)和不同活度的被测离子(i)的标准溶液,分别测量相应的电位值 E,绘成 $E-\lg a_i$ 的曲线。

当 $a_i>a_j$ 时,电极对 i 离子呈能斯特响应,此时干扰离子的影响可以忽略不计。若 i、j 离子均为一价阴离子(例如本实验),则标准曲线中的直线部分的能斯特方程为

$$E_1=K_1-\frac{2.303RT}{nF}\lg a_i$$

当 $a_i<a_j$ 时,标准曲线形成水平,电极对 i 离子的响应可以忽略,电位值完全由 j 离子决定,则

$$E_2=K_2-\frac{2.303RT}{nF}\lg K_{ij}a_j^{n/m}$$

假定 $K_1=K_2$,且两斜率相同,在两直线的交点处 $E_1=E_2$,可以得出下述公式:

$$K_{ij}=a_i/a_j^{n/m}$$

因此可以求得 K_{ij} 值,这一方法也称为固定干扰法,本实验以 Br^- 为干扰离子,测定氯离子选择电极的选择性系数 K_{Cl^-,Br^-}。则

$$K_{Cl^-,Br^-}=a_{Cl^-}/a_{Br^-}$$

三、仪器及试剂

1. 仪器

pHS－2F 型酸度计,磁力搅拌器,氯离子选择性电极和 217 型双盐桥饱和甘汞电极。

氯离子选择性电极的敏感膜由 $Ag_2S-AgCl$ 粉末混合压片制成。它是无内参比溶液的全固态型电极,电荷由膜内电荷数最少、半径最小的 Ag^+ 传导。当把氯离子选择性电极浸入含有 Cl^- 的溶液时,它可将溶液中 Cl^- 活度转变成电信号。由于饱和氯化钾甘汞电极中有 Cl^- 存在,电极内的 Cl^- 可通过多孔陶瓷芯向溶液中扩散,影响 Cl^- 的测定,所以应该使用双盐桥饱和甘汞电极。

2. 试剂

(1) 0.100 0 $mol\cdot L^{-1}$ NaCl 标准溶液

准确称取 1.464 g 经 110℃烘干的分析纯 NaCl 于小烧杯中,用水溶解后,转移至 250 mL 容量瓶中,稀释至刻度,用时再稀释。

(2) 0.100 0 $mol\cdot L^{-1}$ NaBr 标准溶液

准确称取分析纯 NaBr 2.573 g 于小烧杯中,用水溶解后,转移到 250 mL 容量瓶中,用水稀释至刻度,用时再稀释。

(3) 1.0 $mol \cdot L^{-1}$ KNO_3 作为离子强度调节剂,用 HNO_3 调节 pH 在 2.5 左右。

四、实验步骤

1. 打开 pHS-2F 型酸度计的电源开关,将测量选择开关旋转到"mV";

2. 检查 217 型双盐桥饱和甘汞电极是否充满 KCl 溶液,若未充满应补充饱和 KCl 溶液,并排除其中的气泡。于盐桥套管中放置 KNO_3 溶液,并用皮筋将套管连接在甘汞电极上。

3. 将氯离子选择性电极和甘汞电极连接 pHS-2F 型酸度计(217 型双盐桥饱和甘汞电极接"正",氯离子选择性电极接"负",即玻璃电极插孔),把电极浸入蒸馏水中,放入磁性搅拌子,开动搅拌器,将电极洗至空白电位。

4. 准确吸取适量的氯离子标准溶液于 50 mL 容量瓶中,以配制 1.00×10^{-4} $mol \cdot L^{-1}$,1.00×10^{-3} $mol \cdot L^{-1}$,5.00×10^{-3} $mol \cdot L^{-1}$,1.00×10^{-2} $mol \cdot L^{-1}$,5.00×10^{-2} $mol \cdot L^{-1}$和 1.00×10^{-1} $mol \cdot L^{-1}$ NaCl 的系列标准溶液,各加入 5.00 mL 1.00×10^{-2} $mol \cdot L^{-1}$ Br^- 标准溶液,15 mL 1.0 $mol \cdot L^{-1}$ KNO_3 溶液,用水稀释至刻度,摇匀。从低浓度至高浓度分别测量电位值。

五、结果处理

以电位 E 值为纵坐标,$\lg c_{Cl^-}$ 为横坐标作图,延长曲线中两段直线部分,得一交点,并从交点处求得 c_{Cl^-} 的值,根据公式计算氯离子选择性电极对溴离子的电位选择系数。

$$K_{Cl^-,Br^-} = \frac{c_{Cl^-}}{c_{Br^-}}$$

六、思考题

1. 评价离子选择性电极的性能有哪些特性参数?
2. 本实验中为什么要选用双盐桥饱和甘汞电极作参比?
3. 测定电位选择性系数有哪几种方法?
4. 可否用电位选择性系数来校正氯离子响应的电位值?为什么?

实验 20 离子选择性电极法测定牙膏中总氟含量

一、实验目的

1. 掌握直接电位法的基本原理和实验操作技能。

2. 了解离子选择性电极的类型及其应用，学习离子计的使用。

3. 了解总离子强度调节缓冲溶液的意义和作用。

4. 熟悉用标准曲线法测定牙膏中 F^- 的浓度。

二、实验原理

氟是最活泼的非金属元素，自然界中不存在单质氟。氟也是人体必不可少的微量元素之一，成年人平均每人每天安全和适宜的氟摄入量为 3.0 ~ 4.5 mg，过多过少都可能引起疾病。适量氟对人体有益，摄入量过低会产生龋齿，但是摄入量长期超过正常需要，将导致地方性氟病。测定氟离子常用的方法之一是氟离子选择性电极法。它属于电分析化学电位分析法。具有电极结构简单牢固、灵敏度高、响应速度快、能克服色泽干扰、精度高等优点，而且便于携带、操作简单，因而被广泛应用。

氟离子选择性电极（fluoride ion selective electrode，FISE）是晶体均相膜电极的一种，由 LaF_3 单晶制成的，对氟离子具有特异性识别的敏感膜电极，其结构如图 2－2－1 所示，是用电位法测量溶液中氟离子活度的指示电极。

当控制测定体系的离子强度为一定值时，氟离子选择性电极的电动势与氟离子浓度的对数值呈线性关系。

$$E_{ISE} = K - \frac{RT}{nF}\ln a_{F^-}$$

若在待测溶液中加入适量的离子强度调节剂使离子强度保持不变，则活度系数为一常数，离子活度可由浓度代替。则 $E_{电池}$ 与 $\lg[F^-]$ 呈线形关系。作出 $E_{电池} - \lg[F^-]$ 标准曲线，根据试样的 $E_{电池}$ 求得氟离子浓度。在电位分析中，通常采用加入总离子强度调节缓冲溶液（TISAB）的方法来控制溶液的总离子强度。

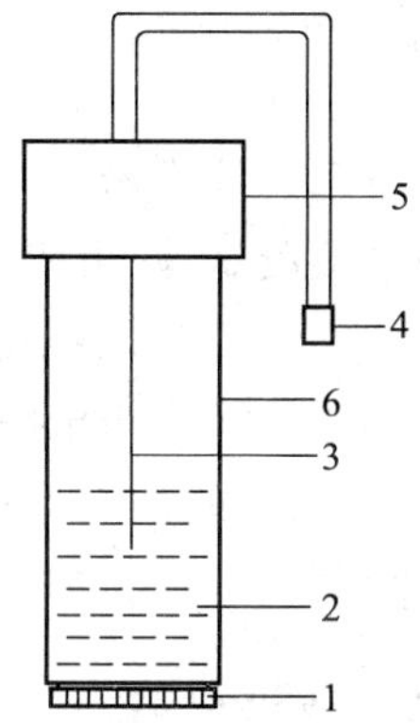

图 2－2－1 氟离子选择性电极结构示意图

1—氟化镧单晶膜 2—内参比溶液 3—内参比电极 4—电极插头 5—电极罩帽 6—电极支持杆

三、仪器及试剂

1. 仪器

配有氟离子选择性电极的 pHS－2F 型电位计，饱和甘汞电极，电磁搅拌器。

2. 试剂

（1）1.0×10^{-3} mol · $L^{-1}F^-$ 标准储备液。

（2）总离子强度缓冲溶液（TISAB）：称取 NaCl 58 g，柠檬酸钠 $Na_3C_6H_5O_7$ ·

$2H_2O$ 12 g，取冰醋酸 57 mL，溶于 500 mL 水中，搅拌溶解。缓缓加入 6 $mol \cdot L^{-1}$ NaOH 溶液，调节 pH 为 5.5 ~ 6.5，冷却后转移到 1 000 mL 容量瓶中，加水稀释至刻度线，摇匀后储存于聚乙烯瓶中。

(3) 溴钾酚绿指示剂。

四、实验步骤

1. 试样预处理

准确称取 1.0 g 含氟牙膏样，置于塑料小烧杯中，加入 10 mL 浓热盐酸，充分搅拌约 20 min，用中速定量滤纸过滤，热水充分洗涤。之后往滤液中加 1 ~ 2 滴溴钾酚绿指示剂(呈黄色)，先用 NaOH 溶液中和至刚变蓝，再用稀盐酸调至刚变黄(pH = 6.0)，转入 100 mL 容量瓶中，定容备用。

2. 仪器预热 20 min，校正仪器，调节仪器零点。将氟电极接仪器负极接线柱，甘汞电极接仪器 E 接线柱，将两电极插入蒸馏水中，开动搅拌器，反复清洗电极至空白电位(− 300 mV)。

3. 标准曲线的制作

分别取 1.0×10^{-3} $mol \cdot L^{-1}$ F^- 标准溶液 0.5 mL，1.00 mL，5.00 mL，10.00 mL于 4 个 100 mL 容量瓶中，加入 20 mL TISAB 溶液，用去离子水稀释至刻度。将系列标准溶液由低浓度到高浓度依次转入干的塑料杯中，放入搅拌子，电极插入被测试液，开动搅拌器 5 ~ 8 min 后，停止搅拌，读取平衡电位，在坐标纸上作 $E - \lg[F^-]$ 曲线(或用计算机制作工作曲线，并求出电极斜率)。

4. 牙膏中含氟量的测定

取牙膏滤液样 10.00 mL 于 100 mL 容量瓶中，加 20.00 mL TISAB 溶液，用水稀释至刻度。再将溶液转入干燥的塑料杯中，测 E 值。

五、数据处理

1. 氟离子选择性电极用蒸馏水洗 3 次，确定电位稳定值。

2. 绘制 $E - \lg[F^-]$ 工作曲线并得到线性回归方程。

3. 由测得牙膏滤液的电位值，代入方程式计算出最终牙膏样中氟的含量 c_F。

六、思考题

1. 本实验中加入总离子强度调节缓冲溶液的目的是什么？

2. 为什么要把氟电极洗至一定的电位？

3. 为什么此实验中要控制待测溶液 pH 为 6 左右？

实验 21　硫酸铜电解液中氯离子的电位滴定

一、实验目的

1. 了解电位分析法在电位滴定中的应用。
2. 掌握电位滴定法测定氯化物的原理及操作步骤。
3. 掌握用 $E-V$ 、$\Delta E/\Delta V-V$ 和 $\Delta^2E/\Delta V^2-V$ 曲线来确定滴定终点。

二、实验原理

电位滴定法是根据滴定过程中指示电极电位的变化来确定终点的定量分析方法。

用电解法精炼铜时,硫酸铜电解液中的氯离子浓度不能过大,需要经常加以测定。由于硫酸铜溶液本身具有很深的蓝色,无法用指示剂来确定滴定终点,所以不能用普通容量法进行滴定。用电位滴定法测定氯离子时,以硝酸银为滴定剂,在滴定过程中,氯离子和银离子的浓度发生变化,可用银电极或氯离子选择性电极作为指示电极,指示在化学计量点附近发生的电位突跃。本实验以银电极作指示电极。

银指示电极的电位可以根据能斯特公式计算:

化学计量点前,Ag 电极的电位决定于 Cl^- 的浓度。

$$E=E^{\ominus}_{AgCl/Ag}-0.059\ V\ \lg[Cl^-]$$

化学计量点时,$[Ag^+]=[Cl^-]$,可由 $K_{sp}(AgCl)$ 求出 Ag^+ 的浓度,由此计算出 Ag 电极的电位。

化学计量点后,Ag 电极电位决定于 Ag^+ 的浓度,其电位由下式计算:

$$E=E^{\ominus}_{AgCl/Ag}+0.059\ V\ \lg[Ag^+]$$

在化学计量点前后,Ag 电极的电位有明显的突跃。

因为测定的是氯离子,所以要用带硝酸钾盐桥的饱和甘汞电极作为参比电极,也可以采用饱和硫酸亚汞电极,以避免氯离子的沾污,饱和硫酸亚汞电极的电位为 +0.620 V。

滴定终点可由电位滴定曲线来确定。即 $E-V$ 曲线、$\Delta E/\Delta V-V$ 一次微商曲线和 $\Delta^2E/\Delta V^2-V$ 二次微商曲线。

三、仪器及试剂

1. 仪器

DZ-1 型滴定装置,ZD-2 型自动电位滴定仪,10 mL 滴定管,银离子选择性电极(银电极事先用金相砂纸擦去表面氧化物)。

2. 试剂

(1) 0.050 0 $mol \cdot L^{-1}$硝酸银标准溶液

准确称取8.500 g分析纯硝酸银,用水溶解后稀释至1 L。此溶液最好用标准氯化钠溶液进行标定。

(2) 硫酸铜电解液

若没有硫酸铜电解液,可用含有氯离子的硫酸铜溶液代替。称取0.12 ~ 0.14 g NaCl溶于2 000 mL硫酸铜溶液中即为硫酸铜电解液。

四、实验步骤

1. 手动电位滴定

将银离子选择性电极及饱和甘汞电极(带KNO_3盐桥)装在滴定台的夹子上。银电极接仪器正极,甘汞电极接仪器负极,将DZ-1型滴定装置的工作开关(12)放在手动,将ZD-2型的选择开关(8)放在测量挡,滴液开关(10)放在"-"的位置。

准确吸取硫酸铜电解液25.00 mL,置于150 mL烧杯中,加水约25 mL,放入搅拌磁子,置于电磁搅拌器上。将两电极浸入试液,按下读数开关(4),读取初始电位,一边搅拌,一边按动DZ-1型装置的滴定开始按键(13)。

每加入一定体积的硝酸银溶液,记录一次电位值,读数时停止搅拌。开始滴定时,每次可加1.00 mL;当达到化学计量点附近时(化学计量点前后约0.5 mL),每次加0.10 mL;过了化学计量点后,每次仍加1.00 mL,一直滴定到9.00 mL。

2. 自动电位滴定

根据手动电位滴定曲线图($\Delta^2E/\Delta V^2-V$图),可求得终点电位。以此电位值为控制依据,进行自动电位滴定。

将ZD-2型的选择开关(8)放在"终点",按下读数开关(4),调节预定终点调节器(9),调节指针使其指向终点位置,把工作开关(12)放在"滴定"挡。

取试液25.00 mL,加水约25 mL,插入电极,按下滴定开始按键(13),此时终点指示灯亮,滴定指示灯时亮时暗,随着$AgNO_3$溶液的加入,电表指针向终点逐渐接近,当电表指针到达终点时,终点指示灯熄灭,滴定结束,记下$AgNO_3$用量。

实验结束,将仪器复原,洗净电极,擦干,干燥保存。

五、结果处理

1. 根据手动电位滴定的数据,绘制电位(E)对滴定剂体积(V)的滴定曲线以及$\Delta E/\Delta V-V$、$\Delta^2E/\Delta V^2-V$曲线。并用二次微商法确定终点体积。

2. 根据滴定终点所消耗的硝酸银溶液的体积，计算试液中 Cl^- 的质量浓度（以 $g \cdot L^{-1}$ 表示）。

六、注释

1. 用硝酸银溶液滴定氯离子时，每加入一滴硝酸银溶液后，要充分搅拌使反应完全。
2. 接近终点时，硝酸银溶液的滴加量要仔细，注意电位的变化大小。
3. 每次滴定完毕后，要用擦镜纸将银电极擦一下，再用氨水及去离子水多次冲洗，保证测定数据的重复性。

七、思考题

1. 用硝酸银滴定氯离子时，是否可以用碘化银电极作指示电极？
2. 与化学分析中的容量分析法相比，电位滴定法有何特点？

实验 22　醋酸含量及其解离常数的电位滴定分析

一、实验目的

1. 掌握电位分析法测定一元弱酸解离常数的方法。
2. 掌握确定电位滴定终点的方法。
3. 通过学习测定弱酸常数的原理和方法，巩固弱酸解离平衡的基本概念。

二、实验原理

电位滴定法是在滴定过程中根据指示电极和参比电极的电位差的突跃来确定终点的分析方法。可用于酸碱、沉淀、络合、氧化还原及非水等各种滴定。

醋酸 CH_3COOH（简写 HAc）为一弱酸，其 $pK_a = 4.74$，当以标准碱溶液滴定醋酸试液时，在化学计量点附近可以观测到电位值的突跃。本实验采用 pH 玻璃电极作指示电极，饱和甘汞电极作参比电极，与待测液组成以下工作电池：

$(-)$ Ag | AgCl，0.1 $mol \cdot L^{-1}$ HCl | 玻璃膜 | 试液（醋酸溶液）¦¦ KCl 溶液（饱和），Hg_2Cl_2 | Hg $(+)$

电池电动势 $E = K + 0.059\ V\ pH$，电池电动势只与 H^+ 浓度有关，随着滴定剂 NaOH 的加入，溶液中发生中和反应，H^+ 浓度不断发生变化，指示电极的电位也相应地改变，电位值突跃点即为终点。

电位滴定时，记录滴定剂体积 V 和相应的 E 值，按 $E - V$、$\Delta E/\Delta V - V$ 及

$\Delta^2E/\Delta V^2-V$ 作图法、计算法确定终点,从而计算出醋酸试液的浓度。

确定滴定体积以后,从 $E-V$ 曲线上,查出半计量点时溶液的 E 值,经过换算得出此时溶液的 pH,此时 $pH=pK_a$,即为醋酸的 pK_a。

根据醋酸的解离平衡　　$HAc \rightleftharpoons H^+ + Ac^-$

其解离常数　　$$K_a=\frac{[H^+][Ac]}{[HAc]}$$

当滴定分数为 50% 时,$[Ac^-]=[HAc]$,此时 $K_a=[H^+]$ 即 $pK_a=pH$,因此在滴定分数为 50% 处的 pH,即为醋酸的 pK_a 值。

三、仪器及试剂

1. 仪器

ZD－2 型自动电位滴定计,电磁搅拌器,搅拌磁子,玻璃电极,饱和甘汞电极,25 mL 碱式滴定管。

2. 试剂

0.1 $mol\cdot L^{-1}$ NaOH 标准溶液(准确浓度需经标定),0.1 $mol\cdot L^{-1}$ HAc 试液,酚酞指示剂。

四、操作步骤

1. 仪器预热及标定

仪器安装连接好以后,插上电源线,打开电源开关,电源指示灯亮。经 15 min预热后再使用。按仪器说明书将仪器调试好。

2. 电位手动滴定

将 pH 玻璃电极及饱和甘汞电极装在滴定台的夹子上。pH 玻璃电极接负,饱和甘汞电极接正,将 ZD－2 型“功能”开关置“手动”,“设置”开关置“测量”。

精密移取 0.1 $mol\cdot L^{-1}$ HAc 试液 20.00 mL 于 100 mL 烧杯中,放入搅拌磁子,置于电磁搅拌器上。将两电极浸入试液,按下读数开关,读取初始电位。开启电磁搅拌器,一边搅拌,一边按下“滴定开始”开关,用已准确标定的 NaOH 标准溶液进行滴定。滴定灯亮,此时滴液滴下,控制按下此开关的时间,即可控制滴液滴下的数量,放开此开关,则停止滴定。

每加入一滴 NaOH 溶液,记录一次电位值,读数时停止搅拌,滴定开始时每间隔 1.0 mL 读数一次,待到化学计量点附近时每间隔 0.10 mL 读数一次。滴定至计量点后,仍每间隔 1.0 mL 读数一次,继续记录 3～4 个电位值。

3. 电位自动滴定

根据手动电位滴定曲线图($\Delta^2E/\Delta V^2-V$ 图),可求得终点电位。以此电位值为控制依据,进行自动电位滴定。

将 ZD-2 型“设置”开关置“终点”,“pH/mV”开关置“mV”,“功能”开关置“自动”,调节“终点电位”旋钮,使显示屏显示设定的终点电位值。终点电位选定后,“终点电位”旋钮不可再动。

预控点设定:预控点的作用是当离开终点较远时,滴定速度较快;当到达预控点后,滴定速度变慢。设定预控点就是设定预控点到终点的距离。其步骤如下:“设置”开关置“预控点”,调节“预控点”旋钮,使显示屏显示所设定的预控点数值。例如:设定预控点为 100 mV,仪器将在离终点 100 mV 处转为慢滴,预控点选定后,“预控点”调节旋钮不可再动。

终点电位和预控点电位设定好后,将“设置”开关置“测量”,打开搅拌器电源,调节转速使搅拌从慢逐渐加快至适当转速。

精密移取 0.1 $mol \cdot L^{-1}$ HAc 试液 20.00 mL 于 100 mL 烧杯中,放入搅拌磁子,开启电磁搅拌器,插入电极,按一下“滴定开始”按钮,仪器即开始滴定,滴定灯闪亮,滴液快速滴下,在接近终点时,滴速减慢。到达终点后,滴定灯不再闪亮,过 10 s 左右,终点灯亮,滴定结束。记录滴定管内 NaOH 标液的消耗读数。

注意:到达终点后,不可再按“滴定开始”按钮,否则仪器将认为另一极性相反的滴定开始,而继续进行滴定。

五、结果处理

1. 按 $E-V$、$\Delta E/\Delta V-V$ 及 $\Delta^2E/\Delta V^2-V$ 作图法、计算法确定终点 V_{ep},计算 HAc 试液的浓度。

2. 由 $E-V$ 曲线上找出半计量点时溶液的 E 值,换算成溶液的 pH,即为 HAc 的 pK_a。

六、思考题

1. 电位滴定与化学分析的酸碱滴定相比有何优点和缺点?

2. 当醋酸完全被氢氧化钠中和时,反应终点的 pH 是否等于 7? 为什么?

3. 为什么在离化学计量点较远时,每次加入较多的滴定剂,而接近化学计量点时,每次仅加入 0.10 mL 滴定剂?

实验 23　循环伏安法研究电极反应过程

一、实验目的

1. 学习电化学工作站的使用及固体电极表面的处理方法。

2. 掌握用循环伏安法判断电极过程的可逆性。

二、实验原理

循环伏安法是以等腰三角形的脉冲电压加在工作电极上，在电极上施加线形扫描电压，当到达设定的终止电压后，再反向回扫至某设定的起始电压。得到的电流电压曲线包括两个分支，如果前半部分电位向阴极方向扫描，电活性物质在电极上还原，产生还原波，那么后半部分电位向阳极方向扫描时，还原产物又会重新在电极上氧化，产生氧化波。因此一次三角波扫描，完成一个还原和氧化过程的循环，故该法称为循环伏安法，其电流－电压曲线称为循环伏安图。如果溶液中有电活性物质，则电极上发生如下电极反应：

正向扫描时，电极上将发生还原反应：

$$\mathrm{Ox} + ne \Longleftrightarrow \mathrm{Red}$$

反向回扫时，电极上生成的还原态 Red 将发生氧化反应：

$$\mathrm{Red} \Longleftrightarrow \mathrm{Ox} + ne$$

峰电流可表示为：$i_p = Kn^{3/2}D^{1/2}m^{2/3}t^{2/3}\nu^{1/2}c$

其峰电流与被测物质浓度 c、扫描速度 ν 等因素有关。上式是扩散控制的可逆体系电极过程峰电流方程式，如果电极过程受吸附控制，则电流的大小与 ν 成正比。

由循环伏安图可以得到氧化峰峰电流（i_{pa}）与还原峰峰电流（i_{pc}），以及氧化峰峰电位 E_{pa}、还原峰峰电位 E_{pc} 值。

对于可逆体系，循环伏安曲线上下对称，氧化峰峰电流与还原峰峰电流比 $i_{pa}/i_{pc}=1$，氧化峰电位与还原峰电位差 $\Delta E = E_{pa} - E_{pc} \approx 0.059\ \mathrm{V}/n$，条件电位 $E^{\ominus\prime} = (E_{pa} + E_{pc})/2$。如果电活性物质可逆性差，则氧化波与还原波的高度就不同，对称性也较差，$\Delta E > 0.059\ \mathrm{V}/n$，$i_{pa}/i_{pc} < 1$，甚至只有一个氧化或还原峰，电极过程即为不可逆。由此可判断电极反应过程的可逆性。

三、仪器与试剂

1. 仪器

CHI 660D 电化学工作站，玻璃碳电极，铂丝电极和饱和甘汞电极。

2. 试剂

$1.0\times10^{-2}\ \mathrm{mol\cdot L^{-1}}\ K_3Fe(CN)_6$ 溶液，$1.0\ \mathrm{mol\cdot L^{-1}}\ KNO_3$ 溶液。

四、实验步骤

1. 玻璃碳电极的处理

用 Al_2O_3 粉(或牙膏)将电极表面抛光,然后用蒸馏水清洗,再移入超声水浴中清洗,每次 2 ~ 3 min,重复三次,直至清洗干净。最后用乙醇、稀酸和水彻底洗涤,得到一个平滑光洁的电极表面。

2. $K_3[Fe(CN)_6]$溶液的循环伏安图

在电解池中放入 2.0 mL $K_3[Fe(CN)_6]$和 10.0 mL KNO_3 溶液,以二次水稀释到 20 mL,插入玻璃碳电极、铂丝电极和饱和甘汞电极,通 N_2 除 O_2。

(1) 以 20 $mV \cdot s^{-1}$的扫描速率,从 +0.80 ~ -0.20 V 扫描,记录循环伏安图。

(2) 以不同扫描速率 10 $mV \cdot s^{-1}$、40 $mV \cdot s^{-1}$、60 $mV \cdot s^{-1}$、80 $mV \cdot s^{-1}$、100 $mV \cdot s^{-1}$、200 $mV \cdot s^{-1}$,分别记录从 +0.80 ~ -0.20 V 扫描的循环伏安图。

3. 不同浓度的 $K_3[Fe(CN)_6]$溶液的循环伏安图

以扫描速率 20 $mV \cdot s^{-1}$,从 +0.80 ~ -0.20 V 扫描,分别记录 1.00×10^{-5} $mol \cdot L^{-1}$ $K_3[Fe(CN)_6]$、1.00×10^{-4} $mol \cdot L^{-1}$ $K_3[Fe(CN)_6]$、1.00×10^{-3} $mol \cdot L^{-1}$ $K_3[Fe(CN)_6]$、1.00×10^{-2} $mol \cdot L^{-1}$ $K_3[Fe(CN)_6]$ + 0.50 $mol \cdot L^{-1}$ KNO_3 溶液的循环伏安图。

五、数据处理

1. 由循环伏安图,记录峰电流 i_{pa}、i_{pc}和峰电位 E_{pa}、E_{pc}值。
2. 以 i_{pa}和 i_{pc}对 $\nu^{1/2}$作图,说明扫描速率 ν 对 i_p 的影响。
3. 计算 i_{pa}/i_{pc}、ΔE 和 $E^{\ominus\prime}$。
4. 从实验结果说明 $K_3[Fe(CN)_6]$在 KNO_3 溶液中电极过程的可逆性。

六、注释

1. 指示电极表面必须仔细清洗,否则严重影响循环伏安图图形。

2. 为了使液相传质过程只受扩散控制,应在加入电解质和溶液处于静止下进行电解。

3. 每次扫描之间,为使电极表面恢复初始条件,应将电极提起后再放入溶液中或用搅拌子搅拌溶液,等溶液静止 1 ~ 2 min 再扫描。

七、思考题

1. 如何用循环伏安法判断极谱电极反应过程的可逆性?

2. 如果条件电位 $E^{\ominus\prime}$和 ΔE 的实验结果与文献值有差异,试说明其原因。

实验 24 阳极溶出伏安法测定水样中微量铅和镉

一、实验目的

1. 掌握阳极溶出伏安法的基本原理。
2. 学习电化学工作站阳极溶出伏安功能的使用方法。
3. 掌握使用标准加入法进行定量分析。

二、实验原理

溶出伏安法的测定包含两个基本过程。首先,将工作电极控制在一定电位条件下进行预电解,使被测物质在电极上富集,然后施加以某种形式变化的电压于工作电极上,使被富集的物质溶出,同时记录伏安曲线,即可以根据溶出峰电流的大小测定被测物质的含量。溶出伏安法有多种溶出方式,如果以还原电位为富集电位,线性变化的氧化电位为溶出电位,则为阳极溶出伏安法。

由于汞膜电极具有大的 A/V 比值,预电解的效率高,而且金属富集时向汞膜内部扩散和溶出时向外扩散的路径短,溶出峰尖锐,分辨能力好,因此在阳极溶出伏安法中得到了广泛应用。

在酸性介质中,当电极电位控制为 -1.0 V(vs. SCE)时,Pb^{2+} 和 Cd^{2+} 同时富集在工作电极(自制玻碳汞膜电极)上,然后当向阳极线性扫描至 -0.1 V(vs. SCE)时,可以得到两个溶出峰,铅的溶出峰电位在 -0.4 V(vs. SCE)左右,镉的溶出峰电位在 -0.6 V(vs. SCE)左右。电流与溶液中 Pb^{2+} 和 Cd^{2+} 浓度成正比,可以分别用于铅和镉的定量分析。

定量测定可采用标准曲线法或标准加入法。标准加入法的计算公式如下:

$$c_x = \frac{c_s V_s h_x}{H(V_x + V_s) - h_x V_x}$$

式中 c_x、V_x 和 h_x 分别为试样的浓度、体积和溶出峰的峰高,c_s 和 V_s 分别为加入的标准溶液的浓度和体积,H 为加入标准溶液后测得的溶出峰的峰高。

三、仪器与试剂

1. 仪器

CHI 660D 电化学工作站,玻璃碳电极,铂丝电极和饱和甘汞电极,25 mL 电解池,磁力搅拌器,氮气钢瓶。

2. 试剂

1.000 mg · mL^{-1} Pb^{2+} 标准溶液，1.000 mg · mL^{-1} Cd^{2+} 标准溶液，0.02 mol · L^{-1} $HgSO_4$ 溶液，2.0 mol · L^{-1} HAc－NaAc 溶液（pH＝5.0）。

四、实验步骤

1. 玻璃碳汞膜电极的制备

玻璃碳电极按实验 23 的操作抛光清洗干净。在电解池中加入 10 mL 蒸馏水和 100 μL $HgSO_4$ 溶液，将三电极系统插入溶液并与电化学工作站连接。控制电极电位－1.0 V，通氮气搅拌下，电镀 5 min 即可制得玻璃碳汞膜电极。

2. 铅和镉峰电位的测量

（1）调节电化学工作站参数，选择单扫描模式，起始电位－1.2 V，终止电位＋0.5 V，扫描速率 100 mV · s^{-1}。

（2）在电解池中加入 10.00 mL 蒸馏水和 1.00 mL HAc－NaAc 溶液，通氮气除氧 10 min，插入三电极系统，打开搅拌器，电解富集 60 s（富集电位－1.2 V）。关闭搅拌器，停止富集，静置 30 s 后，开始扫描，记录空白溶出曲线。

（3）在上述空白溶液中加入 20.0 μL 1.000 mg · mL^{-1} Pb^{2+} 标准溶液和 20.0 μL 1.000 mg · mL^{-1} Cd^{2+} 标准溶液，重复（2）的操作，记录溶出曲线。测量结束后，将三电极系统置于＋0.1 V 下清洗 30 s。

（4）增加 Pb^{2+} 和 Cd^{2+} 的量，改变实验条件如富集时间、扫描速率、富集电位等，观察溶出曲线的变化，确定铅和镉的峰电位值，以此作为定性分析的依据。

3. 定量测定

（1）在电解池中加入 10.00 mL 待测水样和 1.00 mL HAc－NaAc 溶液，按步骤 2 中的操作，记录溶出伏安曲线，并重复 2 次。

（2）在上述电解池中加入一定量的铅和镉标准溶液（加入量视水样中待测离子的含量而定），再次记录伏安曲线，并重复 2 次。

（3）由伏安曲线上加入标准溶液前后两次峰高（峰电流）的值，按标准加入法计算公式计算水样中铅和镉的含量。

五、注释

1. 如果所用试剂空白值较大，计算含量时需扣除空白值，以免产生较大误差。

2. 所用测试液中均含有汞，只能倒入指定的回收瓶中，禁止倒入水槽，以免造成环境污染。

六、思考题

1. 为什么阳极溶出伏安法有较高的灵敏度？

2. 影响阳极溶出伏安法测定的主要因素有哪些,应如何控制?

实验 25 气相色谱法定性定量分析苯系物

一、实验目的

1. 学习气相色谱仪的基本结构和基本操作。
2. 了解气相色谱法的原理、优点和应用。
3. 掌握采用气相色谱法进行定性、定量分析的基本方法。

二、实验原理

气相色谱法的原理是利用试样中各组分在气相和固定液相间的分配系数不同,将混合物分离、测定的仪器分析方法。当汽化后的试样被载气带入色谱柱中运行时,组分就在相对运动的两相间进行反复多次分配,由于固定相对各组分的吸附、溶解、分配等能力不同,因此各组分在色谱柱中的保留时间不同,按流出顺序离开色谱柱进入检测器,在记录器上绘制出各组分的色谱峰 - 流出曲线。气相色谱法特别适用于分析含量少的气体和易挥发的液体。

在色谱条件一定时,任何一种物质都有确定的保留参数,如保留时间、保留体积及相对保留值等。因此,在相同的色谱操作条件下,通过比较已知纯样和未知物的保留参数,若相同即可确定为同一种物质。色谱定量的方法有外标法、内标法、归一法等,本实验采用归一法。

三、仪器和试剂

1. 仪器

岛津 GC 2010 气相色谱仪,氢火焰离子化检测器(FID),微量注射器:5 μL。

2. 色谱条件

色谱柱:RTX - 1(30 m,0.25 mm ID,0.2 μm);柱箱温度:75℃;进样口温度:120℃;检测器温度:150℃;载气:30 mL · min^{-1};燃气:30 mL · min^{-1};助燃气:300 mL · min^{-1}。

3. 试剂

石油醚,苯,甲苯,乙苯(均为分析纯)。

四、实验步骤

1. 标准溶液的配制

取石油醚 5 mL,加入苯、甲苯、乙苯各一滴,混匀。

2. 开机步骤

(1) 打开载气,调节压力为 0.3 MPa;

(2) 打开电源开关,设置柱温,汽化室温度和检测器温度;

(3) 打开氢气,调节压力为 0.1 MPa,打开空气钢瓶;

(4) 打开 GC 色谱工作站,待基线稳定,设置方法;

(5) 按仪器面板上的 Fire 键进行点火。

3. 进样

进待测混合物 1.0 μL,标样苯、甲苯、乙苯各 0.1 μL。

五、数据处理

1. 根据标准试样色谱图中的调整保留时间数据,找到未知试样色谱图中相应组分的色谱峰。

2. 用归一化法计算未知试液中各组分的质量分数,各组分的相对校正因子 f'值见下表。

组分	苯	甲苯	乙苯
f'	1.00	1.04	1.09

六、注释

1. 手动进样时,注意不要将气泡抽入针筒。
2. 开机前选择好最佳氢气、载气、空气的流量比。

七、思考题

1. 如何确定色谱图中主要峰的归属。
2. 气相色谱法有哪些检测器。

实验 26 高效液相色谱法测定绿茶饮料中咖啡因和茶碱的含量

一、实验目的

1. 学习高效液相色谱仪的基本结构和基本操作。
2. 了解反相液相色谱法的原理、优点和应用。
3. 掌握高效液相色谱法进行定性、定量分析的依据。

二、实验原理

绿茶饮料是一种以绿茶粉末或浓缩液为原料的饮料，以其优异的口感，成为大众喜爱的饮品之一。绿茶饮料中含有茶多酚、咖啡因、茶碱、单丁酸、蔗糖等多种成分。咖啡因和茶碱是其中重要的生物活性物质，它能兴奋大脑皮层，使人消除疲劳，精神兴奋。但是大量使用会对人体造成一定程度的损害。咖啡因和茶碱都属于天然的黄嘌呤类衍生物，它们的化学名称分别为1,3,7－三甲基黄嘌呤和1,3－二甲基黄嘌呤。二者都具有兴奋中枢神经系统、强心、利尿等作用，但作用强度略不相同。

定量测定咖啡因和茶碱的传统方法是滴定法、紫外可见分光光度法。本实验采用高效液相色谱法对未知样品中的咖啡因和茶碱进行定量分析。采用反相液相色谱法（固定相极性小于流动相极性）将咖啡因、茶碱和其他组分分离后，进行二极管阵列检测。在恒定的实验条件下，以色谱图上物质的保留时间 t_R 作为定性参数，以峰面积 A 作为定量参数，以不同浓度咖啡因和茶碱标准溶液的峰面积对浓度作图，绘制工作曲线。再根据未知样中咖啡因和茶碱的峰面积，利用工作曲线法（即外标法）测定饮料中咖啡因和茶碱的含量。

三、仪器和试剂

1. 仪器

岛津 LC－20 AT 高效液相色谱仪，二极管阵列检测器，色谱柱：ODS（C_{18}）柱（4.6 mm×150 mm，粒径 5 μm），100 mL 和 10 mL 容量瓶，1.5 mL 进样瓶。

2. 试剂

咖啡因和茶碱标准试剂，流动相：70% 水＋30% 甲醇。

四、实验步骤

1. 咖啡因和茶碱标准储备液的配制

准确称取 10 mg 咖啡因，用配制的流动相溶解，转入 100 mL 容量瓶中，稀释、定容。按照同样的方法配制茶碱标准储备液。

2. 咖啡因和茶碱标准溶液的配制

准确移取 0.1 mL 咖啡因标准储备液于 10 mL 容量瓶中，用流动相定容至刻度。按照同样的方法配制茶碱标准溶液。

3. 混合标准溶液系列的配制

分别移取 0.1 mL，0.2 mL，0.3 mL，0.4 mL，0.5 mL 的咖啡因标准储备液和等体积的茶碱标准储备液于 10 mL 容量瓶中，用流动相定容至刻度。所得混合标准溶液的浓度分别为：1 μg·mL^{-1}、2 μg·mL^{-1}、3 μg·mL^{-1}、4 μg·mL^{-1}、5 μg·mL^{-1}。

4. 按岛津 LC－20AT 高效液相色谱仪的操作步骤，启动色谱仪，打开软件操作界面，设置下列各项参数，流动相：70% 水＋30% 甲醇，流速：1.0 μL·min^{-1}，检测器：二极管阵列检测器，检测波长：272 nm。进样体积：10 μL。打开 Purge 阀排气泡，平衡色谱柱，观察基线。

5. 待基线平稳后进样，首先进样咖啡因标准溶液和茶碱标准溶液，确定各自的保留时间。再按照浓度从低到高的顺序进混合标准溶液。

6. 绿茶饮料的处理：绿茶饮料经超声波脱气 10 min，0.45 μm 滤膜过滤，用流动相稀释 50 倍待用。

7. 按步骤 5 操作，测定绿茶饮料中的咖啡因和茶碱的浓度。

8. 实验结束后，检查仪器是否正常，采用梯度洗脱对色谱柱进行清洗，清洗完毕后，关闭仪器。

五、数据处理

1. 根据标准试样色谱图中的保留数据，找到色谱图中相应咖啡因和茶碱的色谱峰。

2. 用标准试样的峰面积 A 对质量浓度 ρ(μg·mL^{-1})分别绘制两种分析物的工作曲线。

3. 由未知样的峰面积从工作曲线上求得其中咖啡因和茶碱的质量浓度(μg·mL^{-1})。

六、注释

1. 饮料试样必须经过脱气、过滤处理，不能直接进样。因为直接进样虽然操作简单，但会影响色谱柱的寿命。

2. 试样和标准溶液需要冷藏保存。

七、思考题

1. 解释用反相色谱测定咖啡因和茶碱的原理。

2. 高效液相色谱法如何进行定性和定量分析的？

实验 27　离子色谱法测定水中的阴离子

一、实验目的

1. 了解离子色谱分析的基本原理及操作方法。

2. 掌握离子色谱法的定性和定量分析方法。

二、实验原理

离子色谱(ion chromatography,IC)是色谱法的一个分支,它是将色谱法的高效分离技术和离子的自动检测技术相结合的一种分析技术。离子色谱法以离子交换树脂为固定相,电解质溶液为流动相,通常采用电导检测器来进行检测。离子色谱仪有单柱型和双柱型,一般均由四个部分组成,即输送系统、分离系统、检测系统和数据处理系统。

本实验以阴离子交换树脂为固定相,以 $NaHCO_3-Na_2CO_3$ 混合液为洗脱液,分析水中 Br^-,NO_3^- 和 SO_4^{2-} 三种阴离子。当含待测阴离子的试液进入分离柱后,在分离柱上发生如下交换过程:

$$R—HCO_3+MX \xleftrightarrow{\text{交换}} RX+MHCO_3$$

式中 R 代表离子交换树脂。

由于洗脱液不断流过分离柱,使交换在阴离子交换树脂上的各种阴离子又被洗脱,而发生洗脱过程。各种阴离子在不断进行交换及洗脱过程中,由于与离子交换树脂的亲和力的不同,交换和洗脱过程有所不同,亲和力小的离子先流出分离柱,而亲和力大的离子后流出分离柱,因而各种不同的离子得到分离。

在使用电导检测器时,当待测阴离子从柱中被洗脱而进入电导池时,要求电导检测器能随时检测出洗脱液中电导的改变,但因洗脱液中 HCO_3^-、CO_3^{2-} 的浓度比试样阴离子的浓度大得多,因此与洗脱液本身的电导值相比,试液离子的电导贡献显得微不足道,因而电导检测器难以检测出由于试液离子浓度变化所导致的电导变化。对于具有抑制柱的离子色谱,来自再生液中的 H^+ 通过阳离子交换膜进入淋洗液,与淋洗液中的 CO_3^{2-}、HCO_3^- 和 X^- 结合形成弱电离的 H_2CO_3 和强电离的 HX。为了保持淋洗液和再生液的电中性,化学计量的 Na^+ 向相反方向移动,即从淋洗液通道到再生液,最后被带入废液,结果使洗脱液中 $NaHCO_3$ 和 Na_2CO_3 转化成 H_2CO_3,大大降低了本底电导,而试样中 MX 转化为相应的酸 HX。由于 H^+ 的离子淌度是金属离子 M^+ 的 7 倍,因而使得试液中离子电导的测定得以实现。

三、仪器与试剂

1. 仪器

Metrohm 861 型离子色谱仪,IC Net 2.3 色谱工作站,Metrosep A supp 4 阴离子交换柱(250×4.0 mm i.d.),Metrohm MSM Ⅱ抑制器+853 型 CO_2 抑制器,电

导检测器。

2. 试剂

$NaHCO_3-Na_2CO_3$ 阴离子淋洗储备溶液：称取 19.10 g Na_2CO_3（分析纯以上）和 14.30 g $NaHCO_3$（分析纯以上）（均已在 105℃烘箱中烘 2 h 并冷却至室温），溶于高纯水中，转入 1 000 mL 容量瓶中，加水至刻度，摇匀。然后将此淋洗储备溶液存于聚乙烯瓶中，在冰箱中保存。此淋洗储备溶液为 0.18 mol·L^{-1} Na_2CO_3 +0.17 mol·L^{-1} $NaHCO_3$。

阴离子标准储备溶液：用优级纯的钠盐分别配制成浓度为 1 000 mg·L^{-1}的 Br^-，1 000 mg·L^{-1}的 NO_3^-，1 000 mg·L^{-1}的 SO_4^{2-} 的阴离子标准溶液，测定时稀释为标准使用溶液。混合标准使用溶液为含有 20 mg·L^{-1} Br^-，20 mg·L^{-1} NO_3^- 和 200 mg·L^{-1} SO_4^{2-} 的水溶液，测定时配制。

四、实验步骤

1. $Na_2CO_3-NaHCO_3$ 阴离子淋洗液的制备

移取 0.18 mol·L^{-1} Na_2CO_3 +0.17 mol·L^{-1} $NaHCO_3$ 阴离子淋洗储备溶液 10.00 mL，用高纯水稀释至 1 000 mL，摇匀。此淋洗液为 1.8 mmol·L^{-1} Na_2CO_3 + 1.7 mmol·L^{-1} $NaHCO_3$。

2. 依次打开离子色谱的电源开关，IC Net 2.3 色谱工作站，启动泵，调节流动相流速为 1 mL·min^{-1}，使系统平衡 30 min，等待仪器稳定，色谱流出曲线的基线平直。

3. 将仪器调至进样状态，启动 Fill 键，用注射器吸取 1 mL 各阴离子标准使用液进样。再启动 Inject 键，开始进行色谱分析，待峰全部出完后，记录各个阴离子的保留时间。

4. 取混合阴离子标准使用溶液，按照步骤 3 直接进样，从步骤 3 的几个阴离子的保留时间可确认混合标准溶液的中峰所对应的阴离子。

5. 工作曲线的绘制

分别取阴离子混合标准使用液 0.50 mL，1.00 mL，2.00 mL，3.00 mL，4.00 mL于 5 个 10 mL 容量瓶中，用高纯水稀释至刻度，摇匀。每种溶液分别进样 2 次，记录色谱图。以离子浓度对峰面积作图，绘制各离子的工作曲线。

6. 取实验室自来水样，经 0.45 μm 微孔滤膜过滤后在同样的实验条件下重复进样 2 次，记录色谱图。由色谱峰的保留时间定性，由色谱峰面积计算自来水中各离子的含量。

五、思考题

1. 简述离子色谱柱的分离机理。

2. 为什么需要在电导检测器前加入抑制器?

实验 28 气相色谱 – 质谱联用分析菜籽油的脂肪酸成分

一、实验目的

1. 掌握仪器基本组成部分和工作原理。
2. 掌握使用 NIST(national institute of standards and technology)数据库。
3. 学习识别质谱图中主要碎片离子峰,分析典型有机物结构。
4. 学习多组分混合脂肪酸的衍生化、提取方法,以及色谱分离条件的选择。

二、实验原理

GC – MS 色谱部分包括进样器(可以手动进样,也可以使用自动进样器)、汽化室、柱箱和载气系统。根据试样用量,可采用分流或不分流进样方式。多组分试样进入色谱柱后,由于不同组分与色谱柱固定相的相互作用不同,经过一定时间后,各组分彼此分离,先后进入质谱仪。

值得注意的是,色谱柱出口端为常压,而质谱仪在高真空度下工作,因此,如果使用的是填充柱,需要一个接口(如分子分离器)将色谱柱流出物中的载气尽可能除去。本实验使用毛细管色谱柱,可直接插入质谱仪的离子源。

GC – MS 的质谱部分包括离子源、质量分析器和检测器。本实验采用电子轰击(electron impact,EI)离子源,在 70 eV 电子轰击下,中性试样分子失去电离能低的电子,成为带电荷的分子离子,并进一步发生化学键的断裂,产生低质量的碎片离子。质量分析器的作用则是将离子源产生的离子按照 m/z 的大小分离,最后被检测器测定。质量分析器的种类很多,本实验采用四级杆质量分析器。它由四根平行的圆柱形金属电极组成,相对的电极被对角地连接,构成两组电极。在两组电极之间施加数值相等而方向相反的直流电压 U_{dc} 和射频交流电压 V_{rf},四级杆所包围的空间便产生一个双曲线型电场。当 U_{dc}/V_{rf} 一定时,只有特定 m/z 离子才能做稳定振荡通过四级杆,到达检测器,其他离子则撞到四级杆上被真空系统抽走。改变直流电压 U_{dc} 和射频交流电压 V_{rf} 可达到质量扫描的目的,获得质谱图。由于四级杆质量分析器体积小,扫描速度快,适合于色谱 – 质谱联用仪。

三、仪器与试剂

1. 仪器

岛津公司 GCMS－2010 Ultra 气相色谱－质谱联用仪，Restek Rtx－5 MS 毛细管色谱柱，小型超声波发生器。

2. 试剂

色谱纯正己烷，甲醇，氢氧化钠，无水硫酸钠，pH 试纸。

四、实验步骤

1. 试样处理

称取 2 mg 菜籽油置于干净的 5 mL 小玻璃瓶中，加入 100 μL 甲醇（含 0.5 mol·L^{-1} NaOH）和 1 mL 正己烷，盖上瓶盖。超声 1 min 后，取出小玻璃瓶并放于冰上。等待温度降低，并且两相分离完全后，用玻璃吸管取上层正己烷，并用纯水洗至中性，加入无水硫酸钠可除去正己烷试样层中的痕量水分，最后将正己烷层置于进样瓶中，准备进样分析。

2. 设置色谱分离条件

由于菜籽油中的脂肪酸含量较高，因此将进样方式设为分流进样，分流比为 100（不同样品，该比例可能不同，视具体情况而定）。根据试样性质，设置进样口温度、载气流速和程序升温等。

3. 设置质谱检测条件

设置离子源温度、接口温度、检测器电压、扫描方式（全扫描或选择离子扫描）、质量范围等，特别要注意设置溶剂切除时间。

4. 选择手动或自动进样，进样体积一般为 1 μL。

5. 采样结束后，将仪器置于待机状态。

五、数据处理

1. 分析谱图

分析质谱图中主要碎片离子峰的产生机理和同位素离子峰簇特点，推导典型脂肪酸甲酯的元素组成和分子结构。

2. NIST 数据库搜索

将所获得质谱图搜索 NIST 数据库，比较实验所得质谱图与标准谱图差异和匹配度。

六、注释

1. 菜籽油在碱性条件下甲酯化衍生后，溶液为碱性，需经水洗至中性并用无水硫酸钠除去残留水分，否则造成色谱柱固定相的流失。

2. 菜籽油中脂肪酸含量较高，若不采用分流进样方式，电流过大，灯丝可能烧断，还会损坏检测器。

七、思考题

1. 为什么要设置溶剂切除时间？

2. 饱和脂肪酸甲酯和不饱和脂肪酸甲酯的质谱图有什么显著区别？能否用质谱鉴定双键的位置？

3. 顺式和反式脂肪酸甲酯能否用色谱－质谱联用的方式区别？

4. 请推导饱和脂肪酸甲酯质谱图中 $m/z=74$ 碎片离子峰的产生机理？

实验 29 有机化合物准确相对分子质量的测定

一、实验目的

1. 学习了解质谱仪的基本原理。

2. 掌握测定有机化合物相对分子质量的实验技巧和调试方法。

3. 初步掌握质谱谱图的解析方法。

二、实验原理

质谱是一种通过测定质荷比对待测物分子组成及其结构进行分析的实验技术。早期的质谱仪主要用于对同位素的测定和无机元素的分析，20 世纪 40 年代以后开始用于对有机物的分析。60 年代出现的气相色谱－质谱联用仪，使质谱仪的应用领域大大扩展，并逐渐开始成为有机物结构分析的重要手段。目前质谱技术已广泛地应用于化学、化工、材料、环境、地质、能源、药物、刑侦、生命科学、运动医学等各个领域。

待测物经过离子源的电离后，一般会以分子离子的形式存在。如离子化过程所传递的能量可导致键的进一步断裂，分子离子碎片将进一步碎裂成许多碎片离子。经过离子化过程所形成的分子离子及碎片离子，依照质荷比的大小依次被质谱仪记录，并在其相应的质荷比 m/z 值处出现峰，从而得到质谱图。

质谱仪一般由进样系统、离子源、质量分析器和检测器四部分构成。

（1）进样系统：包括直接进样和色谱进样。

（2）离子源的作用是将待测试样电离成离子，使其汇聚成具有一定能量的离子束，再引入到质量分析器中。本实验采用电喷雾电离源（electron spray ionization，ESI），ESI 源是一种软电离源，特别适用于针对待测物分子离子峰的质谱分析。

（3）质量分析器将离子源产生的离子按照质荷比（m/z）的不同进行分离，

以得到按质荷比大小顺序排列的质谱图。

(4) 检测器的作用是将来自质量分析器的离子束进行放大并进行检测，电子倍增检测器是质谱仪器中最常用的一种检测器。

三、仪器与试剂

1. 仪器

API 2000 四级杆质谱仪(applied biosystems, USA)。

2. 试剂

罗丹明 B(分子式 $C_{28}H_{31}ClN_2O_3$，分子量 479)，色谱纯甲醇。

四、实验步骤

1. 试样溶液的配制

(1) 在电子天平上准确称取 9.6 mg 的罗丹明 B 固体，用二次水溶解，将溶液转移到 10 mL 的容量瓶中，配制成浓度为 2.0×10^{-3} mol·L^{-1}的母液 1。

(2) 用移液枪移取 100 μL 母液 1 于 1.0 mL 的离心管中，再移取 900 μL 的二次水，混匀，配制成浓度为 2.0×10^{-4} mol·L^{-1}的母液 2。

(3) 用移液枪移取 10 μL 母液 2 于 1.0 mL 的离心管中，再移取 990 μL 的二次水，混匀，配制成浓度为 2.0×10^{-6} mol·L^{-1}的试样溶液。

2. 接通工作站电脑电源，进入操作系统，打开软件，设定参数。

3. 用微量进样器吸取大约 800 μL 的甲醇溶液(体积比 = 1∶1)进样，通过观察谱图中的峰及其丰度判断质谱仪中是否存在杂质离子。待确定无杂质离子或丰度很低时，停止进样。

4. 用微量进样器吸取大约 800 μL 的纯甲醇，重复步骤 3。

5. 用微量进样器先吸取大约 500 μL 的纯甲醇，再吸取 1.0 μL 的试样溶液，混匀。

6. 修改部分参数后进样，手动调谐，在正离子或负离子模式下对试样进行分析，将锥孔电压由低向高以 50 V 为梯度进行调整。

7. 每次调整完之后等待 10 min 左右，观察图谱，直到获得接近高斯分布的峰型为止，采集图谱，保存数据，打印谱图。

8. 用甲醇清洗微型取样器三次，再重复步骤 5 至步骤 7。

9. 实验结束，关闭软件和计算机。

五、数据处理

实验操作结束后即可得罗丹明 B 的质谱图，利用所学质谱知识，通过解析谱图分析罗丹明 B 的准确相对分子质量。

六、思考题

1. 质谱仪由哪几部分组成?

2. 为什么有的待测物在正模式下质谱信噪比高,而有的待测物在负模式下方能得到较高信噪比的质谱测定结果?

3. 使用 ESI 质谱对待测物进行检测只能得到待测物的碎片峰而无法观察到分子离子峰时,应该如何调节电离电压和雾化温度等参数?

附　　录

一、定性分析实验仪器清单

（一）发给学生的仪器

名称	规格	数量
洗瓶	250 mL	1
烧杯	500 mL	1
	400 mL	2
	250 mL	2
	5 ~ 10 mL	1
离心管	5 mL	20
	10 mL(刻度)	2
小试管	10 mL	4
杓皿或坩埚	5 mL	1
点滴板	白瓷	1
	黑瓷	1
		1
表面皿	5 cm,7 cm	2
量筒	10 mL	1
钴玻璃	8 cm × 8 cm	1
滴管	自制(带乳胶头)	3
毛细滴管	自制(带乳胶头)	5
搅拌棒	自制	5
玻璃药匙	自制	2
离心管架		1
试管刷		1
三脚架		1
石棉网		1

（二）公用仪器

离心机(电动)　　硫化氢发生器(如使用硫代乙酰胺,可不备)

燃气灯(或其他热源)　　验气装置(图 1 - 2 - 12)

瓷研钵　　锉刀

铂丝(或镍铬丝)	打孔器
定性滤纸	电子天平
火柴	去污粉
放大镜	抹布

二、定量分析实验仪器清单

(一) 发给学生的仪器

名称	规格	数量
酸式滴定管	25 mL(50)	1 支
碱式滴定管	25 mL(50)	1 支
移液管	20 mL	1 支
烧杯	500 mL	1 个
	400 mL	2 个
	250 mL	2 个
	100 mL	2 个
量筒	50 mL	1 个
	10 mL	1 个
容量瓶	500 mL	1 个
	250 mL	1 个
	100 mL	1 个
试剂瓶	500 mL	2 个(其中 1 个为棕色)
	250 mL	2 个(其中 1 个为棕色)
锥形瓶	250 mL	3 个
表面皿	d 为 12 或 15 cm	2 片
瓷坩埚	18 mL	2 个
洗瓶	500 mL	1 个
玻璃棒	15 ~ 18 mL	3 ~ 4 根
滴管	自制(带乳胶头)	2 个
石棉网	15 cm × 15 cm	1 个
洗耳球	60 mL	1 个
漏斗	长颈	2 个

(二) 公用仪器

分析天平;pHS - 2 型酸度计;721 型分光光度计;定量滤纸;电热板;电烘箱;高温电炉(马弗炉);100 ~ 200 W 电炉;干燥器;称量瓶;坩埚钳;漏斗架;滴定台;玻璃坩埚(P16 或 G4A);吸滤瓶;抽水泵(玻璃)。

三、定性分析试剂的配制方法

(一) 酸溶液

名称	化学式	浓度或质量浓度(约数)	配制方法
硝酸	HNO_3	16 mol·L^{-1}	(相对密度为 1.42 的 HNO_3)
		6 mol·L^{-1}	取 16 mol·L^{-1} HNO_3 375 mL,然后加水稀释成 1 L
		3 mol·L^{-1}	取 16 mol·L^{-1} HNO_3 188 mL,然后加水稀释成 1 L
盐酸	HCl	12 mol·L^{-1}	(相对密度为 1.19 的 HCl)
		8 mol·L^{-1}	取 12 mol·L^{-1} HCl 666.7 mL,加水稀释成 1 L
		6 mol·L^{-1}	将 12 mol·L^{-1} HCl 与等体积的蒸馏水混合
		3 mol·L^{-1}	取 12 mol·L^{-1} HCl 250 mL,加水稀释成 1 L
硫酸	H_2SO_4	18 mol·L^{-1}	(相对密度为 1.84 的 H_2SO_4)
		3 mol·L^{-1}	将 167 mL 的 18 mol·L^{-1} H_2SO_4 慢慢加到 835 mL 的水中
		1 mol·L^{-1}	将 56 mL 的 18 mol·L^{-1} H_2SO_4 慢慢加到 944 mL 水中
醋酸	HAc	17 mol·L^{-1}	冰醋酸(相对密度为 1.05 的 HAc)
		6 mol·L^{-1}	取 17 mol·L^{-1} HAc 353 mL,然后加水稀释成 1 L
		3 mol·L^{-1}	取 17 mol·L^{-1} HAc 177 mL,然后加水稀释成 1 L
酒石酸	$H_2C_4H_4O_6$	饱和	将酒石酸溶于水中,使之饱和
草酸	$H_2C_2O_4$	10 g·L^{-1}	称取 $H_2C_2O_2 \cdot 2H_2O$ 1 g 溶于少量水中,加水稀释至 100 mL

(二) 碱溶液

名称	化学式	浓度或质量浓度(约数)	配制方法
氢氧化钠	NaOH	6 mol·L^{-1}	将 240 g NaOH 溶于水中,稀释至 1 L
氨水	$NH_3 \cdot H_2O$	15 mol·L^{-1}	(密度为 0.9 的氨水)
		6 mol·L^{-1}	取 15 mol·L^{-1}氨水 400 mL,稀释至 1 L
氢氧化钡	$Ba(OH)_2$	0.2 mol·L^{-1}(饱和)	63 g $Ba(OH)_2 \cdot 8H_2O$ 溶于 1 L 水中
氢氧化钾	KOH	6 mol·L^{-1}	将 336 g KOH 溶于水中,稀释至 1 L

(三) 铵盐溶液

名称	化学式	浓度或质量浓度	配制方法
氯化铵	NH_4Cl	3 mol·L^{-1}	溶解固体 NH_4Cl 160 g 于适量的水中,稀释至 1 L
		饱和溶液	溶 NH_4Cl 于水中直达饱和为止
碳酸铵	$(NH_4)_2CO_3$	2 mol·L^{-1}	溶解 192 g 的 $(NH_4)_2CO_3$ 于 500 mL 3 mol·L^{-1} 氨水中,再加水稀释至 1 L
		120 g·L^{-1}	将 12 g $(NH_4)_2CO_3$ 溶于适量水中,稀释至 100 mL
硫氰酸汞铵	$(NH_4)_2Hg(SCN)_4$	0.15 mol·L^{-1}	80 g $HgCl_2$ 和 90 g NH_4SCN 溶于 1 L 水中
氟化铵	NH_4F	3 mol·L^{-1}	111 g NH_4 溶于 1 L 水中
硫化铵	$(NH_4)_2S$	3 mol·L^{-1}	通 H_2S 于 200 mL 15 mol·L^{-1} $NH_3·H_2O$ 中至不再吸收为止,然后再加 200 mL 15 mol·L^{-1} $NH_3·H_2O$,最后加水稀释至 1 L
钼酸铵试剂	$(NH_4)_2MoO_4$		将 100 g 市售钼酸铵溶于 1 L 水中,然后将所得的溶液倒入 1 L 6mol·L^{-1} HNO_3 中(切勿将 HNO_3 往溶液里倒)。最初生成钼酸的白色沉淀,然后又溶解,将溶液放置 48 h,过滤或滗取其溶液(如生成沉淀时)
磷酸氢二铵	$(NH_4)_2HPO_4$	4 mol·L^{-1}	528 g $(NH_4)_2HPO_4$ 溶于 1 L 水中
硫酸铵	$(NH_4)_2SO_4$	饱和	$(NH_4)_2SO_4$ 的饱和溶液(20℃的溶解度为 75.4 g)
硫氰酸铵	NH_4SCN	饱和	NH_4SCN 的饱和溶液(20℃的溶解度为 170 g)
草酸铵	$(NH_4)_2C_2O_4$	0.25 mol·L^{-1}	溶解 $(NH_4)_2C_2O_4·H_2O$ 35 g 于适量水中,然后稀释至 1 L

(四) 钾盐溶液

名称	化学式	浓度或质量浓度	配制方法
铬酸钾	K_2CrO_4	0.25 mol·L^{-1}	将 45.5 g K_2CrO_4 溶于适量水中,稀释至 1 L
氰化钾	KCN	50 g·L^{-1}	将 5 g KCN 溶于 100 mL 水中(新配)(剧毒!)
碘化钾	KI	1 mol·L^{-1}	将 83 g KI 溶于 1 升水中(保存于棕色瓶)
亚铁氰化钾	$K_4Fe(CN)_6$	0.25 mol·L^{-1}	将 106 g $K_4Fe(CN)_6·3H_2O$ 溶于 1 L 水中
铁氰化钾	$K_3Fe(CN)_6$	0.3 mol·L^{-1}	将 110 g $K_3Fe(CN)_6$ 溶于 1 L 水中

续表

名称	化学式	浓度或质量浓度	配制方法
碘酸钾	KIO_3	$50\ g\cdot L^{-1}$	将 5 g KIO_3 溶于 100 mL 水中
溴化钾	KBr	$0.5\ mol\cdot L^{-1}$	将 60 g KBr 溶于 1 L 水中
高锰酸钾	$KMnO_4$	$0.3\ g\cdot L^{-1}$	将 0.3 g $KMnO_4$ 溶于 1 L 水中。以棕色瓶保存

（五）钠盐溶液

名称	化学式	浓度或质量浓度	配制方法
硫化钠	Na_2S	$2\ mol\cdot L^{-1}$	溶解 $Na_2S\cdot 9H_2O$ 480 g 及 NaOH 40 g 于适量水中，稀释至 1 L(用时新配)
醋酸钠	NaAc	$3\ mol\cdot L^{-1}$	408 g $NaAc\cdot 3H_2O$ 溶于 1 L 水中
		饱和	约 760 g 溶于 1 L 水中(20℃)
亚硝酰铁氰化钠	$Na_2[Fe(CN)_5NO]$	$10\ g\cdot L^{-1}$	将 1 g $Na_2[Fe(CN)_5NO]$ 溶于 100 mL 水中(新配)
亚硫酸钠	Na_2SO_3	饱和	约 23 g 溶于 100 mL 水中(新配)
钴亚硝酸钠试剂	$Na_3Co(NO_2)_6$		溶解 $NaNO_2$ 23 g 于 50 mL 水中，加 6 $mol\cdot L^{-1}$ HAc 16.5 mL 及 $Co(NO_3)_2\cdot 6H_2O$ 30 g，搅拌，静置过夜，过滤或滗取其溶液(每隔四星期须重新配制。盛于棕色瓶里)

（六）其他盐溶液

名称	化学式	浓度或质量浓度	配制方法
氯化亚锡	$SnCl_2$	$0.5\ mol\cdot L^{-1}$	将 115 g $SnCl_2\cdot 2H_2O$ 溶于 500 mL 12 $mol\cdot L^{-1}$ 中，然后以水稀释至 1 L，放 10 颗 Sn 粒(或溶 Sn 于浓 HCl 中，用时加水冲稀一倍)
氯化亚铜	Cu_2Cl_2	饱和	取 Cu_2Cl_2 制成饱和溶液(新配)
氯化汞	$HgCl_2$	$0.4\ mol\cdot L^{-1}$	54 g $HgCl_2$ 溶于 1 L 水中
氯化钴	$CoCl_2$	$0.2\ g\cdot L^{-1}$	0.2 g $CoCl_2$ 溶于 1 L 0.5 $mol\cdot L^{-1}$ HCl 中
氯化钡	$BaCl_2$	$0.5\ mol\cdot L^{-1}$	61.1 g $BaCl_2\cdot 2H_2O$ 溶于 1 L 水中
硝酸银	$AgNO_3$	$1\ mol\cdot L^{-1}$	170 g $AgNO_3$ 溶于 1 L 水中(棕色瓶)
		饱和	配制饱和水溶液(20℃时，每 100 g 水溶解 222 g)
氯化锶	$SrCl_2$	饱和	53 g $SrCl_2$ 溶于 100 mL 水中
硝酸镧	$La(NO_3)_3$	$50\ g\cdot L^{-1}$	5 g $La(NO_3)_3$ 溶于 100 mL 水中

（七）特殊试剂

名称	浓度或质量浓度	配制方法
硫代乙酰胺(TAA)	50 g · L^{-1}	5 g 硫代乙酰胺溶于 100 mL 水中
溴水	饱和	在有磨玻璃塞的瓶内,将市售溴约 50 g(约 16 mL)注于 1 L 水中,在 2 h 内,时常剧烈振荡。每次摇动之后,微开瓶塞,使积聚的溴蒸气放出。在储存瓶底要有过量的 Br_2,将溴水倒入试剂瓶时,过量的溴应当留于储存瓶中而不倒出。倾溴和溴水时,应在通风橱内进行。在倾倒溴以前,为了防止被溴蒸气烧伤,应以凡士林涂于手上或戴医用橡胶手套
碘溶液	0.005 mol · L^{-1}	将 1.3 g 碘和 5 g KI 溶在尽可能少量的水中,待碘完全溶解后(充分摇动,可促其溶解),再加水稀释至 1 L
氯水	饱和	通 Cl_2 于水中至饱和为止(新制)
淀粉溶液	5 g · L^{-1}	置易溶性淀粉 1 g 及 HgI_2 5 mg(作防腐剂)于小烧杯中,加水少许调成糊状,然后倾入 200 mL 沸水中,再煮沸数十分钟,冷却后,可以得澄清溶液,此溶液最好现用现配
对硝基偶氮间苯二酚	0.5 g · L^{-1}	溶解 0.05 g 试剂于 10 mL 2mol · L^{-1} NaOH 中
二甲基－乙二醛肟	10 g · L^{-1}	溶二甲基－乙二醛肟 1 g 于 100 mL 95% 乙醇中
二苯氨基脲	10 g · L^{-1}	溶二苯氨基脲 1 g 于 100 mL 95% 乙醇中
α－亚硝基 β－萘酚	饱和溶液	溶此化合物于 95% 酒精中饱和之(每 100 mL 酒精中约加 1 g此化合物即可制成饱和溶液),每隔一周须重新配制
邻二氮菲	20 g · L^{-1}	2 g 邻二氮菲盐酸溶于 100 mL 水中
丁二酮肟	10 g · L^{-1}	1 g 试剂溶于 100 mL 95% 乙醇中
铝试剂	1 g · L^{-1}	溶解试剂 0.1 g 于 100 mL 水中
醋酸铀酰锌		(1) 10 g $UO_2(Ac)_2 \cdot 2H_2O$ 和 15 mL 6 mol · L^{-1} HAc 溶于75 mL 水中。加热促其溶解。(2) 30 g $Zn(Ac)_2 \cdot 2H_2O$ 和 15 mL 6 mol · L^{-1} HAc 溶于 50 mL 水中。加热至 70℃,然后将(1)、(2)两种溶液混合,24 h 后,取清液使用(储存棕色瓶中)
罗丹明 B	0.1 g · L^{-1}	溶解试剂 0.01 g 于 100 mL 水中
对氨基苯磺酸	4 g · L^{-1}	溶解试剂 0.4 g 于 10 mL 冰醋酸和 90 mL 水中
α－萘胺	2 g · L^{-1}	试剂 0.2 g 溶于 90 mL 水中,煮沸倾出无色溶液,弃去紫蓝色残渣,加冰醋酸 10 mL,此试剂配好后应无色(新配)
奈氏试剂		溶解 HgI_2 11.5 g 及 KI 15 g 于适量水中,待 HgI_2 完全溶解后(充分摇动,促使其溶解),加水稀释至 50 mL,再加 6 mol · L^{-1} NaOH 30 mL,静置后滗其澄清溶液而弃去沉淀,保存于棕色瓶里
二苯胺	10 g · L^{-1}	1 g 试剂溶于 100 mL 浓 H_2SO_4 中
联苯胺	1 g · L^{-1}	溶解 0.1 g 试剂于 100 mL 冰醋酸中,以水稀至 1 L

续表

名称	浓度或质量浓度	配制方法
过氧化氢	30 g · L^{-1}	将 10 mL 30% H_2O_2 加水稀释至 100 mL
甘油溶液	(1:1)	将市售密度为 1.26 的甘油加水稀释 1 倍
四苯硼化钠	30 g · L^{-1}	3 g $NaB(C_6H_5)_4$ 溶于 100 mL 水中
甲基紫	1 g · L^{-1}	0.1 g 试剂溶于 100 mL 水中
玫瑰红酸钠	2 g · L^{-1}	0.2 g 试剂溶于 100 mL 水中,储存于棕色瓶中(新配)
硫脲	100 g · L^{-1}	10 g 溶于 100 mL 1 mol · L^{-1} HNO_3 中
EDTA	100 g · L^{-1}	10 g 溶于 100 mL 水中
对-四甲基二氨基-二苯甲烷(四碱)	0.5 g · L^{-1}	0.05 g 试剂溶于 10 mL 冰醋酸中,待全溶后再加水 90 mL
乙二醛缩双邻氨基酚(GBHA)	饱和	试剂溶于无水乙醇至饱和

(八)固体试剂

名称	化学式	名称	化学式
醋酸铵(二级)	NH_4Ac	碳酸镉	$CdCO_3$
碳酸铵(二级)	$(NH_4)_2CO_3$	尿素(二级)	$CO(NH_2)_2$
硫氰酸铵(二级)	NH_4SCN	铁丝(二级)	Fe
亚硝酸钠(二级)	$NaNO_2$	铝片(二级)	Al
铋酸钠(二级)	$NaBiO_3$	铜片(二级)	Cu
碳酸钠(二级)	Na_2CO_3	锡箔(粒)	Sn
亚硝酸钴钠(二级)	$Na_3Co(NO_2)_6$	无砷锌(二级)	Zn
过氧化钠(二级)	Na_2O_2	锌末(二级)	Zn
氯酸钾(二级)	$KClO_3$	氟化钠(二级)	NaF

(九)有机溶剂

名称	化学式	名称	化学式
三氯甲烷(氯仿)	$CHCl_3$	苯	C_6H_6
四氯化碳	CCl_4	乙醇(酒精)	C_2H_5OH
丙酮	$(CH_3)_2CO$	戊醇	$C_5H_{11}OH$

(十)试纸和反应纸(3 种)

万用 pH 试纸　醋酸铅试纸　反应纸(用定性滤纸剪成 3 cm × 2 cm)

四、定性分析试液的配制方法

定性分析实验中使用的试液分两种,一种叫做储备试液,另一种叫做练习试液。储备试液一般每升含离子 100 g(其他浓度另注明),用于配制未知溶液或稀释成练习试液。练习试液每升含离子 10 g。下表是储备试液的配法,练习试液由储备试液加水(或酸)稀释 10 倍(或其他倍数)而成,做阳离子混合物分析时,应使用储备液。其他情况一律使用练习试液。

(一) 阳离子储备试液(未特别注明者含阳离子 100 g·L^{-1})

阳离子	化学式	$\rho/(g\cdot L^{-1})$	溶剂(附配法)
Ag^+	$AgNO_3$	160	水
Pb^{2+}	$Pb(NO_3)_2$	160	水
Hg_2^{2+}	$Hg_2(NO_3)_2\cdot 2H_2O$	140	0.6 mol·L^{-1} HNO_3
Bi^{3+}	$Bi(NO_3)_3\cdot 5H_2O$	230	3 mol·L^{-1} HNO_3
Cu^{2+}	$Cu(NO_3)_2\cdot 3H_2O$	380	水
Cd^{2+}	$Cd(NO_3)_2\cdot 4H_2O$	275	水
Hg^{2+}	$Hg(NO_3)_2$	82	0.6 mol·L^{-1} HNO_3(每 mL 溶液含 Hg^{2+} 50 mg)
As(Ⅴ)	$Na_2HAsO_4\cdot 7H_2O$	42	水[每 mL 溶液含 As(Ⅴ)10 mg]
As(Ⅲ)	As_2O_3	140	先加于 500 mL 12 mol·L^{-1} HCl 中,加热溶解后,再加 500 mL 水[每 mL 溶液含 As(Ⅲ)10 mg]
Sb(Ⅴ)	$SbCl_5$	250	用 6 mol·L^{-1} HCl 溶解[每 mL 溶液含 Sb(Ⅴ)10 mg]
Sb(Ⅲ)	$SbCl_3$	190	用 6 mol·L^{-1} HCl 溶解,配制练习试液时以 2 mol·L^{-1} HCl 稀释
Sn(Ⅳ)	$SnCl_4\cdot 3H_2O$	270	6 mol·L^{-1} HCl
Sn(Ⅱ)	$SnCl_2\cdot 2H_2O$	190	6 mol·L^{-1} HCl
Fe^{2+}	$FeCl_2\cdot 4H_2O$	356	0.6 mol·L^{-1} HCl,在铁钉存在下保存
Fe^{3+}	$Fe(NO_3)_3\cdot 9HO$	720	水
Al^{3+}	$Al(NO_3)_3\cdot 9H_2O$	700	水(每 mL 溶液含 Al^{3+} 100 mg)
Cr^{3+}	$Cr(NO_3)_3\cdot 9H_2O$	770	水
Mn^{2+}	$Mn(NO_3)_2\cdot 2H_2O$	522	水
Zn^{2+}	$Zn(NO_3)_2\cdot 6H_2O$	455	水
Co^{2+}	$Co(NO_3)_2\cdot 6H_2O$	500	水
Ni^{2+}	$Ni(NO_3)_2\cdot 6H_2O$	500	水
Ba^{2+}	$Ba(NO_3)_2$	63.3	水(每 mL 溶液含 Ba^{2+} 33.3 mg)
Sr^{2+}	$Sr(NO_3)_2$	320	水
Ca^{2+}	$Ca(NO_3)_2\cdot 4H_2O$	590	水
Mg^{2+}	$Mg(NO_3)_2\cdot 6H_2O$	530	水(每 mL 溶液含 Mg^{2+} 50 mg)
K^+	KNO_3	260	水
Na^+	$NaNO_3$	370	水
NH_4^+	NH_4NO_3	445	水

（二）阴离子储备试液（未特别注明者含阴离子 100 g·L^{-1}）

阳离子	化学式	ρ/(g·L^{-1})	溶剂
SO_4^{2-}	$Na_2SO_4 \cdot H_2O$	335	水
PO_4^{3-}	$Na_2HPO_4 \cdot 12H_2O$	188	水（每 L 溶液含 PO_4^{3-} 50 g）
SiO_3^{2-}	$Na_2SiO_3 \cdot 5H_2O$	280	水
CO_3^{2-}	Na_2CO_3（无水）	176	水
S^{2-}	$Na_2S \cdot 9H_2O$	375	水（每 L 溶液含 S^{2-} 50 g）
$S_2O_3^{2-}$	$Na_2S_2O_3 \cdot 5H_2O$	222	水
SO_3^{2-}	$Na_2SO_3 \cdot 7H_2O$	315	水
Cl^-	NaCl	165	水
Br^-	KBr	150	水
I^-	KI	130	水
NO_2^-	$NaNO_2$	150	水
NO_3^-	$NaNO_3$	140	水
Ac^-	$NaAc \cdot 3H_2O$	230	水

五、常用酸碱溶液的浓度和密度

试剂	ρ/(g·mL^{-1})	c/(mol·L^{-1})	w/%
乙酸	1.04	6.2～6.4	36.0～37.0
冰醋酸*	1.05	17.4	GR,99.8;AR,99.5;CP,99.0
氨水	0.88	12.9～14.8	25～28
盐酸	1.18	11.7～12.4	36～38
氢氟酸	1.14	27.4	40
硝酸	1.4	14.4～15.3	65～68
高氯酸	1.75	11.7～12.5	70.0～72.0
磷酸	1.71	14.6	85.0
硫酸	1.84	17.8～18.4	95～98

* 冰醋酸结晶点 GR≥16.0 ℃，AR≥15.1 ℃，CP≥14.8℃。

六、常用指示剂的配制

(一) 酸碱指示剂(18～25℃)

指示剂名称	变色 pH 范围	颜色变化	溶液配制方法
甲基紫(第一变色范围)	0.13～0.5	黄～绿	1 g·L^{-1}或0.5 g·L^{-1}的水溶液
甲酚红(第一变色范围)	0.2～1.8	红～黄	0.04 g 指示剂溶于100 mL 50%乙醇
甲基紫(第二变色范围)	1.0～1.5	绿～蓝	1 g·L^{-1}水溶液
百里酚蓝(麝香草酚蓝)(第一变色范围)	1.2～2.8	红～黄	1 g 指示剂溶于100 mL 20%乙醇
甲基紫(第三变色范围)	2.0～3.0	蓝～紫	1 g·L^{-1}水溶液
甲基橙	3.1～4.4	红～黄	1 g·L^{-1}水溶液
溴酚蓝	3.0～4.6	黄～蓝	1 g 指示剂溶于100 mL 20%乙醇
刚果红	3.0～5.2	蓝紫～红	1 g·L^{-1}水溶液
溴甲酚绿	3.8～5.4	黄～蓝	0.1 g 指示剂溶于100 mL 20%乙醇
甲基红	4.4～6.2	红～黄	0.1 g或0.2 g指示剂溶于100 mL 60%乙醇
溴酚红	5.0～6.8	黄～红	0.1 g或0.04 g指示剂溶于100 mL 20%乙醇
溴百里酚蓝	6.0～7.6	黄～蓝	0.05 g 指示剂溶于100 mL 20%乙醇
中性红	6.8～8.0	红～亮黄	0.1 g 指示剂溶于100 mL 60%乙醇
酚红	6.8～8.0	黄～红	0.1 g 指示剂溶于100 mL 20%乙醇
甲酚红	7.2～8.8	亮黄～紫红	0.1 g 指示剂溶于100 mL 50%乙醇
百里酚蓝(麝香草酚蓝)(第二变色范围)	8.0～9.0	黄～蓝	参看第一变色范围
酚酞	8.0～9.6	无色～紫红	0.1 g 指示剂溶于100 mL 60%乙醇
百里酚酞	9.4～10.6	无色～蓝	0.1 g 指示剂溶于100 mL 90%乙醇

（二）酸碱混合指示剂

指示剂溶液的组成	变色点 pH	颜色		备注
		酸色	碱色	
三份 1 g·L^{-1}溴甲酚绿酒精溶液 一份 2 g·L^{-1}甲基红酒精溶液	5.1	酒红	绿	
一份 2 g·L^{-1}甲基红酒精溶液 一份 1 g·L^{-1}次甲基蓝酒精溶液	5.4	红紫	绿	pH 5.2 红绿 pH 5.4 暗蓝 pH 5.6 绿
一份 1 g·L^{-1}溴甲酚绿钠盐水溶液 一份 1 g·L^{-1}氯酚红钠盐水溶液	6.1	黄绿	蓝紫	pH 5.4 蓝绿 pH 5.8 蓝 pH 6.2 蓝紫
一份 1 g·L^{-1}中性红酒精溶液 一份 1 g·L^{-1}次甲基蓝酒精溶液	7.0	蓝紫	绿	pH 7.0 蓝紫
一份 1 g·L^{-1}溴百里酚蓝钠盐水溶液 一份 1 g·L^{-1}酚红钠盐水溶液	7.5	黄	绿	pH 7.2 暗绿 pH 7.4 淡紫 pH 7.6 深紫
一份 1 g·L^{-1}甲酚红钠盐水溶液 三份 1 g·L^{-1}百里酚蓝钠盐水溶液	8.3	黄	紫	pH 8.2 玫瑰色 pH 8.4 紫色

（三）金属离子指示剂

指示剂名称	解离平衡和颜色变化	溶液配制方法
铬黑 T （EBT）	$pK_{a_2}=6.3$　$pK_{a_3}=11.55$ $H_2In^- \rightleftharpoons HIn^{2-} \rightleftharpoons In^{3-}$ 紫红　蓝　橙	5 g·L^{-1}水溶液
二甲酚橙 （XO）	$H_3In^{4-} \xrightleftharpoons{pK_a=6.3} H_2In^{5-}$ 黄　红	2 g·L^{-1}水溶液
K－B 指示剂	$H_2In \xrightleftharpoons{pK_{a_1}=8} HIn^- \xrightleftharpoons{pK_a=13} In^{2-}$ 红　蓝　紫红 （酸性铬蓝 K）	0.2 g 酸性铬蓝 K 与 0.4 g 萘酚绿 B 溶于 100 mL 水中
钙指示剂	$H_2In^{2-} \xrightleftharpoons{pK_{a_3}=9.4} HIn^{3-} \xrightleftharpoons{pK_{a_4}=13\sim14} In^{4-}$ 酒红　蓝　酒红	1 g 指示剂与 100 g NaCl研细混匀

续表

指示剂名称	解离平衡和颜色变化	溶液配制方法
Cu－PAN（CuY－PAN 溶液）	CuY＋PAN＋M ══ MY＋Cu－PAN 浅绿　　　　　红色	将 0.05 $mol\cdot L^{-1}$ Cu^{2+} 溶液 10 mL，加 pH 5～6 的 HAc 缓冲液 5 mL，1 滴 PAN 指示剂（1 $g\cdot L^{-1}$乙醇溶液），加热至 60℃左右，用 EDTA 滴至绿色，得到约 0.025 $mol\cdot L^{-1}$的 CuY 溶液。使用时取 2～3 mL于试液中，再加数滴 PAN 溶液
磺基水杨酸	$H_2In \xrightleftharpoons{pK_{a_2}=2.7} HIn^- \xrightleftharpoons{pK_{a_3}=13.1} In^{2-}$ （无色）	10 $g\cdot L^{-1}$的水溶液
钙镁试剂（Caimagite）	$H_2In^- \xrightleftharpoons{pK_{a_2}=8.1} HIn^{2-} \xrightleftharpoons{pK_{a_3}=12.4} In^{3-}$ 红　　　蓝　　　红橙	5 $g\cdot L^{-1}$水溶液

注：EBT 和 K－B 指示剂在水溶液中稳定性较差，可以分别配成指示剂与 NaCl 之比为 1∶100 和 1∶20 的固体粉末。

（四）氧化还原指示剂

指示剂名称	$E^{\ominus\prime}$/V $[H^+]=1\ mol\cdot L^{-1}$	颜色变化		溶液配制方法
		氧化态	还原态	
二苯胺	0.76	紫	无色	10 $g\cdot L^{-1}$的浓 H_2SO_4 溶液
二苯胺磺酸钠	0.85	紫红	无色	5 $g\cdot L^{-1}$的水溶液
N－邻苯氨基苯甲酸	1.08	紫红	无色	0.1 g 指示剂加 20 mL 50 $g\cdot L^{-1}$的 Na_2CO_3 溶液，用水稀至 100 mL
邻二氮菲－Fe(Ⅱ)	1.06	浅蓝	红	1.485 g 邻二氮菲加 0.965 g $FeSO_4$，溶解，稀至 100 mL（0.025 $mol\cdot L^{-1}$水溶液）
5－硝基邻二氮菲－Fe(Ⅱ)	1.25	浅蓝	紫红	1.608 g 5－硝基邻二氮菲加 0.695 g $FeSO_4$，溶解，稀至100 mL（0.025 $mol\cdot L^{-1}$水溶液）

七、常用缓冲溶液的配制

缓冲溶液组成	pK_a	缓冲液pH	缓冲溶液配制方法
氨基乙酸 - HCl	2.35 (pK_{a_1})	2.3	取氨基乙酸 150 g 溶于 500 mL 水中后,加浓 HCl 80 mL,加水稀释至 1 L
H_3PO_4 - 柠檬酸盐		2.5	取 $Na_2HPO_4 \cdot 12H_2O$ 113 g 溶于 200 mL 水后,加柠檬酸 387 g,溶解,过滤后,稀释至 1 L
一氯乙酸 - NaOH	2.86	2.8	取 200 g 一氯乙酸溶于 200 mL 水中,加 NaOH 40 g,溶解后,稀释至 1 L
邻苯二甲酸氢钾 - HCl	2.95 (pK_{a_1})	2.9	取 500 g 邻苯二甲酸氢钾溶于 500 mL 水中,加浓 HCl 80 mL,稀释至 1 L
甲酸 - NaOH	3.76	3.7	取 95g 甲酸和 NaOH 40 g 于 500 mL 水中,溶解,稀释至 1 L
NaAc - HAc	4.74	4.7	取无水 NaAc 83 g 溶于水中,加冰 HAc 60 mL,稀释至 1 L
六亚甲基四胺 - HCl	5.15	5.4	取六亚甲基四胺 40 g 溶于 200 mL 水中,加浓 HCl 10 mL,稀释至 1 L
Tris - HCl[三羟甲基氨甲烷 $CNH_2(HOCH_3)_3$]	8.21	8.2	取 25 g Tris 试剂溶于水中,加浓 HCl 8 mL,稀释至 1 L
NH_3 - NH_4Cl	9.26	9.2	取 NH_4Cl 54 g 溶于水中,加浓氨水 63 mL,稀释至 1 L

注:(1) 缓冲液配制后可用 pH 试纸检查。如 pH 不对,可用共轭酸或碱调节。pH 欲精确调节时,可用 pH 计调节。

(2) 若需增加或减少缓冲液的缓冲容量时,可相应增加或减少共轭酸碱对物质的量,再调节之。

八、原子发射光谱法中元素的主要灵敏线

元素	λ/nm			元素	λ/nm		
Ag	328.068	338.289		Cd	228.802	326.106	340.365
Al	309.271	308.216	394.403	Ce	429.668	413.765	
As	228.812	234.984	278.020	Co	340.512	345.351	346.580
Au	242.795	267.595		Cr	425.435	427.480	428.972
B	249.678	249.773		Cs	455.536	459.318	852.111
Ba	455.404	493.409		Cu	324.754	327.396	
Be	234.861	313.042	313.107	Dy	313.537	389.854	
Bi	306.772	289.798		Er	326.479	337.271	
C	247.857			Eu	272.778	381.967	
Ca	393.367	396.847	422.673	Fe	248.327	259.940	302.364

续表

元素	λ/nm			元素	λ/nm		
Ga	294.364	287.424		Re	346.047	345.188	346.473
Gd	301.104	342.247	303.285	Rh	343.489	332.309	339.685
Ge	265.118	303.906	326.949	Ru	343.674	349.894	359.618
Hf	263.871	264.141	277.336	Sb	252.854	259.806	287.792
Hg	253.652	365.015		Sc	335.373	424.683	
Ho	342.535	345.600		Se	203.985	206.279	196.026
In	303.936	325.609		Si	251.612	288.158	
Ir	322.078	292.479		Sm	442.434	428.078	
K	404.414	404.720	766.490	Sn	283.999	286.333	317.502
La	333.749	433.374		Sr	407.771	421.552	460.733
Li	323.261	670.784		Ta	268.511	271.467	331.116
Lu	261.542	291.139		Tb	332.440	321.895	
Mg	285.213	279.553	280.270	Te	238.325	238.576	253.070
Mn	257.610	259.373	279.482	Th	283.231	283.730	287.041
Mo	313.259	317.035		Ti	208.803	334.904	337.280
Na	330.232	330.299	588.995	Tl	351.924	273.787	322.975
Nb	313.079	292.781	295.088	Tm	286.922	313.126	346.220
Nd	430.357	401.225	417.732	U	424.167	424.437	
Ni	305.082	341.477		V	318.341	318.898	318.540
Os	290.906	305.866		W	289.645	294.440	294.698
P	253.401	253.565	255.328	Y	324.228	437.494	
Pb	283.307	280.200		Yb	398.799	328.985	
Pd	340.458	342.124		Zn	330.259	330.294	334.502
Pr	422.298	422.533		Zr	327.305	339.198	343.823
Pt	265.945	306.471			349.621		
Rb	420.185	421.556					

九、原子吸收光谱法中元素的主要吸收线

元素	λ/nm	元素	λ/nm
Ag	328.07,338.29	Cd	228.80,326.11
Al	309.27,308.22	Ce	520.00,369.70
As	193.70,197.20	Co	240.71,242.49
Au	242.80,267.60	Cr	357.87,359.35
B	249.68,249.77	Cs	852.11,455.54
Ba	553.55,455.40	Cu	324.75,327.40
Be	234.86	Dy	421.17,404.60
Bi	223.06,222.83	Er	400.80,415.11
Ca	422.67,239.86	Eu	459.40,462.72

续表

元素	λ/nm	元素	λ/nm
Fe	248.33,252.29	Rb	780.02,794.76
Ga	287.42,294.42	Re	346.05,346.47
Gd	368.41,407.87	Rh	343.49,339.69
Ge	265.16,275.46	Ru	349.89,372.80
Hf	307.29,286.64	Sb	217.58,206.83
Hg	253.65	Sc	391.18,402.04
Ho	410.38,405.39	Se	196.03,203.99
In	303.94,325.61	Si	251.61,250.69
Ir	209.26,208.88	Sm	429.67,520.06
K	766.49,769.90	Sn	224.61,286.33
La	550.13,418.73	Sr	460.73,407.77
Li	670.78,323.26	Ta	271.47,277.59
Lu	335.96,328.17	Tb	432.65,431.89
Mg	285.21,279.55	Te	214.28,225.90
Mn	279.48,403.08	Th	371.9,380.3
Mo	313.26,317.04	Ti	364.27,337.15
Na	589.00,330.30	Tl	276.79,377.58
Nb	334.37,358.03	Tm	409.4,410.58
Nd	463.42,471.90	U	351.46,358.49
Ni	232.00,341.48	V	318.40,385.58
Os	290.91,305.87	W	255.14,294.74
Pb	216.70,283.31	Y	410.24,412.83
Pd	247.64,244.79	Yb	398.80,346.44
Pr	495.14,513.34	Zn	213.86,307.59
Pt	265.95,306.47	Zr	360.12,301.18

十、常用化合物的相对分子质量(M_r)表

化合物	M_r	化合物	M_r
AgBr	187.77	As_2O_3	197.84
AgCl	143.32	$BaCO_3$	197.34
AgI	234.77	$BaCl_2 \cdot 2H_2O$	244.27
$AgNO_3$	169.87	$Ba(OH)_2$	171.36
AgSCN	165.95	$BaSO_4$	233.39
$AlK(SO_4)_2 \cdot 12H_2O$	474.38	$Bi(NO_3)_3 \cdot 5H_2O$	485.07
Al_2O_3	101.96	$CaCl_2$	110.99
$Al_2(SO_4)_3$	342.15	$CaCO_3$	100.09

续表

化合物	M_r	化合物	M_r
$CaC_2O_4 \cdot H_2O$	146.11	HNO_3	63.01
CaO	56.08	H_2O	18.02
$CaSO_4$	136.14	H_2O_2	34.01
$Cd(NO_3)_2 \cdot 4H_2O$	308.48	H_3PO_4	98.00
CH_3COOH	60.05	H_2S	34.08
CH_2O(甲醛)	30.03	H_2SO_3	82.07
$C_4H_8N_2O_2$(丁二酮肟)	116.12	H_2SO_4	98.08
$(CH_2)_6N_4$(六亚甲基四胺)	140.19	KBr	119.00
C_9H_7NO(8-羟基喹啉)	145.16	$KBrO_3$	167.00
$C_{12}H_8N_2 \cdot H_2O$(邻二氮菲)	198.22	KCl	74.55
$C_6H_8O_6$(抗坏血酸)	176.12	$KClO_3$	122.55
$C_6H_{12}O_6$(葡萄糖)	180.16	KCN	65.12
$CoCl_2 \cdot 6H_2O$	237.93	K_2CO_3	138.21
CuI	190.45	K_2CrO_4	194.19
$Cu(NO_3)_2 \cdot 3H_2O$	241.60	$K_2Cr_2O_7$	294.18
CuO	79.55	$K_3Fe(CN)_6$	329.25
CuSCN	121.62	$K_4Fe(CN)_6$	368.35
$CuSO_4 \cdot 5H_2O$	249.68	$KHC_4H_4O_6$(酒石酸氢钾)	188.18
$FeCl_3 \cdot 6H_2O$	270.30	$KHC_8H_4O_4$(邻苯二甲酸氢钾)	204.22
$Fe(NO_3)_3 \cdot 9H_2O$	404.00	KI	166.00
FeO	71.85	KIO_3	214.00
Fe_2O_3	159.69	$KMnO_4$	158.03
Fe_3O_4	231.54	KNO_3	101.10
$FeSO_4 \cdot 7H_2O$	278.01	KOH	56.11
Hg_2Cl_2	472.09	KSCN	97.18
$HgCl_2$	271.50	K_2SO_4	174.25
HCOOH	46.03	$K_2S_2O_7$	254.31
$H_2C_2O_4 \cdot 2H_2O$(草酸)	126.07	$MgNH_4PO_4$	137.32
$H_2C_4H_4O_4$(丁二酸、琥珀酸)	118.09	MgO	40.30
$H_2C_4H_4O_6$(酒石酸)	150.09	$Mg_2P_2O_7$	222.55
$H_3C_6H_5O_7 \cdot H_2O$(柠檬酸)	210.14	$MgSO_4 \cdot 7H_2O$	246.47
HCl	36.46	MnO_2	86.94
$HClO_4$	100.46	$MnSO_4$	151.00

续表

化合物	M_r	化合物	M_r
$Na_2B_4O_7 \cdot 10H_2O$(硼砂)	381.37	NH_4NO_3	80.04
Na_2BiO_3	279.97	$(NH_4)_2SO_4$	132.13
$NaC_2H_3O_2$(无水乙酸钠)	82.03	$NH_2OH \cdot HCl$(盐酸羟胺)	69.49
$Na_3C_6H_5O_7$(柠檬酸钠)	258.07	$(NH_4)_3PO_4 \cdot 12MoO_3$	1 876.34
$Na_2C_2O_4$(草酸钠)	134.00	NH_4SCN	76.12
Na_2CO_3	105.99	$Ni(C_4H_7N_2O_2)_2$(丁二酮肟镍)	288.91
NaCl	58.44	PbO	223.2
NaF	41.99	PbO_2	239.2
$NaHCO_3$	84.01	$Pb(C_2H_3O_2)_2 \cdot 3H_2O$	379.3
$Na_2H_2C_{10}H_{12}O_8N_2 \cdot 2H_2O$(乙二胺四乙酸二钠)	372.24	$Pb(NO_3)_2$	331.2
Na_2HPO_4	141.96	$PbSO_4$	303.3
$Na_2HPO_4 \cdot 12H_2O$	358.14	SO_2	64.06
$NaHSO_4$	120.06	SO_3	80.06
$NaNO_2$	69.00	SiF_4	104.08
Na_2O	61.98	SiO_2	60.08
NaOH	40.00	$SnCl_2 \cdot 2H_2O$	225.63
Na_2SO_3	126.04	$SnCl_4$	260.50
Na_2SO_4	142.04	SnO	134.69
$Na_2S_2O_3 \cdot 5H_2O$	248.17	SnO_2	150.69
NH_3	17.03	$TiCl_3$	154.24
$(NH_4)_2C_2O_4 \cdot H_2O$	142.11	TiO_2	79.88
NH_4Cl	53.49	$Zn(CH_3COO)_2 \cdot 2H_2O$	219.50
$NH_4Fe(SO_4)_2 \cdot 12H_2O$	482.18	$Zn(NO_3)_2 \cdot 6H_2O$	297.49
$(NH_4)_2Fe(SO_4)_2 \cdot 6H_2O$	392.13	ZnO	81.39
NH_4HF_2	57.04	$ZnSO_4 \cdot 7H_2O$	287.55

十一、元素的相对原子质量(A_r)表(2011 年)

元素	符号	A_r	元素	符合	A_r	元素	符号	A_r
银	Ag	107.868 2(2)	氦	He	4.002 602(2)	铂	Pt	195.084(9)
铝	Al	26.981 538 6(8)	铪	Hf	178.49(2)	铷	Rb	85.467 8(3)
氩	Ar	39.948(1)	汞	Hg	200.592(3)	铼	Re	186.207(1)
砷	As	74.921 60(2)	钬	Ho	164.930 32(2)	铑	Rh	102.905 50(2)
金	Au	196.966 569(4)	碘	I	126.904 47(3)	钌	Ru	101.07(2)
硼	B	[10.806,10.821]	铟	In	114.818(1)	硫	S	[32.059,32.076]
钡	Ba	137.327(7)	铱	Ir	192.217(3)	锑	Sb	121.760(1)
铍	Be	9.012 182(3)	钾	K	39.098 3(1)	钪	Sc	44.955 912(6)
铋	Bi	208.980 40(1)	氪	Kr	83.798(2)	硒	Se	78.96(3)
溴	Br	[79.901,79.907]	镧	La	138.905 47(7)	硅	Si	[28.084,28.086]
碳	C	[12.009 6,12.011 6]	锂	Li	[6.938,6.997]	钐	Sm	150.36(2)
钙	Ca	40.078(4)	镥	Lu	174.966 8(1)	锡	Sn	118.710(7)
镉	Cd	112.411(8)	镁	Mg	[24.304,24.307]	锶	Sr	87.62(1)
铈	Ce	140.116(1)	锰	Mn	54.938 045(5)	钽	Ta	180.947 88(2)
氯	Cl	[35.446,35.457]	钼	Mo	95.96(2)	铽	Tb	158.925 35(2)
钴	Co	58.933 195(5)	氮	N	[14.006 43,14.007 28]	碲	Te	127.60(3)
铬	Cr	51.996 1(6)	钠	Na	22.989 769 28(2)	钍	Th	232.038 06(2)
铯	Cs	132.905 451 9(2)	铌	Nb	92.906 38(2)	钛	Ti	47.867(1)
铜	Cu	63.546(3)	钕	Nd	144.242(3)	铊	Tl	[204.382,204.385]
镝	Dy	162.500(1)	氖	Ne	20.179 7(6)	铥	Tm	168.934 21(2)
铒	Er	167.259(3)	镍	Ni	58.693 4(4)	铀	U	238.028 91(3)
铕	Eu	151.964(1)	氧	O	[15.999 03,15.999 77]	钒	V	50.941 5(1)
氟	F	18.998 403 2(5)	锇	Os	190.23(3)	钨	W	183.84(1)
铁	Fe	55.845(2)	磷	P	30.973 762(2)	氙	Xe	131.293(6)
镓	Ga	69.723(1)	镤	Pa	231.035 88(2)	钇	Y	88.905 85(2)
钆	Gd	157.25(3)	铅	Pb	207.2(1)	镱	Yb	173.054(5)
锗	Ge	72.630(8)	钯	Pd	106.42(1)	锌	Zn	65.38(2)
氢	H	[1.007 84,1.008 11]	镨	Pr	140.907 65(2)	锆	Zr	91.224(2)

注:(1) 括号内的数字指末位数字的不确定度。

(2) 表中数据引自文献:Pure Appl Chem. Vol. 85, No. 5, 1047 – 1078. 2013.

主要参考书目

[1] 华中师范大学,东北师范大学,陕西师范大学,等.分析化学.4版.北京:高等教育出版社,2012.

[2] 华中师范大学,东北师范大学,陕西师范大学,等.分析化学实验.3版.北京:高等教育出版社,2001.

[3] 武汉大学.分析化学实验.5版.北京:高等教育出版社,2011.

[4] 北京大学化学与分子工程学院分析化学教学组.基础分析化学实验.3版.北京:北京大学出版社,2010.

[5] 金谷,姚奇志,江万权,等.分析化学实验.合肥:中国科学技术大学出版社,2010.

[6] 黄杉生.分析化学实验.北京:科学出版社,2008.

[7] 马全红,邱凤仙.分析化学实验.南京:南京大学出版社,2009.

[8] 四川大学化工学院,浙江大学化学系.分析化学实验.3版.北京:高等教育出版社,2003.

[9] 周明达.现代分析化学实验.长沙:中南大学出版社,2012.

[10] 张学军.分析化学实验教程.北京:中国环境科学出版社,2009.

[11] 张剑荣.仪器分析实验.2版.北京:科学出版社,2009.

[12] 陈国松,陈昌云.仪器分析实验.南京:南京大学出版社,2009.

[13] 杨万龙,李文友.仪器分析实验.北京:科学出版社,2008.

[14] 张济新,孙海霖,朱明华.仪器分析实验.北京:高等教育出版社,1994.

[15] 陈培榕,李景虹,邓勃.现代仪器分析实验与技术.2版.北京:清华大学出版社,2006.

[16] 张志琪,张成孝.仪器分析实验.西安:陕西师范大学出版社,1994.

[17] 李武客,宋丹丹.基础化学实验教程.武汉:华中师范大学出版社,2012.

[18] 张龙翔,张庭芳,李令媛.生化实验方法和技术.2版.北京:高等教育出版社,1997.

常用分析化学实验术语汉英对照表

一　画

乙二胺四乙酸　ethylenediaminetetraacetic acid, EDTA

二　画

二甲酚橙　xylenol orange, XO

二苯胺磺酸钠　sodium diphenylamine sulfonate

三　画

干燥器　disiccator

四　画

分析化学　analytical chemistry

分析纯　analytical reagent, AR

分析线对　analytical line pair

分离　separation

分光光度计　sepectrophotometer

分子发光光度计　molecular luminescent photmeter

分子荧光光度计　molecular flurescent photmeter

化学分析　chemical analysis

化学纯　chemical pure, CP

计量点　stoichiometric point

水浴　water bath

双盘天平　dual - pan balance

内标法　internal standard method

毛细滴管　capillary dropper

无定形沉淀　amorphous precipitate

气室　ballonet

气相色谱仪　gas chromatograph

五　画

仪器分析　instrumental analysis

电导率　conductivity

电位　potential

电位滴定　potentiometric titration

电位滴定仪　potentiometric titrator

电极　electrode

电子天平　electronic balance

电热板　hot plate

电感耦合等离子体　inductively coupled plasma, ICP

电感耦合等离子体原子发射光谱仪　ICP - atomic emission spectrometer

平均值　average, mean

平均偏差　average deviation

平行测定　parallel determination

加热　heating

甲基橙　methyl orange, MO

半微量分析　semimicro analysis

半峰宽　peak width et half height

示波极谱仪　oscillographic polarograph

六　画

优级纯　guarantee reagent, GR

有效数字　significant figure

吸光度　absorbance, A

吸收曲线　absorption curve

吸收池　absorption cell

吸收系数　absorption coefficient

吸量管　measuring pipet

吸附　adsorption

过饱和度　supersaturation

过滤　filtration

灰化 ashing
灼烧 ignition
共沉淀 copercipitation
纯度 purity
交换容量 exchange capacity
光电管 photocell,phototube
光电倍增管 photomultiplier tube,PMT
光源 source
光谱仪 spectrograph,spectrometer
光栅摄谱仪 grating spectrograph
氘灯 deuterium lamp
红外分光光度计 infrared spectrophotometer
伏安曲线 voltammetric curve
色谱柱 chromatographic column

七 画

系统分析 systematic analysis
终点 end point
坩埚 crucible
沉淀 precipitation
沉淀剂 precipitant
沉淀形式 precipitation form
极谱仪 polarograph
极谱波 polarographic wave
极谱图 polarographic figure,polarogram
佛尔哈德法 Volhard method
纸色谱法 paper chromatography
陈化 aging
返滴定法 back titration
灵敏度 sensitivity

八 画

定性分析 qualitative analysis
定量分析 quantitative analysis
储备液 stock solution
单盘天平 single - pan balance
单色器 monochromator
单扫描示波极谱法 single - sweep oscillographic polarography
空白试验 blank test
空白溶液 blank solution
空心阴极灯 hollow cathode lamp,HCL
试剂瓶 reagent bottle
试液 test solution
试样 sample
试样溶液 sample solution
表面皿 watch glass
固定相 stationary phase
氙灯 xenon lamp
线性范围 linear range
线性回归 linear regression
波长范围 wavelength coverage
波数范围 wave number coverage
波数校正 wave number calibration
参比溶液 reference solution
参比电极 reference electrode
饱和甘汞电极 saturated calomel electrode, SCE

九 画

洗涤 wash
洗涤液 wash solution
洗瓶 wash bottle
标准物质 reference material
标准溶液 standard solution
标准曲线 standard curve
标准加入法 standard addition method
相对误差 relative error
相对平均偏差 relative average deviation
相对标准偏差 relative standard deviation, RSD
点滴板 drop plate
点滴反应 drop reaction
点样 spot

玻璃电极 glass electrode
玻璃坩埚 glass crucible
指示剂 indicator
恒重 constant weight
重量分析法 gravimetry
重铬酸钾法 dichromate titration
络合滴定法 complexometric titration
钙指示剂 calconcarboxylic acid
结构鉴定 structure identify
氢灯 hydrogen lamp
氢化物发生器 hydride generator
柱效能 column efficiency
测量值 measured value
测微光度计 microphotometer

十 画

称量 weighing
称量形 weighing form
称量瓶 weighing bottle
校准 calibration
准确度 accuracy
砝码 weights
容量瓶 volumetric flask
烘干 stoving
烘箱 oven
蒸发 evaporate
蒸发皿 evaporating dish
胶状沉淀 gelationous precipitate
高锰酸钾法 permanganate titration
莫尔法 Mohr method
流动相 mobile phase
展开 development
离心管 centrifuge tube
离心机 centrifuge
离心分离 centrifugation
离子交换 ion exchange
离子交换树脂 ion exchange resin
离子选择电极 ion selective electrode, ISE
原子吸收分光光度计 atomic absorption spectrophotometer
原子化器 atomizer
载体 supporter
载气流量 carrier gas flow
通风橱 stink cupboard
透射比 transmittance
热电偶 thermocouple
核磁共振波谱仪 nuclear magnetic resonance spectrometer

十一画

痕量分析 trace analysis
移液管 pipet
萃取光度法 extraction spectrophotometric method
悬汞电极 hanging mercury drop electrode
掩蔽 masking
峰电流 peak current
酚酞 phenolphthalein
铬黑 T eriochrome black T, EBT
基线 base line, baseline
基准物质 primary standard substance
检测器 detector
硅碳棒 silicon carbide rod, globar

十二画

缓冲溶液 buffer solution
搅拌 stirring
稀释 dilute
量筒 measuring cylinder
黑度 blackness, blackening
晶形沉淀 crystalline precipitate
超痕量分析 ultratrace analysis
紫外 - 可见分光光度计 ultraviolet - visible spectrophotometer

十 三 画

溶出伏安法 stripping voltammetry
溶解 dissolve
滤纸 filter paper
鉴定 identification
置换滴定法 displacenment titration
填充柱 packed column
锥形瓶 Erelenmeyer flask
催化波 catalytic wave

十 四 画

滴汞电极 dropping mercury electrode
滴定 titration
滴定管 burette
滴定剂 titrant
滴定分析 titrimetry
滴管 dropper
酸碱滴定 acid - base titration
酸度计 acidimeter, acidometer
熔融 fusion
漏斗 funnel
稳压器 voltage stabilizer
微波发生器 microwave generator
精密度 precision
磁场强度 magnetic field intensity

十四画以上

薄层色谱法 thinlayer chromatography

郑重声明

读者意见反馈

为收集对教材的意见建议，进一步完善教材编写并做好服务工作，读者可将对本教材的意见建议通过如下渠道反馈至我社。

咨询电话　400-810-0598

反馈邮箱　hepsci@pub.hep.cn

通信地址　北京市朝阳区惠新东街4号富盛大厦1座
高等教育出版社理科事业部

邮政编码　100029